Afrikanische Cichliden I: Buntbarsche aus Westafrika

Horst Linke · Wolfgang Staeck

Tetra

Horst Linke · Wolfgang Staeck

Afrikanische Cichliden I

Buntbarsche aus Westafrika

Ein Handbuch für
Bestimmung, Pflege
und Zucht

Die afrikanischen Cichliden werden in zwei Bänden vorgestellt:
Cichliden I: Buntbarsche aus Westafrika
Cichliden II: Buntbarsche aus Ostafrika

Tetra

Umschlagfotos: *Nanochromis* spec. „Kisangani" (vorn), *Pelvicachromis pulcher* (hinten)

Vor- und Nachsatzfoto: Buntbarschbiotop zwischen Calabar und Mampfe in Ost-Nigeria

Impressum

© Tetra-Verlag
Tetra-Werke Dr. rer nat. Ulrich Baensch GmbH
Postfach 15 80 · D-49304 Melle, Germany

4. komplett überarbeitete Auflage 1993

Satz: Fotosatz Hoffmann, Hennef
Lithos: Flotho Reprotechnik, Osnabrück
Printed in Germany

ISBN 3-89356-151-X

Inhalt

Vorwort

Unser Dank gilt Herrn Professor Dr. Dirk Thys van den Audenaerde, Direktor des Königlichen Museums für Mittelafrika in Tervuren sowie Herrn Otto Gartner aus Wien, der durch seine zahlreichen Reisen nach Westafrika viele neue Erkenntnisse sammelte.

Berlin / Schwarzenbach am Wald, im März 1993 — Horst Linke / Wolfgang Staeck

Die Cichliden

Cichliden, auch als Buntbarsche bekannt, gehören zu den beliebtesten Aquarienfischen der Gegenwart. Man zählt sie gern zu den gelehrigen Aquarienbewohnern. Ihr Verhalten ist sehr interessant. Sie werden mit Recht als intelligente Fische bezeichnet und spielen bei vielen Aquarianern eine bevorzugte Rolle. Cichliden gehören überwiegend zu den farbintensiven Fischen. Besonders die in Afrika beheimateten Arten zeigen oftmals sehr auffallende, manchmal sogar „leuchtende" Farben. Deshalb haben sich nicht nur in Europa Interessengemeinschaften gebildet, deren Mitglieder sich ausschließlich mit der Pflege und Zucht von Buntbarschen beschäftigen. Man unterscheidet zwischen sogenannten Großcichliden und Arten, die sich für die Haltung in mittleren Behältern eignen. Diese „kleineren" Cichliden, die eine Totallänge von 12 cm nicht überschreiten, eignen sich meist für die Pflege in Aquarien, die mit reichlichem Pflanzenbestand dekoriert sind. Dazu gehören vor allem die sogenannten Zwergcichliden, die auch für die Pflege in kleinen Behältern geeignet sind.

Oftmals werden Cichliden als bissig und unverträglich abgetan. Dieses Urteil beruht auf Haltungsfehlern bei der Pflege von Großcichliden in zu kleinen Behältern. Die in diesem

Besonders die in Afrika beheimateten Cichliden zeigen oftmals sehr auffallende, manchmal sogar „leuchtende" Farben, wie hier *Pelvicachromis taeniatus* Farbform „Muyuka". (oben ♀, unten ♂)

Buch zur Vorstellung kommenden Buntbarsche gehören fast ausschließlich den mittelgroßen bis kleinen Arten an. Cichliden sind bis auf drei Ausnahmen nur in Amerika, Afrika und Madagaskar beheimatet. In den letzten Jahrzehnten war es eine Flut von Neuentdeckungen, die uns aus dem „schwarzen" Kontinent erreichte. Viele neue Arten kommen aus den großen Seen in Ostafrika. Fischnamen aus dem Victoria-, Tanganjika- und Malawi-See wurden zum „Zauberwort" für viele Aquarianer. Böse Zungen sprachen von einer „aquaristischen Modewelle", die auch finanziell nicht ohne Auswirkungen blieb. Doch in den letzten Jahren begann sich das „Verhältnis" wieder zu normalisieren. Man erinnerte sich wieder, daß Cichliden nicht nur aus Ostafrika kommen, sondern auch aus Westafrika. Dieses Werk will den Versuch unternehmen, einen großen Teil dieser Fische vorzustellen. Dazu wurde es unterteilt in einen ersten Band, der die westafrikanischen Buntbarsche vorstellt, und einen zweiten, der die Cichliden Ostafrikas behandelt. Zuvor sollten aber noch ein paar grundlegende Gesichtspunkte erörtert werden.

Während die Cichliden aus Ostafrika überwiegend in den großen Seen leben und nur eine geringe Anzahl in Wasserläufen der umliegenden Steppenlandschaft beheimatet ist, bewohnen die Cichliden Westafrikas meist klare, fließende Bäche und Flüsse der riesigen Regenwaldgebiete und nur ein Teil dieser Arten die Wasserläufe in Buschlandschaften. Auffallend sind ihre unterschiedlichen Verhaltensformen. Grundsätzlich kann man alle Cichliden zu den bodenbewohnenden Fischen zählen. Nur eine im Verhältnis nicht erwähnenswerte Anzahl muß davon ausgenommen werden.

Während es sich bei den Bewohnern der ostafrikanischen Seengebiete überwiegend um Maulbrüter mit einer Mutterfamilie handelt (d.h., die Weibchen erbrüten und beschützen ihre Jungfische), findet man in Westafrika in der Mehrzahl andere Formen des Brutpflegeverhaltens. Ein großer Teil der Fische aus den Regenwaldgebieten gehört zu den Höhlenbrütern, die auch als Versteckbrüter bezeichnet werden. Sie bilden während der Brutpflege meist eine Mutter-Vater-Familie, wobei das Weibchen der eindeutig aktivere Teil ist. Verhältnismäßig viele Arten zählen aber auch zu den Offenbrütern, bei denen beide Elternteile sich mit gleicher Regsamkeit um die Nachkommen kümmern. Ein sehr interessantes Brutverhalten zeigen die wenigen westafrikanischen Maulbrüter, die gleichfalls zu den Versteckbrütern gehören. Sie pflegen die Nachkommen teilweise in einer reinen Elternfamilie (das heißt, beide Elterntiere tragen in bestimmten Abständen wechselweise die Brut im Maul) oder auch in einer Vater-Mutter-Familie (hier erbrütet das Männchen manchmal allein die Jungfische). Die Pflege der Nachkommen wird anschließend von beiden Part-

Diese Aufnahme aus dem Malawisee zeigt typische Aufwuchsfresser. Sie leben dort sehr zahlreich.

Viele Cichliden sind Maulbrüter, hier *Tropheus duboisi* mit acht Tage alten Jungfischen.

nern ausgeübt, und beide nehmen bei Gefahr die Jungfische ins Maul auf.

Cichliden werden aber nicht nur nach Verhalten, Vorkommen und Fortpflanzung unterteilt, sondern auch nach Körperbau und anderen Merkmalen. Als ordnende Grundlage zur Einteilung der Lebewesen ist ein System zur Unterscheidung unentbehrlich. Dieses System veröffentlichte der schwedische Botaniker CARL VON LINNÉ im Jahre 1758. Trotz vieler neuer Erkenntnisse im Verlauf der Jahrhunderte hat es heute noch seine Gültigkeit. Es ordnet die Formenvielfalt der Pflanzen und Tiere. Diese Systematik läßt auch die Stellung der Cichliden erkennen. In der Klasse der Osteichthys, der Knochenfische, findet man in der Ordnung Perciformes, der barschartigen Fische und der Unterordnung Percoidea, der Barschfische, die Familie der Cichlidae, der Buntbarsche, zu der über 100 Gattungen gehören. Dieser Blick in die Systematik gilt für die Aquarianer meist als überflüssig. LINNÉ hat 1758 in der 10. Auflage seines Buches „Systema naturae“ die systematische Ordnung mit der binären Nomenklatur, einer besonderen Art der Namensgebung, verbunden. Sie bedeutet eine zweifache Namensgebung für die wissenschaftliche Eingliederung. Auch hierbei tun sich verschiedentlich die Aquarianer schwer. Oft ärgern sie sich über die ungewohnten wissenschaftlichen Bezeichnungen. Gern werden deshalb nur die deutschen Namen benutzt, die aber sehr unterschiedlich sind und eine klare eindeutige Bezeichnung nicht ermöglichen. Nur die wissenschaftlichen Namen gestatten weltweit eine unmißverständliche Identifizierung. Dazu ein Beispiel: Viele Aquarianer pflegten schon den maulbrütenden Buntbarsch aus Westafrika, der allgemein als Gunthers Prachtbarsch bezeichnet wird. Trotz dieser bekannten, weitverbreiteten deutschen Bezeichnung kommt es häufig zu Mißverständnissen. Wird dagegen der wissenschaftliche Name *Chromidotilapia guntheri* benutzt, sind Verwechslungen ausgeschlossen. Dieser Name sagt aber für den informierten Aquarianer sehr viel mehr aus. Bleibt man bei diesem Beispiel und schreibt man ihn in voller Bedeutung, liest man *Chromidotilapia guntheri guntheri* (SAUVAGE, 1882). Der erste Name „*Chromidotilapia*“ gibt die Gattung an. Er wird immer groß geschrieben. Dabei kann man erkennen, um

Die bekanntesten Aquarienfische des Malawisees leben in der felsigen Uferzone.

welchen Verwandtschaftskreis es sich handelt, vorausgesetzt, daß man ihn zur Familie einordnen kann. Der zweite Name, in diesem Fall „*guntheri*" bezeichnet die Art und wird immer klein geschrieben. Er genießt „Priorität". Wird einmal ein Gattungsname verändert, behält dieser Fisch auf jeden Fall seinen Artnamen, den ihm bereits der Erstbeschreiber gegeben hat. Da beide Bezeichnungen, also Gattungs- und Artname, lateinisch oder latinisiert sein müssen und der Artname das gleiche grammatikalische Geschlecht haben muß wie der Gattungsname, dürfen sich also bei einer Umbenennung der Gattung nur die Endsilben des Artnamens ändern. Der dritte Name „*guntheri*" besagt, daß es von dieser Art noch eine Unterart gibt. Der vierte Name (Sauvage, 1882) gibt an, daß dieser Fisch von dem französischen Wissenschaftler Sauvage im Jahre 1882 beschrieben wurde. Da der Name in Klammern steht, ist zu erkennen, daß der Gattungsname später verändert wurde. Sauvage beschrieb diesen Fisch 1882 als *Hemichromis guntheri.*

Die Wasserläufe in Westafrika sind meist vom üppigen Grün der Regenwälder überwachsen.

Diese Bemerkungen über die richtigen Bezeichnungen unserer Fische mögen zwar auf den ersten Blick etwas kompliziert erscheinen; sie zeigen aber, daß sie zur unmißverständlichen Korrespondenz gehören und die uneinheitlichen deutschen Namen nur eine unterstützende Wirkung haben können. Abschließend soll noch kurz auf die Beschreibung und äußere Gliederung des Cichlidenkörpers eingegangen werden. Als Kopf bezeichnet man im allgemeinen die Zone von der Schnauzenspitze bis zum hinteren Ende des Kiemendeckels, bis zur Kiemenspalte. Von dort an bis zur Höhe des Afters reicht der Rumpf. Den verbleibenden Teil bis zur Schwanzwurzel, dem Punkt, wo die Schwanzflosse beginnt, bezeichnet man als Schwanz. Der Schwanzstiel endet am gleichen Punkt, beginnt aber am hinteren Ende der Afterflosse. Cichliden besitzen auf dem Rücken eine Rückenflosse, an den vorderen Körperseiten je eine Brustflosse, unter dem Körper, meist in Höhe der Brustflosse, zwei oft lang ausgewachsene Bauchflossen. Am hinteren unteren Körper befindet sich die Afterflosse. Am Körperende trägt der Schwanzstiel die Schwanzflosse. Dazu ergeben sich folgende Maßbezeichnungen. Die Total- oder Gesamtlänge, oft nur als Länge angegeben, wird immer von der Schnauzenspitze bis zum Ende der Schwanzflosse gemessen. Die Körperlänge, auch als Standardlänge bezeichnet, wird von der Schnauzenspitze bis zum Körperende, also bis zum Schwanzstiel gemessen. Die Schwanzflosse zählt hierbei nicht.

Mit diesen Erläuterungen sollen die einführenden Bemerkungen abgeschlossen werden. Der sich anschließende erste Teil des Werkes behandelt für sich abgeschlossen die Fischfauna Westafrikas. Die Buntbarsche Ostafrikas werden im zweiten Band vorgestellt.

Das moderne Aquarium für Cichliden aus Westafrika

Alle Buntbarsche lieben viel Schwimmraum und Bewegungsfreiheit. Da es sich bei Cichliden um bodenbewohnende Fische handelt, sollte bei den zu verwendenden Aquarien besonders auf die zur Verfügung stehende Bodenfläche geachtet werden. Sie bildet den Hauptlebensraum und darf daher nicht zu klein sein.

Da die in diesem ersten Band des Werkes angesprochenen Buntbarscharten bis auf wenige Ausnahmen als sehr pflanzenfreundliche Fische bezeichnet werden können, braucht man auf dekorativ angelegten Pflanzenwuchs nicht zu verzichten. Gerade deshalb sollte ein Aquarium für Buntbarsche eine gewisse Höhe nicht unterschreiten. Längen ab 130 cm sollten als Mindestmaß für Cichliden-Aquarien gelten. Um eine Übersicht über die technischen Voraussetzungen zu erhalten, möchten wir hier das Aufstellen und Einrichten eines Buntbarsch-Aquariums für westafrikanische Cichliden beschreiben. Folgende Empfehlungen sollten dabei Beachtung finden.

Für ein Aquarium braucht man als erstes ein Untergestell. Hierfür gibt es fertige Schränke in Holz nach Wahl, der Wohnungs-

Bei Aquarien für Cichliden aus Westafrika braucht man auf dekorativ angelegten Pflanzenwuchs nicht zu verzichten.

einrichtung angepaßt. Baut man das Untergestell selbst, sollte man beachten, daß es stabil sein muß und der Fußboden es erschütterungsfrei trägt. Ein 130 cm langes, 40 cm tiefes und 50 cm hohes Aquarium wiegt mit Zubehör, ohne Untergestell, rund 6(!) Zentner. Hier muß also auch die Tragfähigkeit des Fußbodens beachtet werden. Außerdem muß man das Geschehen im Aquarium gut beobachten können. Die normale Sitzhöhe bietet dazu die beste Betrachtungsmöglichkeit. Das Untergestell muß mit der Wasserwaage ausgerichtet werden, damit später ein gleichmäßiger Wasserstand an der Aquarienoberkante vorhanden ist. Außerdem muß das Untergestell eine saubere, gerade Auflagefläche für das Aquarium bieten, damit dies spannungsfrei darauf stehen kann. Auf die Auflagenoberfläche legt man eine dünne Styroporplatte in der Größe der Aquarienfläche, damit das Aquarium eine nachgebende und ausgleichende Unterlage hat. Da Styropor sich bei Belastung leicht verformt, ist es ratsam, im mittleren Teil 4–5 ca. 200×150 mm große rechteckige Flächen auszuschneiden, die dann einen Materialstau verhindern.

Eine natürliche Beleuchtung des Aquariums ist wegen der ungleichen und wechselnden Lichtwerte ungünstig. Der künstlichen Beleuchtung sollte man immer(!) den Vorrang geben. Wenn das Aquarium frei steht und auch von oben den Blick in die Unterwasserwelt ermöglichen soll, benutzt man am besten die formschönen Quecksilberdampflampen, die von oben über das Aquarium gehängt werden. Entscheiden Sie sich für eine Beleuchtung mit Leuchtstoffröhren, sollten Sie deren Länge beim Erwerb des Aquariums berücksichtigen. 18-Watt-Leuchtstoffröhren sind 59 cm, also mit Halterung ca. 65 cm lang und somit für ein 70-cm-Aquarium geeignet. 36-Watt-Leuchtstoffröhren sind 120 cm lang, also mit Halterung ca. 126 cm, und passen somit für ein 130-cm-Aquarium. 58-Watt-Leuchtstoffröhren sind 150 cm, mit Halterungen (Fassungen) dann ca. 156 cm lang und für ein 160-cm-Aquarium ideal.

Jedes Aquarium sollte eine Rückwand haben. Diese gibt den Fischen mehr Sicherheit und verschönt den Gesamteindruck eines gut dekorierten Aquariums. Es wirkt nicht gerade ansprechend, wenn bei einem Blick in die Unterwasserlandschaft die „Blümchen-Tapete" durchschimmert. Hierfür gibt es mehrere Möglichkeiten. Der zoologische Fachhandel bietet als Rückwände ein breites Angebot in Form von fotografischen Abbildungen, die von außen auf der Rückseite des Aquariums angebracht werden. Auch dunkelfarbige Dekorationspappe eignet sich dafür sehr gut. Die ideale Form einer Rückwand ist für uns aber immer noch die ungleichmäßige, mit kleinen Höhlen versehene Rückwand, die im Aquarium steht und somit in die Unterwasserwelt mit einbezogen ist. Verschiedene Versuche wurden hierzu schon unternommen. Man fertige sie aus Zement, Holz, Kork und vielen ähnlichen Materialien. Die einfachste und preiswerteste Art, die leider nur sehr selten im Angebot des Zoo-Fachhandels zu finden ist, besteht aus Styropor. Selbst für handwerklich wenig Begabte ist sie einfach herzustellen.

Ich möchte den Fertigungsweg hier kurz erklären: Man besorgt sich Styroporplatten, die meist in den Maßen 50×100 cm angeboten werden, mit Stärken ab 10 mm aufwärts. Für unsere Rückwand nehmen wir 50 mm dicke Platten. Zur Bearbeitung des Materials eignet sich am besten ein Lötkolben mit 80 Watt Heizstärke. Die Kupferspitze des Lötkolbens wird etwas angefeilt, so daß die Spitze messerförmig wird. Mit dem heißen Lötkolben kann man den Hartschaumstoff Styropor wie Butter schneiden. Mit der geraden Spitze schneidet man die Platten nach Maß und bestimmt, welche Seiten nach vorn und welche nach hinten kommen. Bei den hinteren werden die Kanten schräg abgeschnitten, damit sie besser ins Aquarium passen und auf die Innenkanten nicht aufsetzen. Man muß zwei Platten nebeneinander als Rückwand ins Aquarium bringen. Da die Länge des Behälters das Maß von einem Meter übersteigt, trennt man die Platten so, daß sie zu gleichen Teilen unter dem oftmals vorhandenen Mittelsteg des Aquariums stehen können.

Ein maßgerechtes Einpassen der Styropor-Rückwand ist sehr wichtig, da durch den starken Auftrieb des Materials die Platten gern nach oben treiben. Um der Rückwand nun die entsprechende Form zu geben, biegt man die Lötkolbenspitze mit einer Zange in eine Hakenform und schneidet damit mehr oder weniger große „Würste" aus dem Styropor. Der Phantasie sind dabei keine Grenzen gesetzt. Kleine Höhlen und Einbuchtungen, die später mit Sand gefüllt und mit kleinen Pflanzen besetzt werden können, verschönern das Bild. Die Materialstärke läßt dabei eine große Variation zu.

Ist die Rückwand nun fertiggestellt, bietet sie einen etwas rauhen und kantigen Anblick. Um dies zu ebnen, hält man die Styroporplatte über eine brennende Kerze oder ein Feuerzeug mit mittlerer Flamme und läßt in der Hitze der Flamme das Styropor verlaufen, bis Flächen und Kanten gerundet sind. Danach ist die Rückwand fertig und bekommt ihren Farbanstrich. Hierzu benutzt man die unverdünnten Dispersionsfarben, die zum Abtönen für Deckfarben in jedem Farbengeschäft erhältlich sind. Empfohlen seien hier dunkle Farben wie Braun, Dunkelgrau oder Schwarz. Auch hier kann aber jeder nach eigenem Geschmack den Farbton mischen. Die Farbe wird unverdünnt mit einem Pinsel aufgetragen, und es werden alle Seiten, auch die Rückseite, gestrichen. Aber Vorsicht, die Farbe ist von Kleidungsstücken sowie anderen Materialien nach dem Trocknen nur schwer oder nicht mehr zu entfernen. Vorher ist sie wasserlöslich, und alle Gegenstände sind gut zu reinigen.

Nach dem Streichen läßt man die Rückwand bei normalen Temperaturen zwei bis drei Tage trocknen, streicht dann nach und läßt sie nochmals zwei bis drei Tage trocknen. Vor dem Einsetzen ins Aquarium sollte man sie noch mehrere Stunden „wässern". Man legt sie dazu in einen wassergefüllten Behälter, zum Beispiel in eine Badewanne, und spült sie abschließend mit frischem Wasser ab. So hergestellte Styropor-Rückwände halten jahrelang und sind in Aquarien mit empfindlichen Süß- und Meerwasserfischen erprobt worden.

Wir bringen nun die Rückwand ins einzurichtende Aquarium und achten auf ihren paßgerechten Sitz. Anschließend wird der Bodengrund eingefüllt. Hierzu empfiehlt sich feiner dunkler Kies mit einer Körnung zwischen einem und drei Millimeter. Größere Durchmesser, wie zum Beispiel in „Erbsen"- oder „Bohnen"-Größe, lehne ich ab, da sie schnell zum Schmutzfang werden. Mir ist kein Biotop in Afrika mit grobem Kies als Bodengrund begegnet. Dieser feine dunkle Kies wird ungewaschen, wenn er nicht durch andere Materialien verschmutzt ist, bis zu einer Höhe von 1 cm eingebracht. Wenn dieser Kies einen leichten Lehmanteil besitzt, ist es von Vorteil für den Pflanzenwuchs.

Hat man sich nicht für eine Stabheizung als Wärmequelle entschieden, kann man auch einen Kabelheizer als Wärmespender ins Aquarium bringen. Dazu wird der Kabelheizer kurz eingeschaltet, bis er gut handwarm ist, und auf dem vorher geglätteten Kiesboden spiralförmig ausgelegt. Die Stärke des Heizers sollte ca. 0,2 bis 0,3 Watt pro Liter der zu erwärmenden Wassermenge betragen. Auf den auf der gesamten Bodenfläche ausgelegten Kabelheizer kommt eine weitere 1 cm dicke, ungewaschene Kiesschicht. Um den Pflanzen später einen nährstoffreichen Bodengrund anzubieten, bringen wir dann eine dünne Schicht des neuartigen Nährstoff-Stabilisators, bestehend aus Eisen und organischen Substanzen, ins Aquarium. Dieser den tropischen Böden angeglichene Bodenzusatz sollte schon einen Tag zuvor vorbereitet werden und wird dann als schlammartige Masse mit etwas Kies vermischt aufgetragen und über den gesamten Boden verteilt. Auf diese Schicht kommt nun eine weitere, aber sauber gewaschene 3 bis 4 cm dicke Kiesschicht, die dann hinten etwas ansteigen sollte.

Danach können Dekorationsstücke wie Moorkienholzwurzeln und Steine eingebracht werden. Bei den Steinen sollte man darauf achten, daß sie kalkfrei sind, was man durch Auftropfen von Salzsäure prüfen kann. Fängt die Oberfläche beim Kontakt mit der Säure an zu „schäumen" und löst sie sich auf, so sind die Steine kalkhaltig und für das Aquarium nicht geeignet. Man sollte die eingebrachten Dekorationsstücke direkt auf die Bodenplatte bringen. Durch das Heraus- und Untergraben der Steine ist schon so manche dekorative Höhle eingestürzt und hat dabei Fische getötet oder sogar Aquarienscheiben beschädigt. Als Dekorationsmittel werden neben Holz und Steinen auch oftmals sorgfältig gereinigte, mit einer kleinen Öffnung versehene Kokosnußschalen verwendet, die sich dekorativ in die Unterwasserlandschaft einfügen.

Nach dem Dekorieren, dem Bau von kleinen Steinhöhlen oder Steinaufbauten, kann nun das Wasser eingelassen werden. Um nicht durch den Wasserstrahl den Boden aufzuwühlen, deckt man den Sand mit Papier ab und stellt auf das Papier einen nicht zu hohen Behälter oder Topf. Dort hinein gießt man vorsichtig das Wasser und füllt das Aquarium bis zur Hälfte auf. Leider wird es sich zwangsläufig immer um das zur Verfügung stehende Leitungswasser handeln, das meist nicht als ideal zu bezeichnen ist. Oft fließt mittelhartes bis hartes Wasser, also mit Mineralien stark angereichertes Wasser aus dem Leitungssystem der Wasserwerke. Dementsprechend liegt dann die Reaktion dieses Wassers im basischen, also alkalischen Bereich, ein Wasser, das unseren Fischen in ihren natürlichen Lebensräumen sehr fremd ist. Jeder, der Fische pflegt, sollte sich deshalb über die Wasserwerte seines Leitungswassers durch eigene Messungen informieren.

Steht sauberes Regenwasser zur Verfügung, kann man durch Vermengen mit Leitungswasser den natürlichen Wasserwerten näherkommen, wobei ich bemerken möchte, daß reines Regenwasser oder sehr weiches mineralarmes Wasser leider oft als zu unstabil für die normale Haltung, für die Zucht aber als ideal zu bezeichnen ist. Die besten Werte für die Normalhaltung liegen nach meinen Erfahrungen bei Gesamt- und Karbonathärten zwischen 5 und 7°dH, wobei der pH-Wert stabil um 6,5 bis 6,7 liegen sollte.

Hat man nun das Wasser bis zur Hälfte eingelassen, kann man mit dem Einsetzen der Pflanzen beginnen. Für den Hintergrund des Aquariums wählt man zweckentsprechend hochwachsende Stengelpflanzen, die in größeren Gruppen im Abstand von 1 bis 2 cm dicht und kreisförmig gepflanzt werden. Eine dünne Bepflanzung wäre hier ein Sparen an der falschen Stelle! Nur ein reich bepflanztes Aquarium garantiert einen schönen Anblick. Außerdem bietet man damit den Fischen Versteckmöglichkeiten. Zudem übernehmen Wasserpflanzen zahlreiche biologische Aufgaben der Wasserpflege, und deshalb sollten mindestens 20 Stengelpflanzen jeder Art als Gruppe gepflanzt werden. Die verschiedenen Pflanzengruppen sollten sich in Blattform und Pflanzenfarben voneinander abheben. Zartgrüne gefiederte Blätter der *Cabomba caroliniana* stehen neben den rotbraunen Blättern der *Rotala macranda* und die langen, schmalen, grünen Blätter der *Hygrophila stricta*, neben dem roten Tausendblatt *Myriophyllum „matogrossense“*. Die Gruppen können vereinzelt von der Rückwand bis zur Aquarienmitte gepflanzt werden. Die Seiten dürfen ebenfalls Stengelpflanzen, die auch bis zur Wasseroberfläche emporwachsen, erhalten. Freibleibende Rückwandzonen können vereinzelt mit Javafarn *Microsorium pteropus* bestückt werden. Sie werden am besten mit Glasnadeln an der Rückwand befestigt. Für die mittleren Bodenzonen wählt man kleiner bleibende buschförmige Pflanzen. Auch roter oder grüner Tigerlotus, *Nymphaea lotus*, der erst zu einem runden, großblättrigen Busch heranwächst und später Schwimmblätter unter der Wasseroberfläche bildet, unter denen sich gern Fische aufhalten, sollte nicht fehlen. Bei allen Pflanzen sollte man aber darauf achten, daß sie schnellwüchsig sind, damit sie in einem neu eingerichteten Aquarium alle vorhandenen Nährstoffe verbrauchen, um von Anfang an eine Algenbildung zu verhindern. Erst nach mehreren Wochen, wenn das Aquarium „eingefahren“ ist und sich der Pflanzenwuchs in voller Pracht zeigt, sollten schwierig und langsam wachsende Pflanzen eingebracht werden. Ein genauer Bepflanzungsplan sollte aber der eigenen Vorstellung überlassen sein.

Nach der dekorativen Bepflanzung des Aquariums wird der Wasserstand vorsichtig auf die Normalhöhe gebracht. Danach wird eine Motorumlaufpumpe mit Filtertopf in eine der hinteren Aquariumsecken eingebracht. Die Motorumlaufpumpe sollte für ein Aquarium mit 130 cm Länge eine Förderkraft von 600 Liter in der Stunde haben. Der Filtertopf unterhalb der Pumpe braucht nur mit einer mechanischen Filtermasse gefüllt zu sein. Wichtig ist, daß der Wasseraustritt waagerecht ca. 2 bis 3 cm unter der Wasseroberfläche erfolgt. Der dabei auftretende Wasserstrom bewegt recht stark die Wasseroberfläche, wobei ein Sprudeln oder Spritzen zu vermeiden ist. Der Wasserstrom selbst sollte aus der hinteren Aquarienecke in Richtung des ersten Drittels bis zur Mitte der Aquarienvorderscheibe gerichtet werden, wodurch ein verhältnismäßig guter Wasserumlauf entsteht. Weiter haben praktische Erfahrungen gezeigt, daß es von Vorteil ist, wenn das Wasser in der gleichen Aquarienecke aufgesaugt wird, wo es auch austritt. Der erfolgreiche Nebeneffekt dieser Wasserbewegung besteht darin, daß fast aller anfallender Mulm, der durch den feinen Kies nicht versickern kann, von der Wasserströmung in den Filtertopf gezogen wird. Ein weiterer Vorteil der Wasserbewegung ist für die Pflanzen eine ständige Nährstoffzuführung, und durch das „Aufreißen" der Wasseroberfläche ist eine zusätzliche Sauerstoffanreicherung gegeben. Der Filtertopf der Motorumlaufpumpe wird geschickt durch Pflanzen verdeckt und entgeht so den Blicken des Betrachters. Motorfilter, die außerhalb des Aquariums stehen und durch Schläuche das Wasser aus dem bzw. ins Aquarium bringen, sind nicht ideal für eine erfolgreiche Wasserbewegung. Für die automatische Regulierung der Wärme im Aquarium wird dann ein Thermostat eingehängt; noch besser bedient man sich der modernen Technik und bringt die Wärmeregulierung nach außen. Man sollte dazu einen elektronischen Thermostaten benutzen, der durch seine einfache Bedienung die Temperaturregelung von außen ermöglicht. Ein kleiner, wasserdicht vergossener Meßfühler, bestimmt die eingestellte Temperatur. Dieses nun nach modernen Erkenntnissen eingerichtete Aquarium benötigt noch eine pflanzenwachstumsfördernde Beleuchtung.

Auf die zwei Möglichkeiten wurde schon am Anfang der Einrichtungsempfehlungen eingegangen. Für die Beleuchtung mit Leuchtstoffröhren ergibt sich die Faustregel: 0,5 Watt pro Liter Wasser des Aquarieninhaltes. Eine neue Leuchtstofflampen-Technik, die Indium-Amalgan-Lampen der Firma Osram, läßt es zu, daß diese Faustregel etwas unterschritten werden kann. Diese Lumilux-Leuchtstoffröhren haben gegenüber den bisher für die Aquarienhaltung gern benutzten Osram-de-Lux-Lichtfarben einen Lichtgewinn von 70 %. Für die Beleuchtung des Aquariums seien hier die Osram-Lichtfarbe LUMILUX 21 und in der Kombination mehrerer Leuchtstoffröhren die Osram-Lichtfarben LUMILUX 11 und 21 empfohlen. Der Lichtgewinn wird aber nur in voller Höhe bei einer Betriebstemperatur zwischen 30 und 40 ° erreicht, was in Zukunft für die „Oben-offen"-Ausstattung spricht, da in der geschlossenen Aquarienabdeckung trotz Entlüftungseinrichtungen bei Beleuchtungsbetrieb viel höhere Temperaturen auftreten. Trotz der neuen lichtstarken Leuchtstoffröhren sollte man aber an das Auswechseln verbrauchter Röhren denken.

Nach einem halben Jahr Betriebszeit verringert sich die Leuchtkraft einer normalen Leuchtstoffröhre um bereits ein Drittel. Dazu kommt noch die Veränderung der Lichtfarbe, so daß der Pflanzenwuchs erheblich darunter leidet. Das bedeutet in regelmäßigen Abständen ein Erneuern der Röhren, bei mehreren Röhren aber nicht zum gleichen Zeitpunkt, sondern in längeren Abständen nacheinander.

In den tropischen Heimatländern der Cichliden folgt einem Tag eine fast ebenso lange Nacht. Der Tag hat also eine Dauer von 12 Stunden, genauso lang ist dann auch die Nacht. Diesen Rhythmus sollte man auch für die Beleuchtung des Aquariums einhalten. Die Beleuchtung ist also 12 Stunden am Tag eingeschaltet, und zwar ohne Ausnahme, ob Urlaub des Pflegers, Arbeitstag oder Feiertag. Um auch hier den Tag zur möglichst gleichen Zeit beginnen zu lassen, sei der Gebrauch einer Schaltuhr dringend empfohlen. Wann die Beleuchtungszeiten beginnen, ist zweitrangig, wichtig ist, daß sie nach 12 Stunden enden, und das täglich zur gleichen Zeit.

Kommen wir zum letzten „technischen Zubehör", dem in der Natur selbstverständlich vorhandenen Pflanzennährstoff Kohlenstoff. Im Aquarium muß Kohlendioxid leider über technische Hilfsmittel dem Wasser und damit den Pflanzen zugeführt werden. Die Zugabe von Kohlenstoff, der von den Pflanzen nur im gasförmigen Zustand als CO_2 aufgenommen wird und damit zum erfolgreichen, gesunden Pflanzenwuchs führt, ist nicht, wie viele Leute denken, ein „Kind der Neuzeit" und sollte nicht als „neumodisches Zeug" abgetan werden. Die Behauptung, die alten Aquarianer wußten früher nichts von diesen Dingen und hatten auch einen guten Pflanzenwuchs, ist schlechthin falsch. Die „alten Hasen" der damaligen Zeit waren vor rund 40 Jahren dem Thema „Kohlensäure als Aquariendünger" näher, als wir es heute wahrhaben wollen. Als Beispiel sei hier nur das Resultat der Untersuchungen von Herrn K. Heinrich des Vereins „Seerose" in Berlin-Lichtenberg erwähnt, das er in der Wochenschrift von 1938 veröffentlichte. In diesem Artikel stellt der Autor fest, daß nach Zugabe von Kohlensäure die Fische eine bessere Färbung und große Freßlust zeigten, was wahrscheinlich wegen der durch Kohlensäure leichten Ansäuerung des Wassers möglich ist. Wichtiger ist aber die Feststellung, daß die Pflanzen sich nach der Kohlensäure-Düngung enorm veränderten. *Ambulia* veränderten ihren Stengeldurchmesser von 0,8 auf 1,9 mm. *Aponogeton ulvaceus* veränderten ihre Blattgröße von 23×128 auf

45×200 mm und *Cryptocoryne griffithii* veränderte ihre Blattgröße von 35×65 auf 60×128 mm. Eine Jungpflanze von *Ceratopteris thalictroides* wuchs in acht Wochen von 20 mm auf 270 mm Höhe.

Dieser Bericht zeigt, daß man schon früher die Wichtigkeit der Zugabe von CO_2 als Nährstoff für Wasserpflanzen erkannt hat. Die Düngung kann auf den verschiedensten Wegen erfolgen.

Versuche mit der sogenannten „Bäckerhefeflasche" sind bald wieder unterlassen worden, weil ihre Verwendung zu unsauber war und zur indirekten Wasserverschmutzung führte. Die direkte Zugabe von Kohlensäure über einen Ausströmer ist sehr gefährlich und kann bei falscher Dosierung sehr schnell zur Vergiftung der Fische führen. Da das Aquarienwasser je nach Kalkgehalt unterschiedlich große Mengen Kohlensäure aufnimmt, ist die Zugabe von CO_2 über einen Diffusor die einfachste und sicherste Methode. Ein kraftvoller, gesunder Pflanzenwuchs wird diesen Einsatz belohnen. Pflanzenpflege bedeutet Wasserpflege, und Wasserpflege heißt gesunde, aktive Aquarienbewohner.

Da uns bei den westafrikanischen Cichliden unterschiedliche Verhaltensformen begegnen, sollte man beim Bepflanzen der Aquarien folgende Instinkthandlungen berücksichtigen. Die kleinbleibenden Arten der Gattungen *Nanochromis* und *Pelvicachromis* beschädigen keine Pflanzen. Wie bei allen Buntbarschen sind allerdings kleine, „unmerkliche" Korrekturen direkt vor der Laichhöhle möglich.

Da die Arten der Gattung *Chromidotilapia* gern den Bodengrund nach Freßbarem durchkauen, ist es möglich, daß sehr kleine Vordergrundpflanzen – wie *Elatine macropoda* oder *Marsilea crenata,* der Zwergkleefarn – sich aus dem Boden lösen. Nur verschiedene *Hemichromis*-Arten benötigen in der Fortpflanzungszeit sichtfreie Gebiete, um die Jungfische besser schützen zu können. Diese Arten sind dann für reine Pflanzenaquarien nicht mehr geeignet. Gleichfalls nicht geeignet sind die groß werdenden Tilapien. Die wenigen Arten dieser Gattung, die in diesem Buch vorgestellt werden, sollten in bezug auf die Aquarieneinrichtung gesondert betrachtet werden.

Damit ist das Aquarium für westafrikanische Buntbarsche eingerichtet. Mit dem Einsetzen der Fische sollte man aber noch 14 Tage warten, denn das Aquarium muß sich erst einmal stabilisieren. Genauso wie mit einem Thermometer die eingestellte Temperatur ständig kontrolliert wird, so sollten auch alle anderen Geräte in den nächsten Tagen einer Funktionsprüfung unterzogen werden. Nach zwei Wochen wird man feststellen, daß alles gut angewachsen ist und bereits erste Wachstumserfolge zu erkennen sind.

Biotop im Kasewe Forest in Sierra Leone.

Cichliden aus Westafrika

Es ist nicht leicht, die Grenzen des sogenannten Areals Westafrika zu definieren. Im allgemeinen versteht man darunter die Gebiete der Länder von Senegal im Nordwesten bis nach Nigeria, in der Bucht von Biafra. Es ist im engsten und eigentlichen Sinn das Gebiet der Ober- und Nordguineaschwelle, das von der Mündung des Senegal-Flusses im Westen bis zum Kamerungebirge im Osten reicht. Im erweiterten Sinn rechnet man aber noch die Länder, die südlich des Kamerungebirges liegen und als Nieder- oder Südguineaschwelle bezeichnet werden, zu Westafrika. Hierbei spielen die verbindenden Küsten des Golfs von Guinea einschließlich der Bucht von Biafra eine Rolle. Der ursprünglich mehrere hundert Kilometer breite Küstensaum, der überwiegend aus Regenwald bestand, zog sich von Senegal über Kamerun bis ins zentrale Kongobecken. Zur Zeit ist dieses Landschaftsbild teilweise bereits stark verändert worden. Im Gebiet von Togo und der Republik von Benin

Chromidotilapia linkei ist eine farbintensive Neuentdeckung aus Westafrika.

Die Fischregionen Afrikas

(nach Poll, 1957)

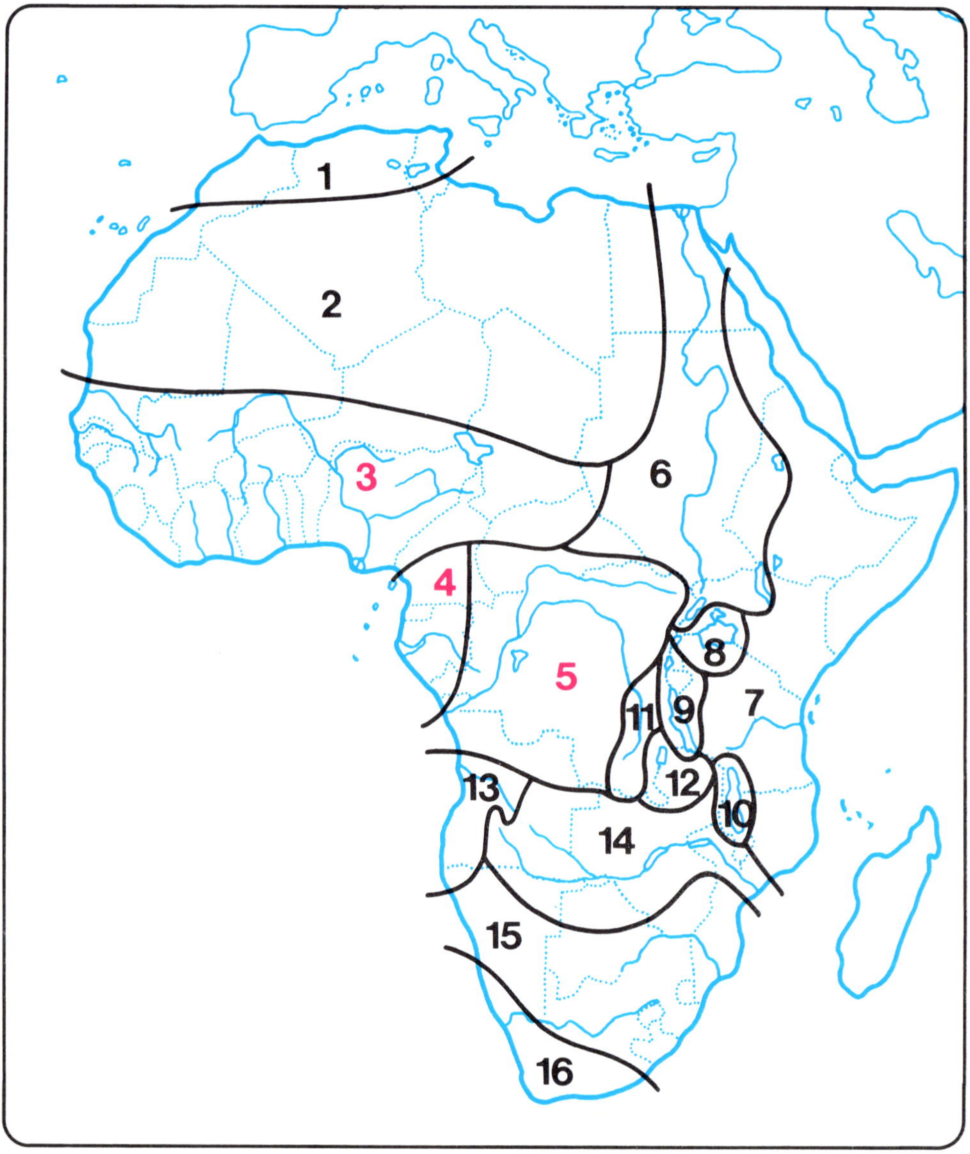

1 = Nordafrika
2 = Sahara
3 = Westafrika
4 = Kamerun und Gabun
5 = Kongo
6 = Nil
7 = Ostafrika
8 = Viktoriasee
9 = Tanganjikasee
10 = Malawisee
11 = Lualaba
12 = Luapula
13 = Angola
14 = Sambesi
15 = Südafrika
16 = Kapregion

Im ersten Band werden die Regionen 3 bis 5, im zweiten 7 bis 10 behandelt.

mußten die Küstenwaldzonen, nicht zuletzt durch den Einfluß von Menschenhand zurückgedrängt, teilweise einer dichten Buschlandschaft weichen.

Zu Westafrika zählen von Nordwest nach Süd die Länder Senegal, Guinea-Bissau, Guinea, Sierra Leone, Liberia, Elfenbeinküste, Ghana, Togo, Republik von Benin, Nigeria, Kamerun, Rio Muni, Gabun und Kongo. Wie weit man Zaïre noch als westafrikanisches Land bezeichnen darf, ist fraglich, da es nur mit einer sehr schmalen Landverbindung Zugang zur Westküste hat und eher als zentral liegender Staat bezeichnet werden sollte. Trotzdem kann man es bedingt hinzurechnen.

Westafrika zeigt neben dem tropischen Regenwald die Savanne als typisches Landschaftsbild. Es enthält viele sogenannte kleine Flüsse, die in der Nord- oder Süd-Guinea-Schwelle entspringen.

Sie fließen nach kurzem Lauf in den Atlantischen Ozean. Klein sind sie aber nur im Verhältnis zu den wenigen größeren Flüssen Westafrikas. So haben sie oftmals eine Länge von 500 Kilometern und nehmen sich neben den Flüssen Volta und Senegal, jeder mit rund 1500 km, dem Niger mit fast 4000 km und dem Kongo mit rund 4400 km Länge, bescheiden aus.

Die Wasservorkommen sind in ganz Westafrika reichhaltig. Tägliche Regenfälle, auch in der sogenannten Trockenzeit, sorgen für einen großzügigen Wasserhaushalt in den Regenwaldgebieten. Unzählbare kleine und kleinste Wasserläufe durchziehen die Landschaft, Lebensraum für eine interessante und farbintensive Unterwasserfauna.

Als größer werdender Buntbarsch ist *Tilapia mariae* nur für sehr große Aquarien geeignet.

Schon vor rund 150 Jahren wurden die ersten Fische aus diesen Gebieten bekannt. Im letzten Jahrzehnt des vergangenen Jahrhunderts wurden zahlreiche Arten beschrieben, und als besonders interessant galt, wie im „Catalogue of the Freshwater Fishes of Africa“ zu lesen ist, die Gattung *Pelmatochromis.* 1915 wurden schon rund 38 Arten aufgezählt, wovon 12 aus Ostafrika kamen. Man fand darin die schönsten Aquarienfische. In den darauffolgenden Jahren wurden verschiedentlich Arten herausgenommen, bis dann rund 50 Jahre später eine vorläufige Revision durch den Ichthyologen DIRK THYS VAN DEN AUDENAERDE diese Gattung bis auf nur wenige Arten zusammenschrumpfen ließ. Alte Gattungsnamen wurden zu neuem Leben erweckt, und neue Namen bereichern seitdem den Wortschatz der Aquarianer.

Mit der 1968 veröffentlichten Arbeit „A preliminary contribution to a systematic revision of the Genus *Pelmatochromis* HUBRECHT sensu lato (*Pisces, Cichlidae*)“ begann eine Reihe von Veränderungen, ein Denkprozeß für alle ichthyologisch Interessierten. Nach dieser Arbeit standen nur noch sehr wenige Arten in der Gattung *Pelmatochromis.* Der überwiegende Teil war in andere Gattungen eingegliedert, und so durfte mit Recht die Formulierung „Man nannte sie *Pelmatochromis*“ benutzt werden.

Aus der Arbeit von PROF. THYS ergab sich, daß Namen wie *Pelmatochromis camerounensis, P. aurocephalus, P. kribensis* und *P. klugei* aus dem aquaristischen Sprachgebrauch gestrichen werden sollten. Während man *Pelmatochromis camerounensis, P. aurocephalus* als die Art *Pelvicachromis pulcher* bzw. P. spec. affin. *pulcher* einordnete, wurden *Pelmatochromis klugei, P. kribensis klugei* und *P. kribensis* als *Pelvicachromis taeniatus* erkannt und eingegliedert. Außerdem wurden bisherige Bezeichnungen wie *Pelmatochromis arnoldi, P. annectens* zu *Pelmatochromis ansorgii* zusammengefaßt. Damit haben zum Teil falsche oder irreführende wissenschaftliche Bezeichnungen und Handelsnamen eine wertvolle Korrektur erfahren. DR. THYS hatte eine erste Richtigstellung und Differenzierung erarbeitet.

Im gleichen Jahr erscheint eine zweite Veröffentlichung, auch von DR. THYS, ein Verzeichnis der Gattung *Tilapia* (THYS, 1968). Hier werden (aus der Untergattung *Pelmatochromis)* unter anderem *Pelmatochromis buettikoferi, P. ocellifer* und *P. congicus* als *Tilapia* aufgeführt und der Gattung *Pelmatochromis* entnommen. Auch *P. ruweti* wird dort, als *Tilapia ruweti* übernommen, verzeichnet. Damit ist nur noch *Pelmatochromis corbali* in der Untergattung *Pelmatochromis* vertreten. Aus der 1971 veröffentlichten Arbeit „Description of two new small African Cichlids“ von THYS und LOISELLE ergibt sich dann die Erhebung der Untergattungen zu eigenständigen Gattungen.

Ein Jahr später erscheint eine weitere Arbeit, die sich mit westafrikanischen Cichliden beschäftigt. Jetzt heißen die Autoren LOISELLE und WELCOME (1972). Anhand von altem und neuem Bestimmungsmaterial stellen sie für *Pelmatochromis ansorgii* eine neue Gattung auf und nennen sie nach Herrn DR. THYS *Thysia* LOISELLE et WELCOME, 1972. Typusart ist *P. ansorgii,* die jetzt als *Thysia ansorgii* bezeichnet wird.

Ein weiteres Jahr später, 1973, gab es erneut eine Korrektur. DR. E. TREWAVAS aus London publizierte über die Systematik von Cichliden (1973) und gab *Pelmatochromis* wieder den Gattungsnamen. Drei Arten gehören dazu: *Pelmatochromis buettikoferi, P. ocellifer* und *P. nigrofasciatus.* Damit sind zwei Arten wieder zurückgesetzt. Für *Pelmatochromis congicus* stellt sie eine neue Gattung auf. Die neue Gattung heißt *Pterochromis,* somit wird die Art *Pterochromis congicus* genannt. Außerdem wurde *Chromidotilapia exsul* nach erneuter eingehender Examinierung des 1933 bestimmten Materials als jugendliche Form von *Hemichromis bimaculatus* GILL erkannt und die Art *Chromidotilapia exsul* gestrichen. Diese Art gibt es nicht mehr.

Um aber nicht nur Arten der ehemaligen Gattung *Pelmatochromis* zu folgen, müssen auch die anderen westafrikanischen Buntbarsche erwähnt werden. 1976 beschreibt DR. TREWAVAS in Zusammenarbeit mit dem englischen Wissenschaftler A. I. PAYNE eine neue *Hemichromis*-Art als *Hemichromis fugax,* wobei sich schon kurze Zeit später herausstellt, daß es sich bei dieser Neubeschreibung eigentlich um die Art *Hemichromis bimaculatus* handelt. Im gleichen Jahr gibt es noch eine zweite Überraschung. Mit der Arbeit „An Ecological and Systematic Survey of Fishes in the Rapids of the Lower Zaïre or Congo-River" von Tyson R. Roberts und Donald J. Stewart werden mehrere neue Arten der Gattung *Nanochromis* bekannt, unter ihnen auch ein „alter Bekannter", der bisher irrtümlich als *Nanochromis nudiceps* angesehen wurde. Er wird jetzt erst beschrieben und muß nun als *Nanochromis parilus* bezeichnet werden. Einen vorläufigen Schlußstrich ziehen die Arbeit von Paul Loiselle, „A Revision of the Genus *HEMICHROMIS* PETERS 1858", und die Revision von P. H. Greenwood aus dem Jahre 1987, „The genera of pelmatochromine fishes (Teleostei; Cichlidae): A phylogenetic review."

Zahlreiche neue Arten wurden in den letzten Jahren beschrieben und auch lebend eingeführt. Ein großes Lob verdienen dabei die sogenannten „fernreisenden Aquarianer", wie sie gern von „spitzen Zungen" bezeichnet werden. Sie haben oft weder Mühen noch Kosten gescheut, um etwas Licht in das Dunkel zu bringen, um für die Aquaristik interessante Informationen über die natürlichen Lebensräume zu sammeln. Erfreulich sind dabei auch die Neuentdeckungen. Es werden nicht die letzten bleiben. Westafrika ist immer noch groß und geheimnisvoll. Doch gestatten Sie uns, daß wir Ihnen die bis jetzt bekannten vorstellen.

Chromidotilapia g. guntheri – Farbform „Bosumtwie" (o. ♂, u. ♀)

Erst 1985 wurde aufgrund der Arbeit von Greenwood die letzte kleine Art der einstmals großen Gattung *Pelmatochromis* in die neu geschaffene Gattung

Anomalochromis

überstellt, eine Maßnahme, die schon lange von interessierter Seite gefordert wurde. Die Gattung ist zur Zeit monotypisch.

Anomalochromis thomasi
(BOULENGER, 1916)

ist der einzige bekannte und in den Aquarien weit verbreitete Vertreter dieser Gattung. Zeitweise wurde eine Beziehung zu *Thysochromis ansorgii* vermutet. *A. thomasi* scheint aber eher mit der Gattung *Hemichromis*, mit den sogenannten „Roten Cichliden", verwandt zu sein. Leider ist dieser Umstand während der Revision dieser Gattung 1979 nicht berücksichtigt worden.

Lebensraum von *Anomalochromis thomasi*.

Die hier gezeigten Fische kommen aus dem Kasewe-Waldgebiet in Sierra Leone. Den Recherchen nach verändert sich diese Art in der Färbung, je südlicher ihr Lebensraum liegt.

Anomalochromis thomasi ♀

Im äußersten Süden des Landes sowie im angrenzenden Liberia sind die Tiere kontrastreicher gefärbt. Bei beiden Färbungen zeigen sich lichtblaue kleine Punkte, die sich in horizontal laufenden Reihen über den gesamten Körper ziehen.

Die Unterscheidung der Geschlechter ist nicht immer einfach. Große Männchen können bis 8 cm Totallänge erreichen, die Weibchen sind meist mit rund 6,5 cm ausgewachsen. Die Männchen sind etwas schwächer in der Punktzeichnung und bleiben somit gegenüber den Weibchen heller gefärbt. Diese zeigen besonders während der Balz- und Laichfärbung anstelle der Punkte auf der Körpermitte und auf dem Schwanzstiel fünf mehr oder weniger durchgehende dunkle, breite Querstreifen bei dunklem Rücken.

Der

natürliche Lebensraum

befindet sich in Sierra Leone und Liberia. Hierbei handelt es sich um kleine Wasserläufe, die meist durch Waldgebiete und Buschlandschaften fließen. Es sind überwiegend sehr saubere, sauerstoffreiche Gewässer, die sehr weiches, saures Wasser führen. Die Art lebt unter anderem mit *Hemichromis bimaculatus* und *H. paynei* sowie *Pelvicachromis humilis* zusammen. Sie sind in ihren Lebensräumen verhältnismäßig häufig zu finden.

Für die

Haltung

kann man diese Art auch in kleinen Aquarien unterbringen. Besser jedoch sind gut bepflanzte Aquarien um 130 cm Länge und 50 cm Tiefe, die viele Versteckmöglichkeiten in Form von Höhlen und Steinaufbauten bieten. Auch Moorkienholz eignet sich sehr für eine geschmackvolle und kontrastreiche Dekoration. Reichlich bepflanzte Bodenflächen, die stellenweise freie Zonen mit flachliegenden glatten Steinen anbieten, sind für diese Fische besonders geeignet. Diese Art ist sehr friedlich und kann als sehr pflanzenfreundlich bezeichnet werden. Weiches und leicht saures, sauerstoffreiches und schwach bewegtes Wasser sollte auch für eine gesunde Pflege benutzt werden. Die Temperatur kann sich um 26 °C bewegen. Ein regelmäßiger Wasserwechsel, alle 7 bis 14 Tage ein Viertel bis ein Drittel des Aquarieninhaltes, sollte selbstverständlich sein. Als Futter ist jede Art von Lebend- oder Flockenfutter geeignet. Bei dieser Pflege wachsen Jungfische gut heran und erreichen nach rund sechs Monaten die Geschlechtsreife.

Für die

Fortpflanzung

dieser Art benötigt man das gleiche Aquarium, oder man richtet einen etwas kleineren Behälter nach gleichen Empfehlungen ein. Wichtig sind glatte, abgerundete, flache Steine auf feinkörnigem Bodengrund mit einem Körnungsdurchmesser bis 2 mm. Gesellschaftsfische sollten in geringer Anzahl gleichfalls im Zuchtaquarium gepflegt werden. Hat sich ein laichwilliges Paar gefunden, zeigen sich beide Partner in kräftiger Querstreifenzeichnung, wobei das Weibchen kontrastreicher wirkt. Das Weibchen legt nach ausführlichem Säubern der Laichunterlage um 300 Eier. Da es sich bei dieser Art um Substratlaicher handelt und die Nachkommen in einer Elternfamilie betreut werden, übernehmen beide Partner in wechselnder Folge die Pflege der Eier. Dabei steht ein Elterntier dicht über dem Gelege und sorgt mit den Brustflossen für Wasserbewegung, während der andere Partner das Laichrevier bewacht und notfalls verteidigt. Nach ca. 48 Stunden schlüpfen bei einer Wassertemperatur von 26 °C die Embryonen und werden in vom Männchen vorbereitete kleine Gruben gebracht. Oftmals endet hier die gute Brutpflege der Eltern, und die Larven – oft aber auch schon die Eier – werden von beiden Elterntieren verspeist. Das kann sich fünf- bis sechsmal wiederholen, denn meist laichen die Paare kurze Zeit später erneut. Beginnen die Jungfische dann als Schwarm unter Führung der Eltern durch das Aquarium zu schwimmen, sollten frisch geschlüpfte Nauplien des Salinenkrebses *Artemia salina* und Staubfutter als erstes Futter geboten werden. Besonders bei dieser Art kann man beobachten, daß in Ermangelung eines Männchens die Weibchen allein ablaichen und die Eier bis zum Verpilzen pflegen. Auch fällt bei der Fütterung mit Wasserflöhen oder Tubifex gelegentlich die Pflege dieser Futtertiere als Ersatzhandlung für die Brutpflege auf.

Im Brutpflegeverhalten sehr unterschiedlich sind die sehr interessanten Arten der Gattung

Chromidotilapia

Diese Bezeichnung wurde erstmalig von dem britischen Ichthyologen G. A. BOULENGER im Jahre 1898 verwendet, kurze Zeit später aber als nicht existent erklärt. PROF. THYS nimmt deshalb diese Bezeichnung nach 70 Jahren wieder auf. Zu dieser Gattung zählt man kleine bis mittelgroße Cichliden. Sie erscheinen im Körperbau seitlich flach, mit größerer Körperhöhe. Die Köpfe sind durchweg groß. Soweit bisher bekannt, zählen alle Arten zu den Maulbrütern, wobei diese Form der Brutpflege ganz unterschiedlich ausgeübt wird. Kennzeichnend für die Arten dieser Gattung ist außerdem, daß beide Geschlechter ohne Ausnahme lang- und spitzausgewachsene Bauchflossen zeigen. Eine warzige, schuhförmige Ausstülpung beiderseits des Schlunddaches ist gut entwickelt. Die Reusenzähne sind gleichmäßig gelappt und Mikroreusenzähne fehlen völlig. Die Geschlechter unterscheiden sich bei der Mehrzahl der Arten auffällig. Meist bleiben die Weibchen ein wenig kleiner, zeigen in der Balz- und Laichfärbung einen roten Bauch und tragen in der Rückenflosse ein metallfarbenes, schwefel- bis chromgelbes, bei einigen Arten auch leuchtend hellorangefarbenes Längsband. Zur Zeit zählt man 12 Arten mit zum Teil unterschiedlichen Farbformen. Als Typusart betrachtet man *Chromidotilapia kingsleyae.*

1. *Chromidotilapia batesii*
2. *Chromidotilapia cavalliensis*
3. *Chromidotilapia finleyi*
4. *Chromidotilapia guntheri guntheri*
5. *Chromidotilapia guntheri loennbergi*
6. *Chromidotilapia kingsleyae*
7. *Chromidotilapia linkei*
8. *Chromidotilapia schoutedeni*
9. *Chromidotilapia* spec. „Shiloango“
10. *Chromidotilapia* spec. „Mondemba“
11. *Chromidotilapia* spec. „Atogafina“
12. *Chromidotilapia* spec.

Biotop bei Calabar in Südost-Nigeria.

Chromidotilapia batesii
(BOULENGER, 1901)

Farbform „Kienke“

Es ist eine Art, die – wie noch oft in diesem Buch beschrieben – in zwei Farbformen vorkommt. Die Farbform „Kienke“, bezeichnet nach dem Kienke-Flußsystem in Süd-Kamerun, soll hier zuerst vorgestellt werden. Die Männchen werden ca. 12 cm lang, die Weibchen bleiben nur wenig kleiner. Die Unterscheidung der Geschlechter ist bei dieser Farbform nicht immer einfach. Das metallfarbene Längsband in der Rückenflosse des Weibchens, bei fast allen *Chromidotilapia*-Arten ein sicheres Merkmal zur Unterscheidung der Geschlechter, ist hier nur schwer oder gar nicht zu bemerken. Weibliche Tiere sind gegenüber ihren Geschlechtspartnern bei Eintritt der sexuellen Reife voller im Bauchumfang. In den Balzphasen ist die Bauchregion unter den nußbraunen Querbändern weinrot gefärbt. Die Art ist verhältnismäßig weit verbreitet.

Lebensraum von *Chromidotilapia batesii* Farbform „Kienke“.

Chromidotilapia batesii ♀, Farbform „Kienke“

Der
natürliche Lebensraum

wird bei dem Bestimmungsmaterial mit River Benito in Äquatorial-Guinea, auch als Spanisch Guinea bekannt, jetzt nach Erhalt der Selbständigkeit als Rio Muni richtig bezeichnet, angegeben.

In diesem kleinen Land ist diese Art weit verbreitet und häufig zu finden. Gleichfalls zahlreich leben diese Fische auch im nördlich begrenzenden Südwest-Kamerun. Hier sind es die Gebiete des Kienke-Flußsystems.

Dabei handelt es sich um Regenwaldflüsse in unterschiedlichen Größen. Meist sind es kleine, oft nur 50 cm tiefe, bis 4 m breite Wasserläufe, die, immer fließend, leicht bräunlich gefärbt und mit Temperaturen um 25 °C sich ihren Weg durch den Regenwald suchen. Nur selten erreichen Sonnenstrahlen durch das Blätterdickicht die Wasseroberfläche.

Tabelle Nr. 1

Ort:	Straße von Kribi nach Ebolowa, erster Bach nach dem Ortsausgang von Kribi in Südwest-Kamerun
Klarheit:	sehr klar
Farbe:	bräunlich
pH-Wert:	6,3
Gesamthärte:	unter 0,5 °dH
Karbonathärte:	unter 0,5 °dH
Leitfähigkeit:	10 Mikro-Siemens bei 25 °C
Nitrit:	0,00 mg/l
Wassertiefe:	bis 50 cm
Wasserbewegung:	leicht
Wassertemperatur:	25 °C
Datum:	15. 1. 1977
Uhrzeit:	16.00 Uhr

Astwerk und Baumwurzeln bilden beliebte Aufenthaltsplätze für diese Fische. Stellenweise sind es auch ausgewaschene und ausgehöhlte Ufer, teilweise unterspülte, im Wasser liegende Baumstämme sowie vereinzelte mehrere Quadratmeter große Wasserpflanzenflächen. Der Bodengrund besteht aus feinem Kies mit einer Körnung um 1 mm Durchmesser.

Das Wasser ist immer fließend. Untersuchungen haben ergeben, daß durchschnittlich eine Wasserbewegung von rund 6 Metern in der Minute stattfindet, d.h., alle 10 Sekunden erfolgt auf einer Länge von einem Meter ein totaler Wasserwechsel. Der Sauerstoffgehalt wurde mit 7,0 mg/l gemessen.

Die bizarren, weißen Blüten der Wasserlilie *Crinum natans* sind im Monat Februar besonders häufig.

Chromidotilapia batesii

Farbform „Eseka"

Diese bei Eseka anscheinend endemisch lebenden Fische unterscheiden sich von der Farbform Kienke in zahlreichen Abweichungen in der Färbung. Die Männchen werden ca. 12 cm lang, die Weibchen bleiben rund 2 cm kleiner. Sexualreife Männchen zeigen neben einer 4- bis 5fachen Querbandzeichnung auf dem Körper zahlreiche kleine dunkle Punkte auf Flossensäumen, die im Weichstrahlenteil der Rükkenflosse, in der Afterflosse und in der Schwanzflosse ein Reihenmuster ergeben. Den Weibchen fehlt diese Punktzeichnung. Sie zeigen dagegen ein kräftiges, metallfarbenes, chromgelbes Band in der Rückenflosse. Die Querbandzeichnung auf dem Körper ist nur sehr schwach erkennbar, dafür tritt in der Balz- und Laichfärbung ein gelblicher Bauch in Erscheinung, der unterhalb – wie auch der Schwanz – zart bis kräftig weinrot gefärbt ist.

Lebensraum von *Chromidotilapia batesii* Farbform „Eseka".

Chromidotilapia batesii ♂, Farbform „Eseka"

Der
natürliche Lebensraum
dieser Farbform liegt gleichfalls in Südwest-Kamerun. Es sind kleine Wasserläufe im nördlichen Einzugsgebiet des Nyong-River, im Areal von Eseka.

Fast immer handelt es sich dabei um Regenwaldgebiete, die selten von Plantagen unterbrochen werden. Teilweise sind die Wasserläufe nur knapp 2 Meter breit. Der Bodengrund besteht aus feinem Kies mit rund 1 mm Körnungsdurchmesser. Felsgestein in unterschiedlichen Größen ist stellenweise sehr zahlreich anzutreffen. Als Wasserpflanzen findet man überwiegend *Nymphaea lotus,* den grünen Tigerlotus.

Für die
Haltung
dieser Art sollte man geräumige Aquarien bereitstellen. Mindestlängen von 130 cm bei 50 cm Tiefe und Höhe dürften nicht unterschritten werden. Feiner Kies mit einem Körnungsdurchmesser bis 2 mm ist als Bodengrund geeignet. Kalkfreie Steine werden direkt auf die Bodenplatte gebracht und in Form von einzelnen Höhlen aufgebaut. Dabei ist darauf zu achten, daß das Höhlendach als waagerechte Fläche errichtet wird. Sie wird gern als Laichplatz benutzt. Als Heizung empfiehlt sich eine Wärmequelle, die von unten wirkt. Zur Dekoration eignen sich auch zusätzlich verschiedene Holzarten, die aber auch direkt auf dem Boden liegend in die Höhe dekoriert werden. Erst dann wird Kies als Bodengrund eingebracht und über die Steine und das Holz verteilt, die dann teilweise verschüttet sind. Hierbei kann es sich um ungewaschenen, aber „sauberen“ Kies handeln. Nur die obere, etwas über 1 cm dicke Schicht sollte gewaschen sein.

Wenn man ein Aquarium einrichtet, ähnlich den natürlichen Lebensräumen, sollte man nur Pflanzen aus Westafrika einbringen. Dazu

Chromidotilapia batesii ♀, Farbform „Eseka“

gehören die vielen robusten Arten der Gattung *Anubias,* wie *Anubias afzelii, A. barteri* und *A. gilletii,* für den Hintergrund. An die zum Anfang eingebrachte Styroporrückwand lassen sich mit Glasnadeln oder ähnlichem Hilfsmaterial kleine *Anubias*-Arten aufbringen und damit die oberen Aquarienzonen geschmackvoll dekorieren. Sie eignen sich aber auch hervorragend als Vordergrundpflanzen.

Auch *Bolbitis heudelotii,* der Kongo-Wasserfarn, kann auf die Rückwand oder den Bodengrund gebracht werden. Man sollte aber darauf achten, daß diese Pflanzen nur mit den Wurzeln in den Kies kommen und das Rhizom freisteht. Oft reicht ein Beschweren der Rhizome, sogar ein leichtes Einklemmen zwischen den Steinaufbauten oder das Festbinden mit Angelschnur am Holz. *Nymphaea lotus* als grüner und roter Tigerlotus bringt eine geschmackvolle Farbabstimmung. Vor den Höhlenbauten sollte man auf Freiflächen achten, da *Chromidotilapia batesii* gern die teilweise mit Kies verschütteten Höhlen freigräbt und davor einen Freiraum als Sichtfläche braucht.

Es wird weiches, kalkarmes Wasser bevorzugt. Eine Pflege ist aber auch in sogenanntem hartem Wasser möglich. Es sollte durch einen Motorfilter immer gut gereinigt und in leichter Bewegung sein. Trotzdem ist ein Wasserwechsel, ein Viertel bis ein Drittel des Behälterinhaltes alle 8 bis 14 Tage, erforderlich. Die Temperatur kann um 25 °C liegen, und die Beleuchtung muß zwölf Stunden am Tag ohne Unterbrechung eingeschaltet sein. Kräftiges Lebendfutter sollte neben Flockenfutter im Wechsel gefüttert werden. Bei größeren Pflegebehältern können ein oder zwei andere westafrikanische Cichlidenpaare als Gesellschaftsfische mit gepflegt werden. Erforderlich sind aber mehrere Fische, die den mittleren und oberen Schwimmraum beleben, wie beispielsweise größere Labyrinthfische oder Salmler. In dieser Zusammensetzung, bei einer nicht zu reichlichen Anzahl von Aquarienbewohnern und sehr reichlichem Pflanzenbestand, werden die *Chromidotilapia* zu interessanten Beobachtungsobjekten.

Dabei spielt die

Fortpflanzung

eine große Rolle. Diese Art unterscheidet sich in der Brutpflege deutlich von den anderen Arten. *Chromidotilapia batesii* gehört zu den larvophilen Maulbrütern, d.h., die Weibchen legen ihren Laich meist an der Decke einer Höhle ab, wo er sofort vom Männchen befruchtet wird. Nach der Ablage der Eier übernimmt das Weibchen die Pflege des Geleges. Das Männchen verteidigt mehr oder weniger aufmerksam das Laichrevier. Bei einer Temperatur von 25 °C schlüpfen die Larven nach rund 70 Stunden und werden dann vom Weibchen ins Maul genommen, wo sie bis zum Freischwimmen verbleiben. Erst dann widmet sich auch das Männchen aktiv der Jungfischfürsorge. Larvophile Maulbrutpflege bedeutet also, daß die Elterntiere, in diesem Fall das Weibchen, nicht nach erfolgter Laichablage die Eier, wie es bei den ovophilen Maulbrütern der Ablauf ist, ins Maul aufnimmt, sondern erst nach rund drei Tagen die frischgeschlüpften Larven. Nach dem Freischwimmen der Jungfische sollte man die Nauplien der Salinenkrebschen als Futter reichen. Auch feines Trockenfutter gehört zum Speiseplan für Jungfische. Sie werden mehrere Wochen von den Eltern betreut. Wichtig ist, daß sich im Aufzuchtaquarium noch wenige andere Fische befinden, welche die Elterntiere zu besonderer Sorgfalt und Aufsicht veranlassen.

Tabelle Nr. 2

Ort:	Wasserlauf an der Straße nach Eseka. 50 Meter nach dem Abzweig von der Straße Edea-Jounde in Südwest-Kamerun
Klarheit:	klar
Farbe:	ohne
pH-Wert:	6,6
Gesamthärte:	unter 1 °dH
Karbonathärte:	unter 1 °dH
Leitfähigkeit:	20 Mikro Siemens bei 23,5 °C
Nitrit:	0,00 mg/l
Wassertiefe:	bis 80 cm
Wasserbewegung:	wenig
Wassertemperatur:	23,5 °C
Datum:	15. 2. 1979
Uhrzeit:	9.30 Uhr

➧ *Chromidotilapia cavalliensis*

(THYS und LOISELLE, 1971)

Obwohl schon mehrere konservierte Tiere längere Zeit zur Verfügung standen, konnten lebende Fische dieser Art erstmalig 1988 durch Jörg und Jürgen Freyhof sowie Anton Lamboj eingeführt werden. Durch deren vorbereitende Unterstützung vor Ort gelang es schon wenige Wochen später auch einem Autor diese Fische im Biotop nachzuweisen und lebend in die heimatlichen Aquarien zu bringen. *C. cavalliensis* erreicht Totallängen von rund 12 cm im männlichen Geschlecht. Weibchen bleiben nur wenig kleiner. In Färbung und Aussehen zeigen sie sehr viele Parallelen zu *Chromidotilapia g. guntheri*. Nur ist ihre Färbung sehr viel schwächer und nicht so kontrastreich. *C. cavalliensis* ist wie *C. g. guntheri* ein Maulbrüter im männlichen Geschlecht. Damit bestehen sehr starke Parallelen zur Gattung *Chromidotilapia*. Ein Verbleiben in der Gattung *Limbochromis* ist deshalb fraglich.

Lebensraum von *Chromidotilapia cavalliensis.*

Der

natürliche Lebensraum

dieser Art liegt nahe der Ortschaft Sahibly im Gebiet von Toulepleu am Cavally River, dem Grenzfluß zwischen den Ländern Elfenbeinküste (Côte d'Ivoire) und Liberia. Die Fische

Chromidotilapia cavalliensis ♀

sind im mittleren und oberen Gebiet des Flusses beheimatet.

Sahibly und das Areal des Cavally Rivers liegen noch etwas abseits der normal befahrenen Straßen. Zum besseren Verständnis sollen hier Notizen über die Fahrt zum Biotop und den Fang dieser bisher noch weitgehend unbekannten Fische. Ausgangspunkt unserer Reise war die kleine Stadt Guiglo im Westen der Elfenbeinküste. Es ist eine Stadt mit mehreren afrikanischen Hotels, rund 30 km westlich von Duekoué. Bis Guiglo gibt es noch eine gute Asphaltstraße, die gleich hinter der Stadt endet und als breite Piste bis zum 114 km entfernten Toulepleu führt. Diese rote, lateritfarbene Straße führt durch hügliges Waldgelände, ein Areal, das noch vergleichsweise dicht bewachsen war. Bis zum Cavally River sind es 107 km. Wir brauchten knapp zwei Stunden für diesen Weg, obwohl unser Fahrer oft eine Geschwindigkeit zwischen 60 und 80 Stundenkolometer gefahren ist. Über den Cavally führt eine 60 m lange, schmale Betonbrücke auf hohen Säulen. Hinter der Brücke liegt das Dorf Sahibly. Der Cavally-River fließt rund 10 m unter der Brücke in einem cirka 25 m breiten Bett. Die Ufer sind von Buschwerk und Bäumen begrenzt. Bei Niedrigwasser ist das Wasser am Ufer meist nur 50 cm, in die Mitte an verschiedenen Stellen bis über 2 m tief. Vereinzelt sind flache Sandbänke vorhanden und viel Baum- und Astwerk liegt im Wasser. Der Cavally-River ist leicht fließend und steigt bis über eineinhalb Meter in der Regenzeit an. Der Fluß war zum Zeitpunkt der Untersuchung klar bis leicht trübe und grünlich gefärbt. Das Wasser war mit 41 Micro-Siemens bei 27,7 °C Wassertemperatur sehr weich (GH unter 1 °dH, KH 1 °dH). Es hatte einen pH-Wert von 6,7. Der Flußboden war sandig, und in Ufernähe bedeckten stellenweise tote Blätter den Bodengrund. *Chromidotilapia cavalliensis* soll im Fluß nicht häufig sein. Die Verbreitung liegt nach Auskunft der Anwohner etwas nördlicher, näher dem Quellgebiet, also dort, wo der Fluß noch flacher und schmaler ist.

Trotz vieler Helfer, die mit Angel, Kescher und Zugnetz Fische fingen, gingen leider kein *Chromidotilapia cavalliensis* ins Netz.

Der Cavally River bei Sahibly.

Ein Großteil der Ausbeute zählte zu den Gattungen *Hemichromis* und *Tilapia.* In den ufernahen Wasserlöchern gab es aber auch *Epiplatys* und Salmler. Der Fang im großen Fluß gestaltete sich sehr schwierig. Außerdem waren wir vorgewarnt. Da in diesem Gebiet auch nach Gold gesucht wurde, also aus diesem Grund im Fluß Sand gewaschen wurde, war das Anliegen der fremden Weißen, im Fluß nur Fische fangen zu wollen, für viele sehr ungewöhnlich. Trotz aller Anstrengungen blieben wir mit unseren Bemühungen erfolglos. Doch wir bekamen Unterstützung. Mehrere Frauen erklärten sich bereit, für uns Fische zu fangen. Kurze Zeit später erschien ein junger Mann und brachte zwei Fische. Es war ein Pärchen *Chromidotilapia cavalliensis*, die ersten lang ersehnten Fische. Ihr Zustand war nicht der beste. Trübe Augen und leichte Flossenschäden veranlaßten uns zu sofortigem Wasserwechsel unter Zugabe von zwei Tropfen FMC auf 1,5 l Wasser als Desinfektionsmittel. Am Nachmittag, nach längerer Wartezeit, kamen dann die Frauen mit mehreren Beuteln voller Fische, Neben *Hemichromis elongatus, Hemichromis guttatus* und größeren *Tilapien* waren auch mehrere *Chromidotilapia cavalliensis* dabei. Man erklärte uns, daß dei diesen Fischen die Männchen die Eier im Maul tragen, Weibchen dagegen nicht. Am Schluß hatten wir insgesamt neun Tiere von *C. Cavalliensis.* Ein Männchen hatte auf dem Schwanz eine große Fleischwunde. Alle Tiere kamen in Einzelbehälter unter Zugabe des Desinfektionsmittel FMC.

Nach dem Verteilen der Geschenke und der Entlohnung der Frauen traten wir die Rückreise an. Alle *Chromidotilapia cavalliensis* erreichten gesund die heimatlichen Aquarien und bildeten dann den Stamm für weitere wichtige Beobachtungen.

Chromidotilapia cavalliensis ♂

Eine weitere *Chromidotilapia*-Art, die in unterschiedlichen Farbformen bekannt ist, wurde 1974 beschrieben. Bei

Chromidotilapia finleyi

TREVAWAS, 1974
Farbform „Mungo“

dienten Fische aus dem Mungo als Bestimmungsexemplare. Die Männchen werden knapp 11 cm lang, die Weibchen sind mit 9 cm ausgewachsen. Typisch für alle Cichliden aus dem Mungo-Fluß-Areal sind die blau bis türkisfarbenen Schuppenfelder auf den Körperseiten und Kiemendeckeln. Das Weibchen trägt neben dem schwach ausgebildeten chromgelb-farbenen Längsband in der Rückenflosse im Weichstrahlenteil an der Basis einen dunklen runden Fleck. Beide Merkmale fehlen beim Männchen oder sind nur sehr schwach erkennbar. Die Rückenflosse ist am Ende im Weichstrahlenteil beim Männchen etwas länger

Lebensraum von *Chromidotilapia finleyi* Farbform „Mungo“.

ausgewachsen. Beide Geschlechter tragen spitz ausgezogene Bauchflossen. Rücken-,

Chromidotilapia finleyi, Farbform „Mungo“ – oben ♂, unten ♀

Schwanz- und Afterflosse sind ohne auffällige Zeichnung.

Der

natürliche Lebensraum

dieser Farbform befindet sich zwischen den Orten Kumba und Tombel in West-Kamerun. Sie lebt in den Flachwasserzonen am Ufer und zwischen den Sandbänken im Mungo-Fluß und dessen nördlichen Zuläufen sowie im River Menge, im River Blackwater, River Kobe und River Wobe. Die in den nördlichen Mungo-Flußgebieten zwischen Kumba und Tombel, in kleinen flachen Wasserläufen bei Ehom, nahe dem Ort Ebonji lebende Farbform zeigt sich etwas dunkler in der Gesamtfärbung. Hier bestand der Bodengrund nicht wie in den meisten anderen Gebieten aus hellem, feinem Kies, sondern aus dunklem Lavagestein. Die Art lebt hier wie auch im Mungo-Fluß in Gesellschaft mit den Cichliden *Chromidotilapia guntheri guntheri* und *Chromidotilapia linkei.*

Tabelle Nr. 3

Ort:	Mungo-Fluß, an der Straße von Kumba nach Tombel und Loum in West-Kamerun
Klarheit:	schwach trübe
Farbe:	lehmig
pH-Wert:	7,6
Gesamthärte:	3 °dH
Karbonathärte:	2 °dH
Leitfähigkeit:	60 Mikro-Siemens bei 26,5 °C
Nitrit:	0,05 mg/l
Wassertiefe:	nicht bekannt, Uferzonen bis ca. 80 cm, Flußbreite stellenweise 80 bis 100 Meter
Wasserbewegung:	leicht
Wassertemperatur:	26,5 °C
Datum:	12. 1. 1977
Uhrzeit:	16.00 Uhr

Brücke über den Mungo in West-Kamerun.

Chromidotilapia finleyi
Farbform „Moliwe"

Hierbei handelt es sich um die dritte Farbform. Sie hat ein ähnliches Aussehen wie die Form „Campo". Ihre Färbung ist aber im Vergleich sehr viel schwächer. Auffallendes Unterscheidungsmerkmal sind die schwarzen Zeichnungen in der Rückenflosse sowie teilweise auch in der Schwanz- und Afterflosse. Auch die in der Erregungsphase auftretenden Querbinden auf dem Körper sind nur bei dieser Farbform zu finden. In Balzstimmung zeigen sie kräftige, kontrastreiche Farben. Der Bauch des Weibchens ist zartrot gefärbt. Das metallfarbene Band in der Rückenflosse, das bei fast allen weiblichen Tieren der Gattung *Chromidotilapia* ein klares Trennungsmerkmal der Geschlechter darstellt, ist bei dieser Farbform nur sehr schwach oder gar nicht erkennbar. Sie gehört zu den kleineren Vertretern dieser Art. Die Männchen werden rund 10 cm, die Weibchen knapp 9 cm lang. Sie bleiben damit etwas kleiner.

Lebensraum von *Chromidotilapia finleyi*, Farbform „Moliwe".

Chromidotilapia finleyi ♂, Farbform „Moliwe"

Der

natürliche Lebensraum

befindet sich gleichfalls in West-Kamerun. Sie leben anscheinend endemisch nur ca. 100 Kilometer südwestlich von der Farbform „Mungo“ in einem bis 4 Meter breiten und stellenweise bis 80 cm tiefen Wasserlauf, der die Straße von Victoria nach Kumba zwischen dem Ort Moliwe und dem Ort Mile 4 kreuzt. Das Wasser ist sauber und sehr klar. In dem Bach sind stellenweise größere Steine zu finden. Der Bodengrund besteht aus feinem, halbdunklem Kies. Die Ufervegetation wächst teilweise sehr stark ins Wasser und bietet den Fischen gute Versteckmöglichkeiten.

Folgende Wasserwerte konnte ich bei Untersuchungen im Januar 1977 feststellen. Die Gesamthärte lag um 4 °dH, die Karbonathärte konnte mit 3 °dH ermittelt werden, der pH-Wert lag bei 7,6, und die Messung der Leitfähigkeit zeigte bei 26 °C Wassertemperatur 130 Mikro-Siemens.

Daraus ergibt sich für

die Haltung,

daß nur die Farbform „Campo“ sehr weiches, saures Wasser bevorzugt, während die beiden anderen Farbformen anscheinend auch in mittelhartem, alkalischem Wasser gut zu pflegen sind. Diese friedlichen Fische, alle drei Farbformen sind ohne Ausnahme dazu zu rechnen, sollte man nicht in Aquarien unter 130 cm Länge pflegen. Tiefe und Höhe der Aquarien sollten 50 cm nicht unterschreiten. Es ist zu empfehlen, diese *Chromidotilapia*-Art nur mit Arten der Gattung *Pelvicachromis* oder *Nanochromis* zu vergesellschaften. Cichliden, die in der Laichzeit etwas „rauhbeinig“ werden, sind nicht als ideale Mitbewohner anzusehen. Im gleichen Aquarium sollten aber auch Fische anderer Familien, wie größere Labyrinthfische oder Salmler, gepflegt werden. Wichtig erscheint mir auch eine reichliche Bepflanzung mit vielen Versteckplätzen, beispielsweise unter Moorkienholz oder Steinen. Das Wasser sollte immer sauber und klar sein, was durch einen kräftigen Motorfilter zu erreichen ist. Auch eine leichte Wasserbewegung ist vorteilhaft. Erst dann zeigen sich diese Farbformen ohne Scheu und sind interessante Beobachtungsobjekte.

Bei kräftigem Lebendfutter, das sehr gern genommen wird, wachsen Jungtiere sehr gut heran und schreiten willig zur

Fortpflanzung.

Leider ist diese bisher nur selten gelungen. Wie bei allen Farbformen dieser Art wird auch bei der Form „Moliwe“ der Laichvorgang mit kräftigem Schütteln des Körpers vor dem Partner eingeleitet, wobei die Tiere oftmals senkrecht mit dem Kopf nach unten schwimmen. Zwischenzeitlich wird eine meist schrägstehende feste Unterlage, überwiegend vom Weibchen, mit dem Maul gesäubert. Die hellgelben Eier werden schon vor Abschluß des Laichaktes, der meist zwischen 45 und 60 Minuten dauert, vom Weibchen ins Maul genommen. Vor dem Laichplatz wurde vom Männchen eine flache Grube angelegt. Da viele Eier schlecht haften, fallen sie oft schon während des Laichens in diese Grube und werden von dort auch vom Männchen aufgenommen. Überwiegend trägt am Anfang das Weibchen die Eier im Maul. Zeitweise werden sie auch in die Grube gelegt und ohne direkte Bewachung zurückgelassen. Sie bieten somit eine willkommene Beute für andere Fische.

Das Verhalten zeigt, daß die Entwicklung vom Substrat- zum Maulbrüter noch nicht abgeschlossen ist. Eindeutig gehört diese Art zu den ovophilen Maulbrütern, das heißt, die Fische nehmen gleich nach dem Laichen die Eier ins Maul. Bei der Farbform „Campo“ ist, wie ich einige Male beobachten konnte, der Brutablauf starrer ausgeprägt. Hier nimmt das Weibchen zuerst die Eier ins Maul und übergibt sie dem Männchen in zeitlich unterschiedlichen Abständen. Dabei kann es sich um mehrere Stunden oder auch um den Zeitablauf eines Tages handeln, bis eine Übergabe erfolgt. Dazu legt der tragende Partner die Eier am Boden ab, von dem der andere Partner sofort oder auch erst nach einigen Minuten sie wieder aufnimmt. Diese abwechselnde Brutpflege ist sehr selten zu beobachten und war noch vor wenigen Jahren unbekannt. Die wenigen, bisher erfolgreichen Zuchten gelangen in weichem, leicht saurem Wasser.

Es zeigt, daß noch nicht alle Geheimnisse im Fortpflanzungsablauf dieser Art erforscht sind.

Chromidotilapia finleyi

Farbform „Campo“

Diese Farbform kam schon recht früh in die Pflegebehälter der Aquarianer. 1973 konnte ich selbst diese Fische im Waldgebiet der Campo-Reservation fangen. Damals wurden sie fälschlicherweise als vermutliche Farbform von *Chromidotilapia batesii* behandelt. Die Männchen können rund 12 cm lang werden, die Weibchen bleiben etwas kleiner. Ein himmelblaues, schmales Längsband im oberen Teil der Rückenflosse, das zur Basis in ein zartes Chromgelb wechselt, ist neben einem unterschiedlich kräftig gefärbten feuerroten Bauch das typische Merkmal für die weiblichen Tiere dieser Farbform. Die Rückenflosse ist beim Männchen mit einem roten Saum begrenzt. Ein golduмrandeter blauschimmernder Fleck ziert den hinteren Kiemendeckel bei beiden Geschlechtern. Die Kiemenpartien sind bis zu den Lippen goldgelb. Der verbleibende Teil der Rückenflosse, die Afterflosse und die Schwanzflosse sind bei beiden Geschlechtern ohne auffällige Zeichnung und zart goldgelb gefärbt. Halbwüchsige Tiere zeigen zartrosa bis schwach rötliche Farben und tragen zeitweise auf dem Körper ein kräftiges Längsband. Im fortgeschrittenen Alter verstärkt sich die Färbung zu einem kräftigen Oxydrot.

Lebensraum von *Chromidotilapia finleyi* Farbform „Campo“.

Chromidotilapia finleyi ♂, Farbform „Campo“

Der

natürliche Lebensraum

liegt in Südwest-Kamerun, dem Areal zwischen der Hafenstadt Kribi und der Grenzstadt Campo. Es ist das Gebiet des Lobe-Flusses sowie die große Waldzone der Campo-Reservation. Zahlreiche kleine Wasserläufe fließen nahe der Küste zwischen den Orten Batanga und Campo nicht selten nach wenigen hundert Metern in den Atlantik. Meine Wassermessungen in diesem Areal ergaben sehr weiches und stark saures Wasser.

In diesem Gebiet ergaben sich Wasserstoffionenkonzentrationen um 4,8. Es sind Werte, die in Afrika selten erreicht werden und meiner Meinung nach für die Nachzucht in heimatlichen Aquarien nicht unbedeutend sind. Die Wasserläufe zeigen sich immer fließend. Das Wasser ist stets klar und sauber. Man kann fast von destilliertem Wasser sprechen, das in diesen Gebieten oftmals stark bräunlich gefärbt dem Ozean entgegenfließt. Die Temperatur liegt immer um 25 °C. Verschiedentlich trifft man große *Anubias*- und *Bolbitis*-Wasserpflanzen-Ansammlungen, die teilweise emers oder submers auf großen Steinen wachsen und von Wasser über- oder umspült werden. Auch

Tabelle Nr. 4

Ort:	Kleiner Wasserlauf bei Eboundja, Ort zwischen den Städten Kribi und Campo in Südwest-Kamerun
Klarheit:	sehr klar
Farbe:	bräunlich
pH-Wert:	4,8
Gesamthärte:	unter 1 °dH
Karbonathärte:	unter 1 °dH
Leitfähigkeit:	10 Mikro-Siemens bei 24 °C
Nitrit:	0,00 mg/l
Wassertiefe:	bis 40 cm
Wasserbewegung:	mittel bis stark
Wassertemperatur:	24,5 °C
Datum:	28. 3. 1973
Uhrzeit:	11.00 Uhr

große Kolonien von *Crinum natans*, der Wasserlilie, vor allem aber *Nymphaea lotus*, dem grünen Tigerlotus, sind allerorts zu finden.

Chromidotilapia finleyi ♀, Farbform „Campo"

Lebensraum von *Chromidotilapia guntheri guntheri.*

Die bei den Aquarianern bekannteste Art dieser Gattung ist

➧ *Chromidotilapia guntheri guntheri*
(SAUVAGE, 1882)

Hier hat sich bei vielen Autoren ein Schreibfehler im Artnamen verbreitet, der korrigiert werden sollte. Der französische Wissenschaftler SAUVAGE beschrieb diese Art 1882 als *Hemichromis guntheri* und verwendete bei der Namensgebung nur den Buchstaben „u". Im Katalog des englischen Ichthyologen G.A. BOULENGER über die Süßwasserfische Afrikas, in dem eine Zusammenfussung vieler afrikanischer Arten erschien wurde erstmals eine falsche Schreibweise veröffentlicht. Hier wird der Artname mit „ue" als *guentheri* geschrieben. Wahrscheinlich ist dies der Ursprung für diese Schreibweise. Sie ist falsch, und die Art muß richtig *Chromidotilapia guntheri* geschrieben werden. Da diese Art recht weit verbreitet ist, wurden bisher auch unterschiedliche Längen bekannt. Im allgemei-

Chromidotilapia guntheri guntheri ♂

nen ist zu lesen, daß Tiere dieser Art bis zu 20 cm lang werden, manchmal auch noch größer. Diese Angaben halte ich für sehr gewagt. Zutreffend ist, daß Vertreter dieser Art in den größeren Flüssen von Togo, Ghana und Elfenbeinküste um 18 cm groß werden können. Hierbei handelt es sich um stattliche Männchen. Die Weibchen werden selten über 15 cm lang. Ich selbst konnte Tiere dieser Größe in Ghana von einem Afrikaner erwerben, die gerade zuvor aus dem Birim-River bei Kibi geangelt wurden. Die Tiere aus Nigeria bleiben dagegen merklich kleiner und werden kaum über 12 cm lang. Diese Länge sollte als Orientierungsmaß für die Aquarienhaltung gelten. Die Unterscheidung der Geschlechter ist einfach. Die weiblichen Tiere zeigen ein auffallend chromgelbes Längsband in der Rückenflosse und einen weinroten Bauch. Die im Mungo-Gebiet lebenden Tiere dieser Art bleiben nicht nur kleiner, sondern unterscheiden sich auch merklich in der Färbung. Sie werden etwa um 10 cm lang. Oftmals wird *C. g. guntheri* mit *Chromidotilapia kingsleyae* verglichen, teilweise sogar mit dieser Art gleichgestellt. Es gibt aber erkennbare Unterscheidungsmerkmale, die sich deutlich in der Färbung und Zeichnung zeigen. So hat *C. g. guntheri* gegenüber *C. kingsleyae* eine kürzere Schnauze, eine andere Anzahl von Kiemenrechen, im allgemeinen mehr Hartstrahlen und weniger Weichstrahlen in der Rückenflosse, weniger Weichstrahlen in der Afterflosse, eine etwas höhere Anzahl von Schuppen auf der Seitenlinie, eine etwas geringere Körperhöhe, nur beim Weibchen schwarze kleine Flecke im Hartstrahlenteil der Rückenflosse, keinen der nur sehr schwachen Flecken oder Punkte in der After-, Schwanz- und im Weichstrahlenteil der Rückenflosse.

Der

natürliche Lebensraum

wird meist pauschal mit Westafrika, das heißt von Sierra Leone bis Kongo, angegeben.

Chromidotilapia guntheri guntheri ♀

Meiner Meinung nach sollte man dieses Verbreitungsgebiet einschränken und unterteilen. Das Land Elfenbeinküste dürfte zum westlichsten Lebensraum gehören und bis nach West-Nigeria als überwiegendes Savannengebiet auch größere Tiere hervorbringen. In diesem Gebiet leben diese Fische meist in kleineren, aber auch größeren Flüssen, Seen und Überschwemmungsgebieten. Sie können als sogenannte Savannen- oder Savannenpopulation bezeichnet werden. Von Ost-Nigeria bis Südwest-Kamerun, hier ist meiner Meinung nach die südliche Lebensraumgrenze, leben die etwas kleiner bleibenden Fische dieser Art. In diesem Gebiet bewohnen sie meist kleinere bis kleinste Flüsse, oft aber auch nur schmale Wasserläufe. Es handelt sich hierbei fast ausschließlich um Regenwaldgebiete. Daraus ist zu schließen, daß diese Art als Savannenpopulation größer wird, meist in härterem und stellenweise leicht alkalischem Wasser der Felder und Savannen lebt, oft sogar zeitweise in Brackwassergebieten gefangen wird.

Die Regenwaldpopulation lebt dagegen fast ausschließlich in weichem, oft sehr saurem, sauberem und salzarmem Wasser. Erstaunlich dagegen war, daß auch Tiere der Regenwaldgebiete in mittelhartem, alkalischem Wasser der heimatlichen Aquarien ohne Schwierigkeiten zur Vermehrung gebracht wurden und zahlreiche Nachkommen hervorbrachten. Dies zeigt, wie anpassungsfähig diese Art ist.

Die

Haltung

dieser schönsten und überwiegend sehr friedlichen Art ist einfach. Man sollte ihr Aquarien ab 130 cm Länge, bei Tiefen ab 50 cm und einer Höhe ab 40 cm bieten. Feiner Kies, bis 3 mm Körnungsdurchmesser, sollte als Bodengrund angeboten werden. Zum Höhlenbau zu verwendende Steine sowie Moorkienholzwurzeln sollten direkt auf die Bodenplatte aufgesetzt und erst dann Kies eingebracht werden. Reichlicher Pflanzenbestand ist zu empfehlen. Vor

Chromidotilapia guntheri guntheri, ♀ aus dem Mungo-Fluß

den eingebauten Höhlen sollte man auf kleine Freiflächen achten, da die Fische gern Versteckplätze „ihrer Wahl“ selbst „freischaufeln“ und dabei kleinere Pflanzen verschütten. Das Wasser sollte immer klar und sauber sein. Ein guter Motorfilter sollte außerdem auch für eine leichte Wasserbewegung sorgen. Auf das Einbringen von kleinen, Rasen bildenden Vordergrundpflanzen sollte man verzichten, da *C. g. guntheri* gern den Bodengrund nach Futter durchkauen und dabei diese kleinen Pflanzen aus dem Kies lösen. Kräftiges Lebendfutter, wie Mückenlarven, Enchyträen, Larven von Eintagsfliegen, kleine Regenwürmer (seltener Wasserflöhe), sollten auf dem Speiseplan stehen. Flockenfutter wird in Abständen sehr gern genommen. Bei dieser Pflege wachsen junge Tiere sehr gut heran.

Wenn sich ein gut harmonierendes Paar gefunden hat, sollte man, außer wenn es sich um ein sehr großes Aquarium handelt, die anderen Tiere der gleichen Art aus dem Pflegebehälter entfernen. Damit verhindert man Revierkämpfe und Verletzungen. Fische ande-

Phasen der Fortpflanzung bei Chromidotilapia guntheri guntheri

Das Weibchen legt die Eier auf einem festen Substrat ab.

Sofort nach der Ablage werden die Eier vom Männchen befruchtet.

Das Männchen nimmt die Eier zur alleinigen Brutpflege ins Maul auf.

Die Jungfische werden von beiden Elternteilen betreut.

rer Familien oder Arten der Gattungen *Nanochromis* oder *Pelvicachromis* sollten aber unbedingt mit gepflegt werden.

Die

Fortpflanzung

wird mit Körperschütteln vor dem Partner eingeleitet. Die Weibchen erstrahlen dabei in sehr intensiver Färbung. *Chromidotilapia guntheri guntheri* gehören zu den ovophilen Maulbrütern. Der Laich wird auf einem Stein oder auf einer anderen festen Unterlage abgelegt und anschließend vom Männchen ins Maul genommen. Nur das Männchen allein erbrütet die Nachkommen. Danach beteiligt sich auch das Weibchen an Schutz und Führung der Jungfische. Beide Elternteile nehmen die Nachkommen bei Gefahr ins Maul oder fordern die Kleinen durch ruckartiges Aufstellen der Rückenflosse bzw. Abstellen der Bauchflossen zur Ruhestellung auf. Trotz übereinstimmender Aussagen in verschiedenen Publikationen über die Entwicklungsdauer der Jungfische von 10 bis 14 Tagen konnte ich bei einer Wassertemperatur von 26 °C schon nach sechs Tagen das Ausspucken der Jungfische seitens des Männchens beobachten, die dann auch für kurze Zeit vom Weibchen ins Maul genommen wurden und verhältnismäßig gut schwimmfähig waren. Acht Tage nach der Laichablage schwammen dann alle Jungfische frei, und erstes Futter wurde aufgenommen. Meist beträgt die Zahl der Jungfische über 100 Stück. Sie nehmen gleich nach dem Aufschwimmen die Nauplien der Salinenkrebschen, *Artemia salina*, als erstes Futter an. Die Elterntiere pflegen und führen ihre Nachkommen sehr aufopfernd mehrere Wochen. Die Jungfische wachsen bei reichlicher Nahrung und guter Wasserqualität sehr schnell und können rund zwei Wochen nach den ersten Schwimmversuchen schon gut 20 mm lang sein.

Hier sollen Fische sein? Ein Wasserlauf in Nigeria.

Chromidotilapia g. guntheri
Farbform „Bosumtwi“

Nach einem Aufenthalt am Lake Bosumtwi gingen erst im März 1988 rund zehn Tiere auf die Reise nach Europa. Vorher wurden sie noch nicht lebend im Aquarium beobachtet. Interessanterweise zeigten sich leichte Unterschiede zu *Ch. g. guntheri.* Im Aussehen sind der etwas spitzer geformte Kopf und die teilweise gelb gefärbte Iris der Augen schwache Unterscheidungsmerkmale. Die Fische sind gleichfalls Maulbrüter, wobei das Männchen die Nachkommen erbrütet, an der Jungfischbetreuung aber beteiligen sich beide Elternteile.

Der
natürliche Lebensraum

Der Lake Bosumtwi liegt im westafrikanischen Ghana, ist fast kreisrund und mißt maximal rund 8 km im Durchmesser gegenüber 6 km an der engsten Stelle. In der Mitte ist er 76 Meter tief. Umgeben von einem fast 100 Meter hohen Kraterrand, der ihn von der Außenwelt abschließt, wird er in der Regenzeit von 37

Lebensraum von *Chromidotilapia g. guntheri, Farbform „Bosumtwi“*

kleinen und größeren Wasserläufen gespeist. Rund 20 kleine Dörfer und Ansiedlungen liegen an seinem Ufer. Zu erreichen ist er nur über einen alten holprigen Pistenweg über den Kraterrand. Das „Betreten“ des Wassers ist aus religiösen Gründen verboten. Selbst die dort

Chromidotilapia g. guntheri ♀, Farbform „Bosumtwi“

lebenden Fischer dürfen ihn nur auf sogenannten Schwimmbalken befahren. Die beiden einzigen vorhandenen Holzboote dürfen nur in Notfällen zur ärztlichen Versorgung der Anwohner mit Genehmigung des Ashanti-Königs von Kumasi benutzt werden.

Die Entstehung des Sees ist auf einen Meteoriteneinschlag in prähistorischer Zeit zurückzuführen. Die Abgeschlossenheit führte auch zu einer gesonderten Entwicklung der Unterwasserfauna, so daß man von mehreren hier endemisch lebenden Fischarten sprechen kann. Wird der Bosumtwi-See im Königreich von Kumasi noch für lange Zeit seine von Mythen umrankten Geheimnisse bewahren? Dazu einige Reisenotizen:

Die Fahrt zum See führte in rund einer Stunde und 15 Minuten von Kumasi über Jachi auf einer alten Asphaltstraße oder streckenweise auf einer Piste mit zahlreichen Schlaglöchern kontinuierlich aufwärts, durch hügeliges, kultiviertes Regenwaldgebiet, wo Ölpalmen, Bananen und Ananas in lockerer Folge angebaut werden. Gegen 10 Uhr erreichten wir den Bergrand zum See. Der Lake Bosumtwi präsentiert sich wie ein riesiger Kratersee. Ein traumhafter Anblick offenbarte sich. Der See erweckt den Eindruck, als sei er ein strahlender, fast runder, liegender Spiegel, umgeben von einer gleichmäßig hohen Bergkette, deren Felsgestein durch Buschwerk und Bäume befestigt ist. Große Ruhe umgab uns. Keine Autos weit und breit. Auf dem Kraterrand war aufgrund der Höhe eine leichte Luftbewegung. Es war angenehm frisch. Die Lufttemperatur betrug hier nur rund 28–30 °C. Von den vielen kleinen Orten ist nur Abonu über eine rund 3,5 km lange, schmale Serpentinenpiste zu erreichen. Es ist ein kleiner Fischerort am nördlichen Ufer des Sees. Nur selten kommt ein Auto hierher. Zeitweise verkehrt hier der Kleinbus, der als meist einziges Fahrzeug den Ort erreicht und somit die Verbindung zur Außenwelt darstellt.

Schwimmbalken am Ufer des Lake Bosumtwi.

Der See lag sehr ruhig in der Sonne. Ein schwacher Wind sorgte für ein wenig Wasserbewegung am Ufer. Dieser Talkessel reagiert durch die Sonneneinwirkung wie ein Treibhaus. Am Uferrand herrschen Lufttemperaturen von 35–36 °C. Die Erwärmung des Wassers ist bei der kräftigen, direkten Sonnenbestrahlung beachtlich. Die wenigen Flüsse, die den See während der Regenzeit bewässern, fließen von den Berghängen ins Tal und bringen das Regenwasser mit sehr viel Sedimenten in den See. Dies und die ständige starke Verdunstung des Seewassers führten zu einem hohen Mineraliengehalt. Erstaunlich war die Gesamthärte (GH) von 4° dH. Die Karbonathärte (KH) dagegen lag bei 27° dH. Die elektrische Leitfähigkeit schwankte bei 30,4 bis 31,2 °C Wassertemperatur zwischen 880 und 907 Mikro-Siemens. Ungewöhnlich hoch war der pH-Wert mit 9,2. Das Wasser war klar bis leicht trüb.

Nach Aussagen der Fischer von Abonu gibt es im Bosumtwi-See sechs im Aussehen unterschiedliche Fische und, soweit bekannt, fast nur Cichliden. Dabei handelt es sich um *Tilapia*-Arten und je eine *Hemichromis*- und *Chromidotilapia*-Art. Alle adulten Tiere, die wir sahen, hatten nur Totallängen bis rund 12 cm. Aufgrund der isolierten Entwicklung kann man annehmen, daß alle hier lebenden Arten in adulten Größen im Vergleich zu den ähnlichen oder verwandten Flußpopulationen der Umgebung kleiner bleiben.

Chromidotilapia g. guntheri, Farbform „Bosumtwi", lebt nach Auskunft der Fischer normalerweise nicht im See, sondern nur in den sehr kurzen Flüssen, die den See bewässern. In der Regenzeit werden sie mit den oft großen Wassermengen in den See transportiert, sind dort aber auf Dauer nicht lebensfähig und auch nicht längere Zeit nachzuweisen. In den landschaftlich bedingt kurzen Flüssen sind sie aber auch während der Trockenzeit vorhanden, nicht aber im See. Möglicherweise sind die Wasserwerte in den Fließgewässern für diese Art günstiger. Messungen wurden dort nicht durchgeführt. Diese hier lebende *Chromidotilapia*-Art bleibt anscheinend im Vergleich kleiner und ist mit rund 10–12 cm Totallänge ausgewachsen. *Chromidotilapia guntheri* aus dem Birmi-River konnte dagegen mit Totallängen um 16–18 cm nachgewiesen werden. Alle im Bosumtwi-Lake angetroffenen Arten zeigten als adulte Tiere in Färbung und Größe sonst nur wenige Unterschiede zu den ähnlichen oder verwandten flußbewohnenden Arten außerhalb des Lake-Bosumtwi-Kraters.

Chromidotilapia g. guntheri ♂, Farbform „Bosumtwi"

Eine Unterart von *Ch. g. guntheri*, die anscheinend noch nicht lebend eingeführt wurde, ist

Chromidotilapia guntheri loennbergi
(TREWAVAS, 1962)

Sie lebt endemisch im Kratersee Barombi-ba Kotto sowie in dessen Mündung in den Nganjoke-Fluß, im Mungo-Fluß-Gebiet bei Kumba und in dem in der Nähe liegenden kleineren Kratersee Mboandong in West-Kamerun. Diese Art hat teilweise nur 14 Schuppen um den Schwanzstiel. Im allgemeinen zeigen alle *Chromidotilapia*-Arten 16 Schuppen. Sie unterscheidet sich aber auch farblich sehr auffällig von den anderen *Chromidotilapia*-Arten. Nur die Art *C. linkei* läßt verschiedentlich Parallelen erkennen. Um einen Eindruck zu vermitteln, soll hier die Zusammenfassung der Schilderung über die Färbung aus der englischen Beschreibung wiedergegeben werden. Die Grundfärbung ist heller als die der anderen Fische aus dem Mungo-Areal. Es ergibt sich der Eindruck einer sandgelben Grundfarbe. Die Seitenfarbe vom hinteren Kopf bis zur vorderen Schwanzregion wechselt von einem wasserfarbigen Grün zu Gelb und wird nach unten zum unteren Bauchteil etwas dunkler. Sie tragen einen schwarzen Kiemenfleck. Der untere Teil des Kopfes ist leuchtend weiß oder rosa gefärbt. Die Brustregion ist beim Weibchen weiß und beim Männchen rosa, der Bauch und die unteren Teile der Seiten haben oft eine zarte rosa Färbung. Die Rücken- und Schwanzflossen haben eine gelbe Grundfärbung. Große Tiere haben im oberen Rand der weichstrahligen Rückenflosse und in der oberen Spitze der Schwanzflosse eine schwarze Begrenzung, die nach unten weiß abgesetzt ist. Der hartstrahlige Teil der Rückenflosse zeigt zahlreiche kleine schwarze Punkte in ein bis drei unregelmäßigen Anordnungen, die sich bis in den Weichstrahlenteil der Rückenflosse ziehen können. Bei geschlechtsreifen Weibchen sind diese Punkte mit einem breiten „silberbronze"-farbenen Band unterlegt, umgeben von Grau und Schwarz. Bei den Männchen fehlen diese Punkte und auch das „silberbronze"-farbene Band. Dafür können im weichen Teil der Rückenflosse schwache hellgraue Flecke auf gelbem Grund vorkommen. Die Schwanzflosse ist im allgemeinen ohne Flecken beim Männchen und beim Weibchen mit Flecken. Die Afterflosse ist grau, manchmal auch leicht rosa. Die Brustflossen sind hellgelb.

Nach dieser Farbbeschreibung bleibt nur zu wünschen, daß diese farblich wahrscheinlich sehr schönen Fische auch lebend in unsere Aquarien gelangen.

Lebensraum von *Chromidotilapia guntheri loennbergi*

Ein großes Exemplar einer *Anubias*-Art

Chromidotilapia kingsleyae
BOULENGER, 1898

Die Art gilt eigentlich in der Aquaristik als alter Bekannter. Viele Veröffentlichungen in den verschiedensten Publikationen berichten über Pflege und Zucht dieser größten Art der Gattung *Chromidotilapia*. Trotzdem wage ich zu bezweifeln, daß sie häufig in den Behältern der Aquarianer gepflegt werden. Leider werden sie sehr oft mit der Art *C. g. guntheri* verwechselt. Die Unterscheidungsmöglichkeiten sind bei heranwachsenden Tieren nicht immer einfach, bei adulten Tieren aber „augenfällig". Neben morphologischen Unterschieden differieren sie auch noch in Zeichnungen und Färbung. So haben *C. kingsleyae* im Verhältnis zum *C. guntheri guntheri* eine längere Schnauze, eine andere Zahl der Kiemenrechen, im allgemeinen weniger Hartstrahlen in der Rückenflosse und mehr Weichstrahlen in der Afterflosse, meist eine geringere Anzahl der Schuppen auf der Seitenlinie, die Körperhöhe ist etwas größer, keine schwarzen kleinen Flekken im Hartstrahlenteil der Rückenflosse

Lebensraum von *Chromidotilapia kingsleyae.*

des Weibchens, dafür bei beiden Geschlechtern kleine schwarze Punkte im hinteren Weichstrahlenteil der Rückenflosse, in den hinteren Strahlen der Afterflosse sowie in der gesamten

Chromidotilapia kingsleyae – Jungtier

Schwanzflosse. Ausgewachsene Männchen zeigen eine hellsilberne Färbung und eine Längsreihe von blau-schwarzen Flecken. Große Tiere sollen bis 20 cm lang werden. Auch bei dieser Art bleiben die Weibchen etwas kleiner. In der Aquarienhaltung erreichen die Tiere meist nur Längen um 12 bis 14 cm.

Der

natürliche Lebensraum

wird von G. A. Boulenger auf Grund von gesammelten Exemplaren mit Niger, also Niger-Fluß in Nigeria, bis Congo angegeben. Nur zwei Sammelstücke stammen aus dem Opobo-River im Niger-Delta. Die restlichen 24 Belegstücke kommen aus Gabun und dem Shiloango-Gebiet, dem Grenzfluß zwischen Zaïre und der kleinen nördlich gelegenen Enklave von Angola. Es sind wohl die bisher einzigen Tiere dieser Art, die so weit nördlich gefangen wurden. Wahrscheinlich ist, daß es sich schon damals um Irrtümer und um die Art *C. g. guntheri* handelte. Mehrmals wurden vereinzelt Tiere von *C. kingsleyae* in Südwest-Kamerun nahe der Grenze zu Gabun gefangen und bilden damit die nördlichsten Vertreter dieser Art.

Für die

Haltung

dieser Fische sollte man große Aquarien zur Verfügung stellen. Erst dann zeigen sie sich in ihrer ganzen Schönheit und sind sehr interessante Studienobjekte. Sie gehören – den zahlreichen Berichten zufolge – zu den ovophilen Maulbrütern. Ihre Vermehrung und Pflege ist mit der Art *C. g. guntheri* zu vergleichen. Gut und reichlich bepflanzte Aquarien sollten durch Steinaufbauten und Moorkienholz viele Versteckmöglichkeiten bieten. Das Wasser sollte klar und sauber, möglichst weich und leicht sauer sein. Außerdem sollte eine ständige leichte Wasserbewegung nicht fehlen. Wassertemperaturen um 26 °C sind von Vorteil. Kräftiges Lebendfutter, wie Mückenlarven, Regenwürmer, Enchyträen, sollte neben Flockenfutter selbstverständlich sein.

Ein Seitenarm des kleinen Ogba-Flusses in Nigeria.

Chromidotilapia linkei
STAECK, 1980

Dieser sehr schön gefärbte Buntbarsch wurde erst verhältnismäßig spät bekannt. Die Männchen werden knapp 10 cm lang, die Weibchen bleiben nur wenig kleiner. Die Geschlechter unterscheiden sich sehr klar. Das Weibchen zeigt ein metallfarbenes, chromgelbes „leuchtendes“ Längsband im Hartstrahlenteil der Rückenflosse. Auffallendes Merkmal dieser Art ist die meist lichtblaue, leuchtende Iris der Augen sowie ein dunkler großer Kiemenfleck, der besonders bei den Weibchen von einer lichtblauen Zone umgeben ist. Diese Farbe zeigt sich auch auf den Schuppen beiderseits des Körpers, wie sie auch von den anderen *Chromidotilapia*-Arten aus dem Mungo-Gebiet bekannt ist. Die Unterlippe ist perlweiß

Lebensraum von *Chromidotilapia linkei.*

Chromidotilapia linkei – oben ♀ unten ♂

gefärbt. Die Art ist friedlich und sehr gut mit anderen Fischen zu vergesellschaften. Sie ist auch außerhalb der Laichzeit revierbildend.

Der

natürliche Lebensraum

befindet sich im Gebiet östlich des 4010 m hohen Kamerunberges im Mungo-River und dessen Einflußgebieten in West-Kamerun.

Ich konnte diese Art während einer Exkursion im Jahre 1977 in den Flachwasserzonen des Mungo-Flusses fangen. Hierbei handelt es sich um bis 10 Meter breite Uferstreifen, die stellenweise bis 50 cm tief waren und während der Niedrigwasserzeit oft nur eine schmale Verbindung zur Flußmitte hatten. Der Bodengrund bestand aus Kies bis 3 mm Körnungsdurchmesser und zeigte keinen Pflanzenwuchs. Astwerk und Treibholz sowie die ins Wasser reichende Ufervegetation bildeten Versteck- und Aufenthaltsplätze für die dort lebenden Fische. Auch gingen bei Fangversuchen noch zwei andere *Chromidotilapia*-Arten ins Netz, die im Mungo-River nahe der Brücke auf der Straße von Kumba nach Tombel lebten. Dabei handelt es sich um *Chromidotilapia finleyi* und die hier in Färbung und Größe, im Gegensatz zu anderen Gebieten, abweichende Art *Chromidotilapia g. guntheri.* Auch in den naheliegenden Gebieten um den Ort Ehom fand ich die gleiche Vergesellschaftung der Arten dieser Gattung. Während der Mungo-River hellen feinen Kies als Bodengrund zeigt, sind die Gebiete um Ehom vom braunen Lateritboden des Kamerunberges geprägt. Eine seeartige Wasserfläche hinter dem Ort, in einer Bananenplantage gelegen, wird als Trinkwasserversorgung genutzt. Die Wassertiefe beträgt rund einen Meter, und stellenweise bilden große Lavasteine kleinere Geröllzonen. Grüne *Nymphaea*-Arten und dichte Pflanzengruppen eines tropischen Hornkrautes sowie messerscharfe Schilfgruppen bilden den submersen Pflanzenbestand. Das Wasser ist sehr klar und auch hier leicht fließend. Während im Mungo-River Wasserwerte von 3 °dGH und 2 °dKH, ein pH-Wert von 7,6 und eine Leitfähigkeit von 60 Mikro-Siemens bei 26,5 °C Wassertemperatur in den Uferzonen gemessen wurden, ergaben die Wasserwerte bei Ehom bei 25 °C Wassertemperatur 170 Mikro-Siemens und eine Wasserstoffionenkonzentration von 7,8, Werte, die für die Haltung in Aquarien mit mittelhartem Leitungswasser interessant sind. An beiden Orten waren *Chromidotilapia*-Arten zahlreich vorhanden. Schon nach dem Fang im Mungo-River bemerkte ich, daß es sich bei *Chromidotilapia linkei* um Maulbrüter handeln muß. Ein großes, rund 9 cm langes Weibchen spuckte kurz nach dem Fang beim Umsetzen in einen Plastikbeutel etwa 20 schwimmfähige Jungfische aus, die leider sofort von den anderen Fischen gefressen wurden.

Für die

Haltung

ergeben sich folgende Empfehlungen. Das Aquarium sollte nicht zu klein sein. Pflegebehälter ab 130 cm Länge, 50 cm Tiefe und ab 40 cm Höhe sind angemessen. Besser eignen sich aber größere Aquarien. Feiner, halbdunkler Kies mit einem Körnungsdurchmesser bis 3 mm sollte als Bodengrund dienen. Abgerundete Steine, die direkt auf die Bodenplatte eingebracht werden, dienen zum Höhlenbau. Moorkienholzwurzeln ergeben gleichfalls beliebte Aufenthaltsplätze. Aquarien, in denen *Chromidotilapia linkei* gepflegt werden, sollten reichlich bepflanzt werden. Da diese Art als sehr wasserpflanzenfreundlich zu bezeichnen ist, kann man seinen dekorativen Vorstellungen freien Lauf lassen. Möchte man das Aquarium den natürlichen Lebensräumen anpassen, das heißt mit westafrikanischen Pflanzen dekorieren, sollte man als Hintergrund Pflanzen der Gattung *Anubias* verwenden. Dazu eignen sich *Anubias gilletii, A. barteri, A. afzelii* und *A. heterophylla.* Man sollte sie in Gruppen setzen. Dazwischen, besser in Zwischenräumen davor, rote und grüne Tigerlotus, *Nymphaea lotus.* Die Seiten werden neben Dekorationsmitteln, wie Steinen und Moorkienholz, mit dem Kongofarn *Bolbitis heudelotii* besetzt, teilweise unterbrochen von den kleiner bleibenden *Anubias nana,* dem kleinen Speerblatt, das auch in Gruppen als Vordergrundpflanze benutzt werden sollte. Gleichfalls kann man die kleinen, im allgemeinen bis 8 cm hoch werdenden Pflanzen mit Nadeln an der zuvor eingebrachten Styropor-Rückwand oder an deren Seitenteilen befestigen. Die *Anubias*- und *Bolbitis*-Pflanzen dürfen nur mit den Wurzeln in den Bodengrund gebracht werden. Die Rhizome müssen frei bleiben. Das Wasser sollte möglichst nicht zu hart sein und sich in der Wasserstoffionenkonzentration im neutralen Bereich bewegen. pH-Werte um 7 sind empfehlenswert. Es sollte immer sauber und sauerstoffreich sein. Eine leichte Wasserbewegung durch einen kräftigen Motorfilter ist wichtig. Die Wassertemperatur sollte um 25 °C liegen. 12 Stunden am Tag wird das Aquarium beleuchtet, denn in den Tropen folgt einem 12-Stunden-Tag eine ebenso lange Nacht, und die Pflanzen brauchen für einen gesunden Wuchs Licht, und gesunder Pflanzenwuchs heißt Wasserpflege, und gesundes Wasser bedeutet gesunde Fische. Trotzdem sollte bei einem „eingefahrenen" Aquarium, wovon man nach vier bis sechs Wochen sprechen kann, alle 7 bis 14 Tage ein Viertel bis ein Drittel des Aquariuminhalts durch Frischwasser ersetzt werden. Kräftiges Lebendfutter, aber auch in zeitlichen Abständen große Wasserflöhe, sollte auf dem Speiseplan stehen. Flockenfutter wird sehr gern gefressen. Bei dieser Pflege wachsen junge *Chromidotilapia linkei* im Zeitlauf eines Jahres zu großen, gesunden Exemplaren heran. Für eine unkomplizierte Pflege und ergiebige Beobachtungen sollte man nur ein harmonierendes Paar im Aquarium belassen und die anderen Artgenossen entfernen. Trotzdem ist es sehr empfehlenswert, Fische anderer kleiner Cichliden-Gattungen sowie größere Labyrinthfische und Salmler in geringer Anzahl als Gesellschaftsfische mitzupflegen.

Die
Fortpflanzung

ist bei einem gut harmonierenden Paar nicht schwierig und auch schon mehrmals gelungen. Diese Art gehört zu den ovophilen Maulbrütern, das heißt, die Eier werden gleich nach dem Laichen ins Maul aufgenommen. Beide Geschlechter beteiligen sich am Erbrüten der Nachkommen. Sie laichen auf einer festen Unterlage ab. Dabei verteidigen beide Partner ihr Laichrevier. Sind mehrere andere Fische in der Nähe und besteht dadurch Gefahr für den Laich, nimmt das Männchen schon während des Laichaktes Eier mit dem Maul auf. Besteht keine Gefahr für die Eier, nimmt am Schluß des Laichaktes das Weibchen alle Eier ins Maul. Im zuvor geschilderten Ablauf legt das Männchen gegen Ende des Laichaktes alle Eier wieder auf dem Laichplatz oder in dessen unmittelbarer Nähe ab, und das Weibchen nimmt diese sofort auf. Die Eier sind von ovaler Form, haben eine Länge von 2,4 mm und sind gelb gefärbt. Danach zieht das Weibchen sich in eine ruhige und geschützte Zone des Aquariums zurück und wird vom Männchen bei Gefahr verteidigt. Auch während dieser Zeit besteht eine gute Harmonie im Zusammenleben der Geschlechter, die viele Jahre, auch nach kurzzeitigem Entfernen eines Partners, bestehen kann. Rund sieben Tage trägt das Weibchen die Eier bzw. Larven, um sie dann dem Männchen zu übergeben, das dann ebenfalls sechs bis sieben Tage die Larven trägt. Bei einer Wassertemperatur von 25 °C während der Entwicklungszeit werden sie meist am 13. oder 14. Tag als schwimmfähige Jungfische aus dem Maul des Männchens entlassen. Sie fressen sofort die frischgeschlüpften Nauplien von *Artemia salina*. Die Eltern betreuen ihre Nachkommen noch drei bis vier Wochen. Die Jungfische sind dann rund 2 cm lang. Ihre Zahl beschränkt sich auf 20 bis 25 Stück.

Die Zuchten gelangen im Berliner Leitungswasser mit Werten von 15 °dGH, 12 °dKH, pH-Wert 7,9 und einer Leitfähigkeit von 475 Mikro-Siemens. Festzustellen wäre, ob dem natürlichen Lebensraum angepaßte Wasserwerte eine höhere Jungfischzahl erbringen, denn rund 150 Eier werden zur Entwicklung aufgenommen. Meine Ergebnisse lagen im Durchschnitt bei 23 Jungfischen. Versuche haben auch ergeben, daß brutpflegende Männchen, die am 10. Tag mit einem feinen Kescher aus dem Ablaichaquarium in einen Aufzuchtbehälter umgesetzt werden, einen Teil der Larven ausspucken, diese aber anschließend wieder aufnehmen. Die Larven haben zu diesem Zeitpunkt eine Länge von 7 mm. Ihre Augen sind voll ausgebildet. Maul, Kiemen, After und Herz sind gut erkennbar. Der hier geschilderte zusammengefaßte Ablauf der Paarung und Entwicklung der Nachkommen stützt sich auf selbst beobachtete Vorgänge. Trotzdem halte ich Abweichungen für möglich.

Die bisher nur als konserviertes Material bekannte Art ist noch verhältnismäßig wenig erforscht,

Chromidotilapia schoutedeni
(POLL und THYS, 1967)

kommt aus dem Ost-Kongo. Die Bestimmungsexemplare stammen aus Shabunda, Yangambi bei Lubilu und Lomboma, Stanleyville und dem Gebiet von Lualaba. Auf den ersten Blick meint man, nicht eine *Chromidotilapia*-Art vor sich zu haben. Das äußere Erscheinungsbild läßt eher eine *Pelvicachromis*- oder *Parananochromis*-Art vermuten. Doch die Zeichnung in der Revision von THYS verfälscht das Verhältnis bezüglich der Totallängen zwischen den Geschlechtern. Wie bisher bekannt ist, werden die Männchen rund 9 cm lang, und die Weibchen bleiben nur wenige Millimeter kleiner. Auch bei dieser Art zeigt das Weibchen ein metallfarbenes, glänzendes Längsband in der Rückenflosse, das beim Männchen fehlt. Die Art erscheint schlanker, etwas langgestreckter und weniger hoch. Sie trägt 16 Schuppen um den Schwanzstiel. Eine bemerkenswerte Abgrenzung zu allen anderen Arten der Gattung *Chromidotilapia* ist auffallend. Die Weibchen dieser Art zeigen im Gegensatz zu den Männchen gerundete Bauchflossen. Ein Merkmal, das kennzeichnend für die Arten der Gattung *Pelvicachromis* ist.

Lebensraum von *Chromidotilapia schoutedeni.*

Bei diesem hier abgebildeten rund 10 cm langen Fisch handelt es sich wahrscheinlich um ein Männchen von *Chromidotilapia schoutedeni.* Es wurde als Einzeltier aus dem Gebiet von Lualaba, nördlich von Kindu, importiert.

Über diese kürzlich erstmals lebend eingeführte Art ist noch wenig bekannt.

Chromidotilapia spec. „Shiloango"

ist bisher nicht nur im Gebiet des Shiloango-Flusses, des Grenzflusses zwischen Zaïre und der kleinen nördlich liegenden Enklave Angolas an der Küste des Atlantiks gefunden worden, sondern soll auch in Niari, Kouilou und Nyanga in Gabun und Kongo leben. Die bisher bekannten Totallängen erreichen 12,5 cm.

Roland Numrich schreibt dazu: „Wir konnten die Tiere sowohl in einigen Zuflüssen des Nyanga im Savannenbereich wie auch im Küstenregenwald in einigen unabhängigen Flußläufen nachweisen. Im Hauptentwässerungssystem dieses Gebietes, zwischen dem Du-Chaillu-Massiv und der Küste, dem

Lebensraum von *Chromidotilapia* spec. „Shiloango".

Chromidotilapia spec. „Shiloango"

Ngounie-River, findet sich *C. kingsleyae*. Die Biotope dieser 10 bis 12 cm großen Art sind kleinere Flüsse und schnellfließende Bachläufe, deren Untergrund aus hellem, sehr feinem Sand besteht. Pflanzen sind selten zu finden, vereinzelt stehen Gruppen einer Wasserlilie *Crinum* sp., deren bis zu zwei Meter lange Blätter im Wasser treiben und vielen eierlegenden Zahnkarpfen der Gattung *Plataplochilus* Schutz bieten. Die *Chromidotilapia* halten sich meistens in lockeren Schulen von 10 bis 12 Tieren in der Nähe der unterspülten Uferbereiche auf, wo sie bei Gefahr im abgelagerten Blatt- und Holzdickicht oder den dichten Wurzelbärten der Ufervegetation hervorragend Schutz finden.

Der Fang dieser Tiere erwies sich daher als entsprechend schwierig, so daß wir sie uns letztlich von den Eingeborenen mit der Angel fangen ließen.

Das Wasser dieser Flüsse ist trotz der Küstennähe sehr weich und sauer (pH 5,2 bis 5,8, Leitfähigkeit 20 bis 35 Mikro-Siemens) und mit 22 °C recht kühl. Hauptnahrungsmittel dieser *Chromidotilapia* sind vermutlich die vielen ungefähr 5 bis 10 mm großen, schwarzroten Garnelen, die etwas an die asiatischen Zebragarnelen der Gattung *Caridina* erinnern, aber statt Bändern schwarze Flecken zeigten.“

Nach bisherigen Beobachtungen erreichen diese Fische Totallängen um 13 cm. Weibliche Tiere bleiben mit 9 bis 10 cm Gesamtlänge merklich kleiner. Es sind ovophile Maulbrüter, wobei beide Geschlechter in wechselnder Folge die Nachkommen erbrüten und aufopfernd die Jungfische pflegen. Bisher haben sich weiche, leicht saure bis neutrale Wasserwerte für Pflege und Zucht als geeignet erwiesen.

Die Fortpflanzung ist schon mehrmals gelungen. Nur erwies sich eine Zusammenstellung passender Paare als problematisch. Sie sollte deshalb unter ausreichender Beobachtung geschehen. Diese Fische sind im Vergleich zu den anderen Arten der Gattung *Chromidotilapia* weniger hochrückig und damit schlanker.

Dunkle, lavaähnliche Steine bedecken den Boden der Wasserläufe im Kumasi-Gebiet in Ghana.

Chromidotilapia spec. „Mondemba"

Diese 1980 erstmals nachgewiesene, wissenschaftlich noch nicht bekannte Art, wurde im Grenzgebiet zwischen Nigeria und Kamerun, im Areal des Korup Rivers (Akpa-Yafe), der zum großen Teil die Grenze zwischen beiden Ländern bildet, gefangen. Es ist möglicherweise die kleinste *Chromidotilapia*-Art, die anscheinend in adulten Größen nur Totallängen bis knapp 8 cm erreicht.

Sie wurde erstmals 1989 durch M. Freier lebend eingeführt. Die Fische wurden in wenigen Exemplaren im Ndian-Fluß im Gebiet der Rumpi-Hills in der Umgebung der Stadt Mondemba (Mundemba) in West-Kamerun gefangen. Die Art lebt anscheinend in diesem Areal endemisch.

Nach bisherigen Erkenntnissen gestaltet sich die Pflege im Aquarium problemlos. Nur die Fortpflanzung dieser ovophilen Maulbrüter ist schwierig, da offenbar hierfür gut harmonierende Paare eine Voraussetzung sind.

Lebensraum von *Chromidotilapia* spec. „Mondemba".

Dies wiederum bedeutet aber, daß sich die Partner aus einer größeren Zahl von vorhandenen Tieren selbst finden.

Chromidotilapia spec. „Mondemba" ♀

Im Jahre 1988 gelang es Klaus Landsberg und Jörg Wunderlich auf einer Forschungsreise, einen bisher völlig unbekannten Buntbarsch in Gabun zu entdecken und lebend in Europa einzuführen. Dabei handelt es sich um Fische der Gattung *Chromidotilapia,* die hier als

Chromidotilapia spec. „Atogafina"

bezeichnet werden sollen. Bei dieser bisher wissenschaftlich nicht bekannten Art werden männliche Tiere im Aquarium bis 15 cm lang, und weibliche Tiere erreichen Totallängen um 12 cm. Da es sich bei allen *Chromidotilapia*-Arten um etwas größer werdende Fische handelt, sollte man diese Tiere nur in entsprechenden Aquariengrößen pflegen. Die Arten dieser Gattung haben das interessanteste Fortpflanzungsverhalten aller westafrikanischen Buntbarsche. Es sind, soweit bisher bekannt, ausschließlich Maulbrüter, die in unterschiedlicher Form ihre Nachkommen erbrüten. Häufig sind an der Maulbrutpflege entweder nur die Männchen, bei vielen Arten aber auch beide Geschlechter mit wechselnder Aktivität beteiligt. Bei dieser neuen Art erbrütet nach bisherigen Beobachtungen nur das Weibchen die Eier im Maul. Ein zweiter, sehr interessanter Unterschied ergibt sich im äußeren Erscheinungsbild.

Lebensraum von *Chromidotilapia* spec. „Atogafina".

Chromidotilapia spec. „Atogafina" ♂

Diese sehr schöne und farbig ansprechende neue Art zeigt als einzige im männlichen Geschlecht eine gabelige Schwanzflosse. Keine weitere *Chromidotilapia*-Art zeigt eine derartige Form der Caudale, weder im weiblichen noch im männlichen Geschlecht. Die Fische wurden im Gebiet von Atogatina, ca. 50 km nordwestlich von Libreville, der Hauptstadt von Gabun, gefangen. Beim Fundort handelt es sich um einen kleinen, leicht fließenden, rund 50 cm tiefen, klaren Wasserlauf in einer leicht hügeligen Buschlandschaft. Das Wasser war mit 39 Mikro-Siemens sehr mineralarm und mit einem pH-Wert von 5,8 entsprechend sauer. Die Wassertemperatur betrug ca. 23 °C (mündliche Mitteilung). Diese schönen, friedlichen, etwas scheuen Fische sollten also bis zu einer wissenschaftlichen Beschreibung als *Chromidotilapia* spec. „Atogafina“ bezeichnet werden. Je nach Wohlbefinden und Umgebung zeigen diese Tiere entweder eine zart bräunliche, pastellfarbene Körperfarbe oder ein hellbeiges bis sandfarbiges, auch leicht gelbes Körperkleid mit unregelmäßig verteilten großen schwarzen Flecken. Immer tragen sie aber im Kontrast dazu eine dunkelrote und streckenweise auffallend hellblaue Flossenbegrenzung, die diese Art besonders attraktiv erscheinen läßt.

In der

Gattung Hemichromis

stehen seit der Revision des amerikanischen Ichthyologen Loiselle im Jahre 1979 elf Arten, wovon in der Arbeit „A Revision of the Genus *Hemichromis* Peters 1858“ fünf Arten neu beschrieben wurden und verschiedene Synonyme wieder zu eigenständigen Arten erhoben wurden.

Loiselle teilt die elf Arten in vier Artgruppen, die aber meiner Meinung nach vor allem in zwei getrennte Komplexe, besser noch in zwei Gattungen, gespalten werden sollten. Hierbei handelt es sich um die *H.-fasciatus*-Gruppe, die von Größe, Aussehen und vom Verhalten zu einem und die Gruppe der sogenannten „roten Cichliden“ zum anderen Komplex eingeordnet werden müßten. Aus Platzgründen möchte ich hier auf die alphabetische Vorstellung der Arten verzichten und die von Loiselle vorgeschlagene Aufgliederung in Artgruppen wiedergeben:

1. Artgruppe:
Hemichromis fasciatus
Hemichromis elongatus
Hemichromis frempongi

2. Artgruppe:
Hemichromis bimaculatus
Hemichromis cristatus
Hemichromis paynei

3. Artgruppe:
Hemichromis guttatus
Hemichromis stellifer
Hemichromis cerasogaster

4. Artgruppe:
Hemichromis letourneauxi
Hemichromis lifalili

Auch in sehr flachen Wasserläufen leben größere Cichliden, wie hier *Hemichromis elongatus*, die, ruhig im Wasser stehend, auf Beute warten.

Hemichromis bimaculatus
GILL, 1862

Hiermit soll die Aufzählung der sogenannten „roten Cichliden" in alphabetischer Reihenfolge beginnen. Neun Arten sind zur Zeit bekannt. Nicht bekannt ist, ob sie bisher alle lebend eingeführt wurden. Alle Arten sind nur bedingt gemeinsam mit kleineren Buntbarschen zu pflegen. Sie sind im allgemeinen nicht aggressiv, nur während der Brutpflege ist, wie allgemein bei allen Cichliden, damit zu rechnen. Bisher wurden alle „roten Cichliden" mit *H. bimaculatus* bezeichnet. Erst durch die Fehlbeschreibung von *H. fugax* wurde bemerkt, daß sich der echte *H. bimaculatus* im Aussehen sowie in der Körperform von den bisher bekannten Formen deutlich unterscheidet. Wie der Name sagt, zeigt dieser Fisch zwei

Lebensraum von *Hemichromis bimaculatus*.

Hemichromis bimaculatus ♂

Flecken (bi = zwei; macula = Flecken, Punkte) auf den Körperseiten. Dabei wird bei keiner Art der dunkle Kiemendeckelfleck mitgerechnet. Die Art erscheint vergleichsweise langgestreckt. Die größere Schnauzenlänge ergibt eine andere Körperform. Die Grundfärbung ist hellbeige. Als Schreckzeichnung zeigen sich mehrere schmale Querbinden. Nur bei besonderem Wohlbefinden und in der Balz- und Laichzeit verändern die Tiere ihr Aussehen. Dann ist der Hauptteil des Körpers braunbeige bis oxydrot gefärbt. Die Lippen, das Kinn bis zur Brust sowie der Bauch sind feuerrot, der dunkle Kiemendeckelfleck ist goldumrandet. Nur die Männchen zeigen auf den Kiemen mehrere helle, meist goldgelbe Punkte. Sie werden um 11 cm lang. Die Weibchen bleiben etwas kleiner und zeigen einen volleren Bauchumfang. Diese Art wurde bisher nur sehr selten gepflegt.

Der

natürliche Lebensraum

befindet sich in Sierra Leone, Guinea und Liberia. Überwiegend bewohnen die Fische kleinere und kleinste Wasserläufe mit klarem, weichem, saurem Wasser. Selbstgefangene Exemplare dieser Art waren gleich nach dem Fang immer kräftig braunbeige bis oxydrot gefärbt und zeigten, auch in den Flossen, sehr viel Rot. Sie leben verschiedentlich mit der Art *H. paynei* zusammen. Die hier abgebildeten Fische wurden im Kasewe-Waldgebiet gefangen.

Hemichromis bimaculatus ♀

Hemichromis cerasogaster
(BOULENGER, 1899)

Hierbei handelt es sich um eine wahrscheinlich noch nicht eingeführte Art. Sie war einst in die Gattung *Pelmatochromis* gestellt. Diese Fische zeigen viel Violett und Orange-Rot. Man bemerkt je nach Stimmung circa zehn helle vertikale Querstreifen, die sich vom dunkleren oberen Körper nach unten erstrecken und die im hellen Bereich enden. Zwischen dem circa 10. und 14. Hartstrahl der Rückenflosse befindet sich eine dunkle Zone vom äußeren Rand bis zur Basis. Außer einem dunklen umrandeten Fleck auf dem Kiemendeckel sind keine der sonst für die Gattung typischen Flankenflecke vorhanden. Die Fische werden circa 10 cm lang.

Lebensraum von *Hemichromis cerasogaster.*

Der

natürliche Lebensraum

befindet sich im Maji-ndombe-See, vormals Leopold-II-See, in Zaïre.

Wasseruntersuchungen gehören zu den wichtigsten Expeditionsaufgaben.

Hemichromis cristatus

LOISELLE, 1979

Diese farblich sehr schöne Art zeigt über den gesamten Körper verteilt die für die Arten dieser Gattung typischen auffallenden, meist lichtblauen Punktreihen. Als Merkmal für diese Art kann man den hellen Hof um den dunklen Mittelfleck nennen. Außerdem entfällt auch der kräftige Kiemenfleck. Die Unterscheidung der Geschlechter ist nur durch den etwas stärkeren Bauchumfang erkennbar, und eine sichere Trennung ist nur während des Laichvorganges möglich. Meist bleiben die Weibchen etwas kleiner. Die Art wird bis rund 9 cm lang und ist friedlich.

Lebensraum von *Hemichromis cristatus.*

Der

natürliche Lebensraum

befindet sich in kleineren Bächen, die nicht immer klar sein müssen, mit meist weichem, saurem Wasser in den Ländern Guinea, Ghana, vor allem aber in Nigeria. Das Bestimmungsexemplar kommt aus dem Ogba-River in Nigeria. Der Ogba-River ist ein kleiner Fluß, der durch die Stadt Benin-City, im Gebiet des Niger-Deltas, fließt. Die Wassertemperatur betrug im März (Ende der Trockenzeit) 27,5 °C. GH und KH lagen unter 1 °dH, und der pH-Wert lag um 4,8. Die Leitfähigkeit wurde mit 5 Mikro-Siemens bei 27,5 °C ermittelt. Der nigerianische Name für diese Art ist Akhonkhon. Die Art war 1978 im Ogba-Fluß sehr zahlreich. Die hier abgebildeten Fische wurden in diesem Fluß gefangen.

Hemichromis cristatus

Hemichromis elongatus
(GUICHENOT, 1861)

Diese Art unterscheidet sich von der zuvor beschriebenen in der Färbung und im Verhalten. Auch bleibt sie etwas kleiner und ist mit knapp 15 cm ausgewachsen. Sie unterscheidet sich vor allem durch eine grün-silberne Grundfärbung, die bei adulten Tieren besonders in der unteren Körperhälfte vom Kinn bis zum Schwanz auffällt. Die Flossen sind im Gegensatz zu *H. fasciatus* und *H. frempongi* rauchschwarz gefärbt. Die gleichfalls fünf runden dunklen Flecke auf den Körperseiten können sich auch zu dunklen Vertikalstreifen verändern. Während der Balz- und Laichfärbung werden die Männchen kräftig dunkelgrün, zeitweise völlig schwarz. Trotz dieser sehr schönen Färbung sollte man nie vergessen, daß *H. elongatus* diese Art auch zu den großen Räubern gehört.

Lebensraum von *Hemichromis elongatus.*

Der
natürliche Lebensraum
erstreckt sich von Guinea über Sierra Leone, das gesamte westafrikanische Küstengebiet bis nach Kongo, Zaïre und Angola, sogar in Sambia sind diese Fische gefangen worden.

Hemichromis elongatus

Hemichromis fasciatus
PETERS, 1858

Die Fische zählen zu den Raubfischen. Sie sind aggressiv und unverträglich. Dies ist eine weitverbreitete Beurteilung. *H. fasciatus* ist dafür aber ein interessantes Pflege- und Studienobjekt. Selten vereinen sich Schnelligkeit, Freßgier und Intelligenz, sofern man bei Fischen von Intelligenz sprechen kann, so deutlich. Auch Selbstbehauptung und Überlebensdrang sind stark ausgeprägt. Oftmals bilden diese Eigenschaften eine Gefahr für die eigene Art bzw. beim Fehlen von natürlichen Feinden eine Selbstregulierung. Alle drei Arten dieser Gruppe sind Einzelgänger. Bis zum Erreichen der sexuellen Reife wird alles, was bekämpfbar und verzehrbar ist, beansprucht. Selbst fast gleichgroße Geschwister werden oftmals Opfer dieser Freßgier. Finden sich zwei geschlechtsreife und laichwillige Tiere, leben sie in Harmonie. Sie bilden eine feste Verbindung, besetzen ein Revier und dulden nur kleine artfremde Mitbewohner. In der Natur ist das eine Fläche von circa 18 bis 25 Quadratmetern. Im Aquarium muß die zur

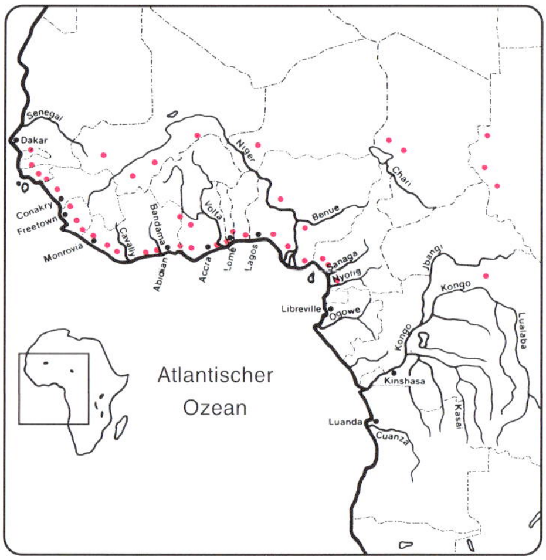

Lebensraum von *Hemichromis fasciatus*.

Hemichromis fasciatus

Verfügung stehende Bodenfläche insgesamt schon sehr groß sein, wenn andere Fische, auch anderer Arten und Gattungen, eine Überlebenschance haben sollen. Eine gefahrlose Haltung ist nur von Einzeltieren oder gemeinsam von laichwilligen Tieren möglich. Diese Bereitschaft sollte man aber in einem Aquarium mit Trennscheibe prüfen. Bevor diese entfernt wird, müssen beide Geschlechter soweit erregt sein, daß sie fast bereit sind, auf der Trennscheibe, jeder auf seiner Seite, abzulaichen. Erst dann kann man beide Geschlechter zusammen lassen, das heißt, die Trennscheibe herausnehmen. Trotzdem tut Beobachtung gut. Die Art zeigt zeitweise auf den Körperseiten fünf große, runde, dunkle Flecken, der erste hinter dem Kiemenfleck und der letzte auf dem Schwanzstiel, um den sich zeitweise auch kleine dunkle Punkte bilden. Die Körperunterseite ist vom Kinn bis zur Mitte des Schwanzes, bis zur Höhe der halben Afterflosse, zeitweise kräftig rot gefärbt. Der Rükken ist beige bis dunkelbraun, und die Körperseiten sind silberfarben. Schwanz- und Afterflosse sind meist transparent. Die Art kann bis 18 cm lang werden.

Der

natürliche Lebensraum

zieht sich von Senegal über Mali, Guinea-Bissau, Sierra Leone, Liberia, Elfenbeinküste, Guinea, Obervolta, Zentralafrikanische Republik, Tschad, Togo, Ghana, Republik von Benin bis nach Kamerun. Dazu gehören große und kleine Flüsse und Wasserläufe mit den verschiedensten Wasserwerten. Sogar im Brackwassergebiet lebt diese Art.

Fast überall helfen freundliche Afrikaner fachkundig beim Fischfang.

Die dritte Art dieser *H.-fasciatus*-Gruppe ist zuletzt beschrieben worden.

Hemichromis frempongi
LOISELLE, 1979

Sie unterscheidet sich nur wenig von der Typusart *H. fasciatus*. Ihre Totallänge kann bei adulten Tieren um 14 cm erreichen. Die fünf meist runden dunklen Flecke auf den Körperseiten bleiben kleiner im Durchmesser und haben keine kleinen Punkte als Hof. Die Fische zeigen vom Kinn bis zum Schwanz, fast bis zum Schwanzstiel, zeitweise im gesamten unteren Körperdrittel, eine kräftige rote Färbung. Ein schwaches Längsband verbindet je nach Stimmung den ersten bis letzten Seitenfleck.

Lebensraum von *Hemichromis frempongi*

Der
natürliche Lebensraum
liegt endemisch nur im Busumtwi-See in Zentral-Ghana.

Für die
Haltung
der Art sollte man große Aquarien bzw. kleine Behälter für die Einzelhaltung bereithalten. Hier nützen auch viele Versteckmög-

Hemichromis frempongi ♂ – Feldaufnahme

lichkeiten für andere Mitbewohner oder nicht laichreife Weibchen nur wenig. Die Trennung durch eine Scheibe ist die sicherste Möglichkeit, die Tiere bis zur klaren Absicht des Paarens der Geschlechter, wie es bei *H. fasciatus* schon erklärt wurde, auseinanderzuhalten. Selbst halbwüchsige Tiere sind nur durch reichliche Fütterung für ein Zusammenleben ohne große Verluste für die Mitbewohner tauglich. Regenwürmer, Fische – bis zu einem Drittel, manchmal sogar bis zur Hälfte der eigenen Körperlänge – sowie weiteres kräftiges Futter sollten auf dem Speiseplan stehen.

Haben die Fische Totallängen um 9 cm erreicht, können sie die Sexualreife erreichen und zur

Fortpflanzung

schreiten. Wenn es sich um ein gut harmonierendes Paar handelt, reichen Aquarien um 130 cm Länge, 50 cm Tiefe und 40 cm Höhe. Als Bodengrund sollte feiner Kies benutzt werden. Ein paar flache große Steine und mehrere kräftige Pflanzen, die an der Seiten- oder Rückwand stehen, reichen als Bepflanzung. Eine gute Filterung muß für sauberes, sauerstoffreiches Wasser sorgen. Die Wassertemperatur liegt am besten um 25 oder 26 °C. Ein flachliegender Stein dient als Laichunterlage. Oft wird er nur flüchtig gesäubert, bevor das Weibchen die Eier darauf ablegt: im Durchschnitt 10 bis 20 Eier pro Laichfolge, die anschließend sofort befruchtet werden. Nach rund zwei Stunden sind 400 bis 500 Eier abgelegt. Danach übernimmt das Weibchen die Pflege des Geleges, und das Männchen verteidigt das Brutrevier. Sind kleine Mitbewohner vorhanden, kann es zu Streitigkeiten zwischen den Eltern kommen. Ist das Aquarium groß, sollte durch eine Trennscheibe ein Teil des Behälters abgetrennt werden und wenige größere Fische dahinter gepflegt werden. Dadurch kann das Männchen seine Verteidigungsaggressivität freisetzen. Ohne Scheibe wären die anderen Fische, selbst größere, nur als Todeskandidaten zu bezeichnen. Nach ca. 36 bis 48 Stunden werden die geschlüpften Larven vom Weibchen in eine versteckt liegende Grube gebracht. Nach weiteren 90 Stunden schwimmen die Nachkommen und werden meist vom Weibchen geführt. Große Mengen von frischgeschlüpften Nauplien des Salinenkrebses sollten als erste Nahrung mehrmals am Tag gefüttert werden. Der Freßdrang ist kaum zu stillen. Das Elternpaar ist sehr aufmerksam und pflegt die Jungtiere aufopfernd. Kräftiges Zucken (das schnelle Aufstellen und Anlegen der Rücken-, Bauch- und Afterflossen) der Elterntiere ist für die Nachkommen Zeichen drohender Gefahr, so daß sie sich sofort bewegungslos verhalten. Mit zunehmendem Alter werden die Jungfische aktiver, dann beteiligt sich auch das Männchen am Einsammeln von „kleinen Ausreißern". Diese werden ins Maul genommen und in den Schwarm zurückgebracht. Bei Einbruch der Dunkelheit sammeln die Eltern die Jungfische in einer Grube oder Höhle. Dieses Verhalten ist bis zu einem Alter von zwei Monaten zu beobachten. Die Nachkommen haben dann eine Länge von 2 bis 3 cm und zeigen ein kräftiges dunkles Längsband auf dem Körper. Meist ist die Jungfischschar in diesem Alter schon stark reduziert, da Kannibalismus unter den Nachkommen dieser räuberischen Art schon sehr früh in Erscheinung tritt. Die „Kleinen" töten ihre schwächeren Geschwister und verzehren sie vollständig. Im natürlichen Lebensraum ist das häufiger als im Aquarium zu beobachten. In der Größe um 4 cm Länge sind meist nur noch sehr wenige Tiere vorhanden. Langsam verlieren sich Schutz und Pflege der Eltern. Die Jungfische legen ihr dunkles Längsband ab und zeigen mehr und mehr ihre Punktzeichnung. Damit werden sie im Schwarm nicht mehr geduldet, und eine Sperrwirkung, durch das dunkle Längsband hervorgerufen, entfällt. Als „Fünffleck"-Fische sind dann die Jungtiere für alle anderen Fische sofort als Räuber erkennbar. Einzeln und auf größere Flächen verteilt, müssen sie dann selbst ihre Beute erjagen. Durch Attacken untereinander stark verletzt oder geschwächt, führen sie kein wachstumsförderndes Leben. Fünf bis sechs Zentimeter lange Tiere hatten, kurz nachdem ich sie fangen konnte, nicht selten stark eingefallene Bäuche. Trotz der zahlenmäßig großen Brut waren dann nur noch sehr wenige große Tiere vorhanden. Ich habe sie in Kamerun, oft aber auch in Nigeria, in leicht fließenden, nur 10 bis 20 cm tiefen Wasserläufen lange Zeit unbeweglich stehen sehen. Da diese ruhigen, flachen Wasserstellen beliebte Aufenthaltsplätze kleinerer Fische darstellen, bilden sie bevorzugte Jagdgebiete für diese schönen Räuber. Trotz allem sind es sehr interessante Beobachtungstiere.

Hemichromis guttatus
GÜNTHER, 1862

Diese Art wird etwas größer und erreicht eine Totallänge um 11 cm. Sie zeigt eine sehr schöne Rotfärbung, die im Bereich von Kiemen und Bauch etwas heller wird. Ein dunkler Kiemenfleck ist sehr auffällig. Der Schwanzstiel trägt keinen Fleck. Nur auf dem Körper zeigt sich etwas oberhalb der Mitte ein dunkler runder Fleck, der sich je nach Stimmung nach oben zum Rücken und nach unten zum After verlängert und so die Form eines breiten Streifens annimmt, der aber außerhalb des dunklen Zentrums etwas heller wird. Teilweise zeigt der Fleck einen hellen Hof. Die Körperhöhe erscheint etwas größer als bei anderen Arten.

Lebensraum von *Hemichromis guttatus*.

Der
natürliche Lebensraum
befindet sich in den Ländern Elfenbeinküste, Ghana, Nigeria und Kamerun.

Fähren verbinden heute im südlichen Westafrika die meisten Ufer.

Hemichromis letourneauxi

SAUVAGE, 1880

Nicht immer handelt es sich bei Arten der Gattung *Hemichromis* um wirklich „Rote Cichliden". Auch überwiegen olive-beige, braunviolette, mit Grau vermischte Farben sind bei verschiedenen Arten zu finden. Hierzu gehört *H. letourneauxi.* Diese Fische werden bis circa 15 cm lang und gehören zu den großen „roten Cichliden". Im Verhalten und in der Pflege sind diese Fische mit den anderen Arten zu vergleichen. Auch sie sind nicht als ungewöhnlich aggressiv zu bezeichnen. Die Vergesellschaftung mit etwa gleich großen Tieren ist problemlos, wenn das Aquarium ausreichend groß ist. Wenn es sich dagegen um ein fortpflanzungswilliges Paar handelt, wird eine große Bodenfläche als Revier beansprucht. Die Unterscheidung der Geschlechter ist wie bei allen anderen Arten dieser Gattung schwierig.

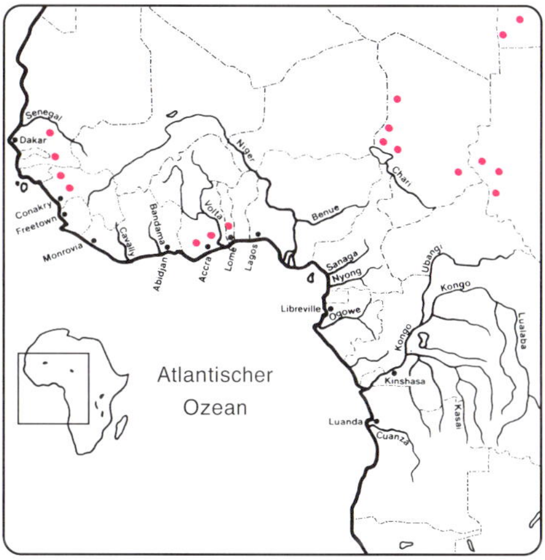

Lebensraum von *Hemichromis letourneauxi.*

Der

natürliche Lebensraum

befindet sich teilweise in den subtropischen nördlichen Gebieten von Afrika. Sie sind bisher in Ägypten, Algerien und im Sudan, aber auch in Guinea, Senegal, Tschad, der Zentralafrikanischen Republik, Elfenbeinküste, Ghana und Togo gefangen worden. Die hier abgebildete Art wurde westlich von Lomé in Togo gefangen.

Hemichromis letourneauxi

Hemichromis lifalili

LOISELLE, 1979

Diese Fische gehören zu den schönsten Arten dieser Gattung. Ihr Körper zeigt neben einem warmen „Braun" auf Kopf und Nacken bei beiden Geschlechtern sehr viel rot-orange bis feuerrote Färbung. Sie tragen einen kräftigen Kiemendeckelfleck, der stellenweise goldumrandet ist. Der Schwanzstiel zeigt keine Markierung. Nur in der Körpermitte erkennt man auf jeder Flankenseite einen großen dunklen Fleck, auf dem – wie auch auf dem gesamten Körper einschließlich Kopf und Flossen – zahlreiche Reihen von „leuchtenden", lichtblauen, kleinen Punkten zu erkennen sind. Die Art wird 10 cm lang, die Weibchen bleiben etwas kleiner.

Lebensraum von *Hemichromis lifalili.*

Der

natürliche Lebensraum

liegt im Kongo-River und dessen nördlichem Zufluß, dem Ubangi-Fluß in Zaïre. In anderen Gebieten konnte *Hemichromis lifalili* bisher noch nicht nachgewiesen werden.

Hemichromis lifalili – oben ♀, unten ♂

Hemichromis paynei
LOISELLE, 1979

Diese Art ist gleichfalls kein echter Vertreter der „Roten Cichliden“. Ihr Körper ist fast ausschließlich olive-beige gefärbt. Kinn, Kehle und teilweise auch der untere Bauch bleiben dabei heller. Nur bei männlichen Tieren, die in Balz- oder Laichfärbung stehen, werden diese Zonen feuerrot. Gleichfalls nur bei diesem Geschlecht zeigen sich „leuchtende“ kleine Punkte, die vor allem auf dem Kopf und selten auch auf den Körperseiten zu finden sind. Neben einem goldumrandeten dunklen Kiemendeckelfleck zeigt sich je nach Stimmung bei beiden Geschlechtern auf den Körperseiten ein großer dunkler Fleck sowie auf dem Schwanzstiel ein meist schmales dunkles Band. Die lichtblauen kleinen Punkte werden

Lebensraum von *Hemichromis paynei.*

Hemichromis paynei ♂

außerdem in geringer unterschiedlicher Anzahl stellenweise auch in den Flossen gezeigt. Die Art wird ca. 10 cm groß. Die Unterscheidung der Geschlechter ist sehr schwierig und nur in der Balzfärbung mit Sicherheit möglich.

Der

natürliche Lebensraum

dieser Art liegt in den Ländern Guinea, Sierra Leone und Liberia. Die Fische sind in Überschwemmungs- und Reisanbaugebieten sowie auch neben *H. bimaculatus* in kleinen fließenden Savannen- und Waldwasserläufen beheimatet. Die hier abgebildete Art wurde bei Kambia in Sierra Leone gefangen. In diesem westafrikanischen Land ist die Art weit verbreitet. Man findet sie in fast allen Wasservorkommen. Schon im jugendlichen Alter, bei 5 bis 6 cm Länge, werden sie von der Bevölkerung des Landes in Fangkörben, sogenannten Fischreusen, gefangen, um als schmackhafte Fischsuppe ihr Dasein zu beenden. Man findet diese Fische besonders häufig in pflanzenreichen Wassergebieten. Da in diesen Lebensräumen meist feste Unterlagen wie Steine usw. als Laichsubstrat fehlen, laichen die Tiere wahrscheinlich auf Astwerk, vornehmlich aber auf großen Blättern der Wasserpflanzen ab.

Hemichromis paynei ♀

Hemichromis stellifer
LOISELLE, 1979

Diese Art zeigt einen beige-braunen Rücken und einen rostbraunen Körper. Während der Balzstimmung ändert sich diese Färbung zu Rot, bei den Weibchen zu Orange-Rot. Adulte Tiere tragen oft nur einen dunklen Kiemendekkelfleck, der mittlere Körperpunkt ist zeitweise völlig verblaßt. Die Art besitzt keinen dunklen Fleck auf dem Schwanzstiel. Der gesamte Körper, einschließlich der Flossen, ist mit unterschiedlichen, bis 2 mm großen lichtblauen Punkten überzogen. Die Fische werden bis circa 11 cm lang.

Der
natürliche Lebensraum
erstreckt sich von Gabun über Kongo bis Zaïre.

Lebensraum von *Hemichromis stellifer.*

In der
Haltung
sind alle Arten dieser sogenannten „Roten Cichliden" gut mit gleich großen Buntbarschen sowie ähnlich großen, nicht zu zarten Fischen anderer Gattungen zusammen zu pflegen. Man sollte ihnen geräumige Aquarien zur Verfügung stellen. Pflegebehälter ab 130 cm

Dichtes Buschwerk sorgt für überwiegend schattige Biotope.

Länge, bei einer Tiefe ab 50 cm und Höhen nicht unter 40 cm sollten Mindestmaße sein. Feiner Kies mit ca. 2 mm Körnungsdurchmesser ist als Bodengrund zu empfehlen. Steine und Wurzeln, direkt auf die Bodenplatte aufgebracht, mit Kies aufgefüllt, sollten – da sie als Versteck- und Aufenthaltsplätze dienen – mit eingebracht werden.

Reichlicher Pflanzenbestand ist für die komplikationslose Pflege ratsam. Da die Fische keine Pflanzen beschädigen, gibt es für die Aquariengestaltung keine Einschränkungen, nur sollte man dem Revierverhalten der Fische Rechnung tragen und vor den Unterständen oder Höhlen, die als Aufenthalts- oder Laichplätze dienen, pflanzenfreie Bodenflächen anlegen, da sonst die Fische dies „selber besorgen" und deshalb als pflanzenfeindliche Arten bezeichnet werden.

Je urwüchsiger die Unterwasserlandschaft dekoriert ist, um so zutraulicher werden die Fische. Das Wasser sollte für die meisten Arten weich und sauer, auf jeden Fall aber sauber und sauerstoffreich sein. Eine leichte Wasserbewegung durch einen Motorfilter ist gleichfalls ratsam. Die Temperatur sollte auf 25 bis 26 °C eingestellt werden.

Ein regelmäßiger Wasserwechsel, alle 7 bis 14 Tage ein Viertel bis ein Drittel des Behälterinhaltes, sollte selbstverständlich sein. Auch die Fütterung der „Roten Cichliden" ergibt keine Probleme. Kräftiges Futter, wie Mückenlarven, Regenwürmer, Enchyträen, Jungfische, zur Abwechslung auch mal Wasserflöhe, ist für gesunde kräftige Tiere erforderlich. Auch Flockenfutter wird zum Ausgleich gern genommen.

Die

Fortpflanzung

ist meist problemlos und sehr interessant. Hat sich ein harmonierendes Paar gefunden, wird man bald das Putzen eines Steines beobachten können. Die „Roten Cichliden" gehören zu den Substratbrütern, die in Form einer Elternfamilie ihre Nachkommen betreuen. Meist legt das Weibchen die Eier auf einem Stein ab, wo sie anschließend sofort vom Männchen befruchtet werden. Nach 38 Stunden ist im Ei erstes Leben zu erkennen. Embryonalflüssigkeit wird durch den Embryo gepumpt und in der Eihülle sichtbar. Bei einer Entwicklungstemperatur von 25,5 °C sind die Larven nach 50 Stunden geschlüpft. Fünfeinhalb Tage später schwimmen die Nachkommen frei und werden von beiden Elterntieren, vor allem aber vom Weibchen, geführt. Das Männchen verteidigt überwiegend das Revier, welches sich mit dem Heranwachsen der Jungfische und dem damit verbundenen Ausschwärmen ständig vergrößert.

Während dieser Zeit müssen die Aquarien groß genug und reichlich bepflanzt sein, damit sich die anderen Mitbewohner zurückziehen können. Das Männchen kann,wenn es um die Sicherheit der Jungfische geht, sehr aggressiv werden.

Als erstes Futter sollte man die Nauplien des Salinenkrebses *Artemia salina* reichen. Dazu gilt ein Staubtrockenfutter als unentbehrliche Bereicherung des Futterangebotes, denn die bis zu 300 Jungfische haben einen großen, kaum zu stillenden Appetit.

Die Sumpffelder in Sierra Leone sind beliebte Lebensräume von *Hemichromis paynei*.

Die

Gattung Limbochromis

Diese neue Gattung wurde ebenso wie die Gattung *Paranancochromis* 1987 durch GREENWOOD in der Revisionsarbeit „The genera of pelmatochromine fishes (Teleostei, Cichlidae). A phylogenetic review" aufgestellt. In ihr standen ursprünglich zwei Arten, deren Status aber schon aus damaliger Sicht zweifelhaft war. Auch der Gattungsname *Limbochromis* deutet an, daß man sich zur Zeit ihrer Aufstellung nicht sicher über ihre verwandtschaf mit den anderen ehemaligen Mitgliedern der *Pelmatochromis*-Gruppe war. Legt man das lateinische Wort „*Limbo*" zugrunde, dann bedeutet der Gattungsname, daß sich diese Fische am Rande befinden, orientiert man sich an der englischen Redewendung „in limbo", dann soll der Gattungsname ausdrücken, daß sich die beiden Arten noch in der Schwebe befinden. Die Gattung *Limbochromis* unterscheidet sich sowohl von *Nanochromis* als auch von *Parananochromis* dadurch, daß man bei ihr nicht 12, sondern 13 bis 14 Schuppen um den Schwanzstiel herum zählt. Im Gegensatz zu *Nanochromis* verläuft die obere Seitenlinie nicht unmittelbar unter der Basis der Rückenflosse, sondern ist vom Grund der Dorsale durch mindestens eine Schuppe getrennt. Ein weiteres wichtiges Argument für die Sonderstellung von *Limbochromis* betrifft Einzel-

Die neue *Hemichromis*-Art wurde im Gebiet des Kolente Flusses, dem Grenzareal zwischen Sierra Leone und Guinea, gefangen.

Der Birim River bei Kibi in Ghana.

heiten des Schädelskelettes. Während die Ansatzstelle des oberen Schlundknochens sowohl bei *Nanochromis* als auch bei *Paranochromis* dem sogenannten *Haplochromis*-Typ entspricht, findet sich bei *Limbochromis* der sogenannte *Tilapia*-Typ.

Zwei weitere interessante Besonderheiten der Gattung *Limbochromis* betreffen die Form der Schwanzflosse, die in dieser Gattung offenbar zweizipfelig ist, und die geographische Verbreitung. *Limbochromis robertsi* kommt nämlich bemerkenswerterweise außerhalb des Verbreitungsgebietes der Gattung *Nanochromis* vor. Da 1987 anscheinend nur unvollkommenes konserviertes Material vorlag, war die Einfuhr lebender Exemplare sehr interessant und erlaubte neue Aufschlüsse. In der im Frühsommer 1993 erschienen Arbeit „Vergleichende Untersuchungen zur Systematik und Verwandtschaftsproblematik ausgewählter Arten der Gattung *Limbochromis* und *Chromidotilapia* (TELEOSTEI, CICHLIDAE)" stellte daraufhin LAMBOJ die Art. *L. cavalliensis* in die Gattung *Chromidotilapia*, wodurch die Gattung *Limbochromis* mit *L. robertis* monotypisch wurde.

Limbochromis robertsi
(THYS und LOISELLE, 1971)

Nach dem spektakulären Fang eines Weibchens 1976 und den anschließenden Beobachtungen im heimischen Aquarium sollte es noch fast 15 Jahre dauern, bis es ANTON LAMBOJ und seinen Freunden gelang, diese Fische erneut im natürlichen Lebensraum nachzuweisen und neben zahlreichen Weibchen nun auch Männchen zu fangen und damit der Aquaristik zugänglich zu machen. Bald gelang auch die Nachzucht, so daß schon Tiere der zweiten Generation in den Aquarien schwimmen. Die Art zeigt im Aussehen der Weibchen entfernte Parallelen zu jungen *Chromidotilapia g. guntheri.*

Die Männchen können bis 11 cm lang werden, die Weibchen werden wahrscheinlich nur 8 cm lang. Die Färbung der Männchen ist sehr schön. Der Kopf ist im oberen Teil grau-braun gefärbt. Der Kiemendeckel ist goldgelb und trägt einen sehr dunklen, goldumrandeten Fleck. Die Farbe der Regenbogenhaut des Auges ist gold bis beige. Der Rücken ist graubraun und wenig oberhalb der Seitenlinie beigegelb gefärbt. Das Beige geht unterhalb der Seitenlinie in der Bauchregion in ein leuch-

Lebensraum von *Limbochromis robertsi.*

Limbochromis robertsi ♂

Limbochromis robertsi ♀

tendes Gelb über. Die Brustregion ist gleichfalls leuchtend gelb gefärbt. Die Schuppen der Brust- und Bauchregion sind rot-violett gerändert. Die Brustflossen sind farblos durchsichtig. Die Bauchflossen sind schwach orange gefärbt und zeigen dunkle Ränder. Die Rückenflosse ist blaß orange bis kräftig gelb und mit einem dunkelroten Saum begrenzt, zu dem parallel ein kräftig orangefarbener Streifen läuft. Außerdem ist die Rückenflosse ganz von rot-violetten Flecken bedeckt. Die Afterflosse ist blaß orange und am Rand dunkel abgesetzt. Auch ein Übergang zu blassem violett mit rot-violetten Flecken ist möglich. Die Schwanzflosse ist im oberen Teil von einem dunkelroten Saum begrenzt, zu dem parallel ein kräftig orangefarbener Streifen läuft. Zwei Farbstreifen laufen, wie mit einem Lineal gezogen, als Begrenzung der Rückenflosse in einer Linie über die Schwanzflosse. Der untere Rand der Flosse ist schwarz, mit einem metallfarbenen, weißen Band. Der mittlere Teil der Flosse ist orange bis kräftig gelb, mit rot-violetten Fleckenreihen. Die Form der Schwanzflosse ist bei adulten männlichen Tieren gabelförmig. Die Grundfärbung bei weiblichen Tieren ist im ganzen dunkler, mit wenig Gelb in den Flossen und auf dem Körper. Die Rückenflosse zeigt ein orangeglänzendes Längsband unter einer dunkelroten Begrenzung. Die Form der Schwanzflosse ist leicht eingebuchtet.

Der

natürliche Lebensraum

liegt wahrscheinlich ausschließlich im südwestlichen Kumasi-Gebiet, im Areal der Orte Kibi und Asiakwa in West-Zentral Ghana. Die aufgrund von Untersuchungen bekannt gewordenen Biotope liegen ca. 5 km westlich der kleinen Stadt Kibi, durch die am südlichen Stadtrand in östlicher Richtung der bis 4 Meter breite, stellenweise bis 2 Meter tiefe Birim-River fließt. Das Beobachtungsgebiet liegt ca. 5 km westlich des Ortes. Der Birim-River fließt hier im Quellgebiet durch Sekundär-Urwald und Plantagen an Hügeln hinunter und füllt eine Reihe flacher Wasseransammlungen, in denen keine Wasserpflanzen ausgemacht wurden. Emers wachsende Uferpflanzen schützen das Wasser vor Sonnenlicht. Die Wassertemperatur betrug im August 22 °C und im April etwa 25 °C. Große Männchen, die oft ein Gebiet von 3 m Länge bei 30 cm Breite und 10 cm Wassertiefe bewohnten, duldeten in ihrem Gebiet zwei bis drei große Weibchen und mehrere mittelgroße Jungtiere. Die Weibchen sollen, wie von THYS und LOISELLE berichtet wird, in dem großen Territorium des einen dominierenden Männchens mehrere Laichreviere mit Bruthöhlen unterhalten. Jüngere Männchen geben sich als Weibchen, beteiligen sich an der Brutpflege (?) und werden dadurch vom herrschenden Männchen geduldet. Der Bodengrund besteht aus beige- bis braunfarbenem Kies mit einer Körnung um 2 mm. Stellenweise bedecken unterschiedlich große, dunkelgraue, lavaähnliche Steine den Bodengrund. Mein Untersuchungsgebiet im November 1975 lag etwa 20 km nördlich zwischen Kibi und Asiakwa. Dabei handelt es sich um einen 1 bis 2 Meter breiten, stellenweise bis 40 cm tiefen, klaren Wasserlauf. Der Bodengrund bestand aus hellem Sand. Große Steine, bis 30 cm Durchmesser, lagen sehr zahlreich im Wasser. Es waren auch hier dunkelgraue, lavaähnliche Steine. Wasserpflanzen fehlten völlig. Das Wasser war sehr sauber, klar und leicht fließend. Die Wassertemperatur betrug 24 °C. Der pH-Wert lag bei 6, und die Leitfähigkeit betrug 240 Mikro-Siemens, bei 24 °C gemessen. Der Bach war überwiegend mit emers wachsenden Uferpflanzen überwachsen. Der

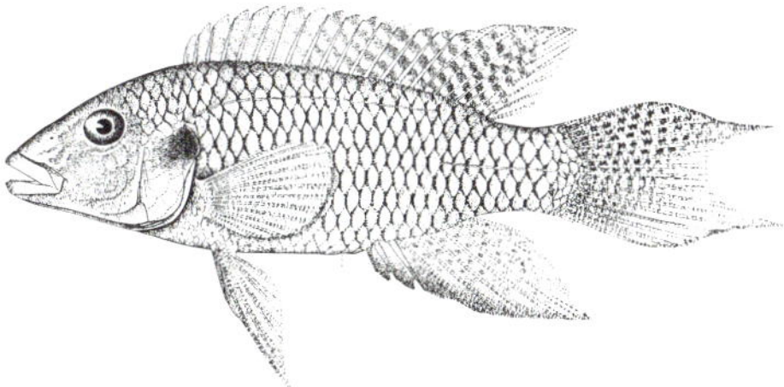

Limbochromis robertsi ♂

Fischbesatz war in diesen Wasserläufen sehr zahlreich, nur verhinderten die starke, über das Wasser reichende Ufervegetation und die zahlreichen lavaähnlichen Gesteinsbrocken einen erfolgreichen Fang.

Der Regenwald wird immer häufiger durch Anbaugebiete verdrängt.

Nanochromis spec. „Genema" ♀

Die Gattung

Nanochromis

wurde 1968 durch die vorläufige Revision der Gattung *Pelmatochromis* und deren Umstellung sehr umfangreich. Während bis zu diesem Zeitpunkt alle Arten im Durchschnitt nur höchstens 9 cm lang waren und als kleine schlanke Cichliden bezeichnet wurden, kamen dann auch größer werdende Tiere zu dieser Gattung. Alle Mitglieder dieser Gattung tragen 12 Schuppen um den Schwanzstiel. Beide Geschlechter zeigen mit nur einer Ausnahme *(N. gabonicus)* spitz ausgewachsene Bauchflossen. Bei den meisten Arten tragen die Weibchen ein metallfarbenes Längsband in der Rückenflosse. Typusart ist *Nanochromis nudiceps*. Eine gänzlich neue Aufteilung ergab sich 1987 durch die Revision des britischen Ichthyologen P. H. Greenwood. Danach gehörten die größer werdenden Arten, wie *N. cavalliensis* und *N. robertsi* aus dem westlichen Areal Afrikas zur neuen Gattung *Limbochromis* und wurden als *L. cavalliensis* und *L. robertsi* bezeichnet. *L. cavalliensis* wurde jedoch 1993 in die Gattung *Chromidotilapia* gestellt. Auch die Buntbarsche aus dem zentralafrikanischen Gebiet von Kamerun und Gabun wurden der Gattung *Nanochromis* entnommen und stehen jetzt in der neuen Gattung *Parananochromis*. Zu ihr gehören nach Greenwood *P. caudifasciatus*, *P. gabonicus* und *P. longirostris*. Während *P. caudifasciatus* und *P. gabonicus* im Habitus sowie auch in der Fortpflanzungsbiologie übereinstimmen, gibt es gegenüber *P. longirostris* leichte Unterschiede. Diese Art ähnelt den Maulbrütern, da sie beim Umbetten der Brut bei Gefahr die Nachkommen längere Zeit im Maul behält. Ähnliche Beobachtungen gibt es auch bei einer bisher wissenschaftlich noch nicht beschriebenen *Nanochromis*-Art.

Somit teilt sich die alte Gattung *Nanochromis* in die neuen Gattungen *Nanochromis*, *Parananochromis* und *Limbochromis*. Wie lange diese Aufteilung als endgültig zu betrachten ist, wird sich zeigen. Vermutlich wird es nach ausführlichen Studien zur Überführung weiterer Arten in andere Gattungen und möglicherweise zu einer zusätzlichen Aufteilung der verbliebenen *Nanochromis*-Arten kommen.

Nanochromis consortus

ROBERTS und STEWART, 1976

Diese Art ist bisher nicht lebend eingeführt worden. Sie gehört zu den 1976 in der Arbeit „An Ecological and Systematic Survey of Fishes in the Rapids of the Lower Zaïre or Congo River" beschriebenen Fischen. Die Bestimmungsexemplare erreichten eine Größe bis 52,2 mm bei den Männchen und 40,7 mm bei den Weibchen. Eine Beschreibung der Lebendfärbung liegt leider nicht vor. Trotzdem geben die konservierten Exemplare der Sammlung, die zur Bestimmung führten, über die Zeichnung und teilweise auch über die Färbung interessante Auskünfte. Es stand eine genügende Anzahl von jungen und auch erwachsenen Tieren – gut erhalten – für diese Untersuchungen zur Verfügung. Der Körper ist beige gefärbt und zeigt keine vertikalen Streifen. Die Schuppen sind grau eingefaßt. Der Vorderkopf und der Nacken sind rostbraun gefärbt. Geschlechtsreife Männchen und Weibchen unterscheiden sich in der Färbung der Flossen. Bei den Männchen neigen die Bauchflossen dazu, etwas länger auszuwachsen. Sie zeigen im Weichstrahlenteil der Rückenflosse und in den zwei bis drei Strahlen der Schwanzflosse mehrere vertikale Reihen von dunklen Punkten, zwischen den oberen drei Strahlen auch manchmal mit länglichen Streifen auf der Flossenhaut. Die unteren Strahlen sind etwas dunkler. Bei lebenden Tieren zeigen die obere und die untere Hälfte der Schwanzflosse unterschiedliche Farben. Die äußeren zwei bis drei Strahlen der Afterflosse sind etwas dunkler, nahe der Basis ist sie gelblich gefärbt mit schwachen Ansätzen für vertikale Streifen. Bei den Weibchen sind die Rücken-, Schwanz- und die hintere Hälfte der Afterflosse farblos oder teilweise leicht dunkelgrau. Ausgewachsene Weibchen der gesammelten Exemplare zeigen im vorderen äußeren Teil der Afterflosse mehrere breite Strahlen in schwarzer Färbung. Dies ist eine Zeichnung, die weder bei männlichen noch bei weiblichen Tieren anderer *Nanochromis*-Arten gefunden wird. Sie stellt damit ein gutes Unterscheidungsmerkmal zu anderen Arten dar.

Der

natürliche Lebensraum

befindet sich im Gebiet des unteren Kongo-

Lebensraum von *Nanochromis consortus*.

Flusses, nahe des Ortes Inga, ca. 60 km östlich der Stadt Matadi in Zaïre. Man findet die Art in den südlichen Nebenflüssen und in ruhigen Zonen des Hauptflusses. Die südlichen Nebenflüsse haben eine Wassertemperatur zwischen 21 und 24,8°C, einen Sauerstoffgehalt von 7,0 bis 9,0 mg pro Liter und einen pH-Wert zwischen 6,5 und 9. Die Wassertemperatur betrug während der Untersuchungszeit Anfang August 24,8 °C.

Regenwaldwasser in Zaïre.

Zu den schönsten kleinen Buntbarschen aus „Westafrika“ gehört zweifellos

Nanochromis dimidiatus.

(PELLEGRIN, 1900)

Sie werden augenblicklich als Rarität betrachtet. Die Männchen werden um 8 cm, die Weibchen ca. 6,5 cm lang. Klare Unterscheidungsmerkmale der Geschlechter sind ein größerer runder Punkt oder manchmal mehrere kleine zusätzliche Flecken in den hinteren Hart- oder vorderen Weichstrahlen der Rückenflosse beim Weibchen sowie einige leuchtend silberweiße Schuppen, die sich als kleiner Fleck in der Afterzone zeigen. Außerdem trägt das Weibchen im Hartstrahlenteil der Rückenflosse ein metallfarbenes, glänzendes, chromgelbes Band. Um einen Eindruck von der farblichen Schönheit dieser Fische zu erhalten, möchte ich eine Beschreibung von DR. HERMANN MEINKEN auszugsweise zitieren: „Die neue Art imponiert mit einem schönen Orangeton. In der Schlankheit des Körpers ähnelt *Nanochromis dimidiatus* weitgehend dem bekannten

Lebensraum von *Nanochromis dimidiatus*.

Nanochromis dimidiatus ♂

N. nudiceps, unterscheidet sich aber von diesem sofort durch die ganz andere Färbung und dadurch, daß die Schnauze etwas kürzer ist. Die Farben wechseln außerordentlich. Ein Tier, das eben noch ganz dunkel vor Erregung war, ist wenige Sekunden später auf dem ganzen Körper marmoriert oder ganz hell, manchmal mit einer schwarzen Längsbinde, manchmal mit einer Reihe von schwarzen Flecken über der Körpermitte, manchmal mit einer kurzen, nur bis über die Brustflossen reichenden schwarzen Binde, manchmal ganz ohne diese. Im allgemeinen ist die Grundfarbe ein ansprechendes grünliches Grauoliv, der Rücken ist dunkler, die Seiten sind heller, der Bauch ist weißlich. Über die Seitenmitte zieht die Längsbinde, die aber auch durch ein schwarzes Zickzackband ersetzt sein kann. Die Kiemendeckel tragen schöne goldene oder grüngoldleuchtende Flecke. Im prächtigen Gegensatz dazu sind die Lippen, der untere Teil des Kopfes, die Kehle und die vordere Bauchpartie schön orangerot bis tomatenrot, gelegentlich auch der untere Teil des Schwanzstielendes. Die Rückenflosse ist im vorderen Teil grünlich-grau, die Stacheln sind dunkler, nach außen zu ist sie mit einem prächtig seegrün glänzenden Längsband geschmückt; der äußere Saum ist schön apfelsinenfarbig. Der weichstrahlige Teil der Rückenflosse ist orangefarben mit dunkelbraunen zu Querbändern zusammengefaßten Punktreihen; beim Weibchen mit einem schwarzen, helleingefaßten, runden Fleck; Brustflossen ganz zart bräunlich; die Bauchflossen auf den vorderen Strahlen schön seegrün, der übrige Teil orangefarben; Afterflosse vorn graugrün, mit dunkleren Stacheln, nach hinten zu glänzend orangefarben mit helleren, zu Querbinden zusammengefaßten Fleckenreihen; Schwanzflosse gerundet, orangefarben mit helleren und dunkleren Querbinden, beim Männchen mit einem seegrünen Längsstrich im oberen Drittel der Flosse, der Teil darüber nur mit braunen Längsstreifen oder nur weniger unregelmäßigen helleren und dunkleren Flecken am oberen

Nanochromis dimitiatus ♀

Rand; Iris des Auges blutrot. Die Weibchen stehen den Männchen an Schönheit der Färbung nicht nach, sind von diesen aber außer der Schwanzflossenfärbung leicht daran zu unterscheiden, daß Rücken- und Afterflosse nur einfach zugespitzt sind ohne lang ausgezogene Fähnchen, und daß auf dem weichstrahligen Teil der Rückenflosse ein augenartiger Fleck vorhanden ist.“ Die Männchen sind auf engem Raum untereinander recht aggressiv.

Der

natürliche Lebensraum

wird von G. A. BOULENGER 1915 mit Banghi, Ubanghi angegeben. Dabei muß es sich um den Grenzort Bangi am Ubangi-Fluß handeln, der im Norden von Zaïre die Grenze zur Zentralafrikanischen Republik bildet. Bangi liegt südöstlich von Kouango, nordöstlich von Bangui.

Die

Haltung

dieser Art ist nicht problemlos. Obwohl es sich um verhältnismäßig kleine Tiere handelt, sollte man sie nicht in zu kleinen Aquarien pflegen. Der Pflegebehälter muß viele Versteckmöglichkeiten bieten, am besten Steingruppen, die kleine Höhlen ergeben und deren schrägliegende Steine ein Dach bilden. Diese Steingruppen sollten teilweise mit Bodengrund – zu empfehlen ist feiner Kies – mit einem Körnungsdurchmesser bis 2 mm aufgefüllt sein. Ein sehr reichlicher Pflanzenwuchs, große Teile des Aquariums sollten einem dichten Unterwasserdschungel gleichen, ist sehr zu empfehlen. Bei Tieren dieser Art muß, selbst wenn nur ein Paar gepflegt wird und dieses den Eindruck bester Harmonie erweckt, immer mit bösen Überraschungen gerechnet werden. Nicht nur, daß sich Männchen untereinander, sondern daß diese auch ihre „heißgeliebten“ Weibchen, wenn sie nicht laichwillig oder laichfähig sind, sehr stark verletzen. Oft sind Versteckmöglichkeiten für die Weibchen lebenswichtig. In diesem Punkt ist die Art mit *N. nudiceps* und *N. parilus* vergleichbar. Des öfteren wurden Pfleger, die meinten, sie besäßen ein sehr gut harmonierendes Paar und diese Vorsichtsmaßnahmen wären nicht nötig, durch den Anblick eines totgebissenen Weibchens kurz nach dem gemeinsamen Laichen eines Besseren belehrt.

Zur Pflege dieser Art ist sauberes, sauerstoffreiches Wasser sehr wichtig. Die Wassertemperaturen sollten um 25 °C liegen. Abwechslungsreiches Lebend- und Flockenfutter sollte geboten werden.

Für die

Fortpflanzung

muß, wenn sie erfolgreich sein soll, unbedingt weiches, saures Wasser verwendet werden. Das Zuchtwasser muß sauerstoffreich und sehr bakterienarm sein. Eine leichte Wasserbewegung ist ratsam. Das Ablaichen erfolgt in Höhlen, meist an einer dachartigen Höhlendecke. Bei dieser Art kann man von einer Mutter-Vater-Familie sprechen. Das Weibchen betreut und pflegt die Eier und Larven, beide Elterntiere führen und schützen die Jungfische. Der Fortpflanzungsablauf ist vergleichbar mit dem der anderen *Nanochromis*- sowie auch der *Pelvicachromis*-Arten.

Nicht immer sind die Gewässer klar und sauber. Auch trübe, lehmhaltige Wasserstellen sind der Lebensraum verschiedener Buntbarscharten.

Nanochromis minor

ROBERTS und STEWART, 1976

Diese Art wurde bisher nicht lebend eingeführt. Sie gehört zweifellos zu den kleinsten Vertretern dieser Gattung. Die Bestimmungsexemplare waren bei den Männchen nur bis 23,8 mm und bei den Weibchen nur bis 21 mm lang. Bei beiden Geschlechtern ist die Spitze der unteren Lippe schwarz gefärbt. Die Schuppen werden auf dem Körper von unten nach oben in ihrer kastanienbraunen Färbung kräftiger und auffallender. Am oberen Augenrand oder oberhalb des Auges befindet sich ein rostroter Fleck. Die Iris der Augen ist weiß. Beim Männchen sind die Kiemenfalten und die Brust rötlich gefärbt, Rückenflosse und Afterflosse zeigen dunkelbraune Flecken. Die Schwanzflosse ist in den oberen drei Strahlen gelb gefärbt und ohne Punktzeichnung. Die darunter liegenden zwei bis drei Strahlen sind mit größeren braunen Flecken besetzt, die nach unten in fünf bis sechs senkrechte Bänder übergehen. Ein schwaches Längsband zieht sich vom Kopf über die Körperseite zum Schwanzstiel. Bei den Weibchen befindet sich auf dem Körper hinter den Brustflossen ein violetter Fleck, der sich bis zum Bauch hinziehen kann. Auch hier erstreckt sich ein Längsband vom Kopf bis zum Schwanzstiel. Über und unter dem Längsband zieht sich ein kastanienbraunes Band über den Schwanzstiel hinaus bis in die mittleren Strahlen der Schwanzflosse, in der es vom mittleren Teil nach außen schwächer wird. Der restliche Teil der Schwanzflosse ist farblos. Die Rücken- und Afterflosse sind dunkelbraun und nach außen begrenzt.

Der

natürliche Lebensraum

befindet sich im unteren Kongo-Flußgebiet in Zaïre. *N. minor* bewohnt die verhältnismäßig ruhigen Bodenzonen zwischen Felsengestein in den schmalen Seitenflüssen des großen Kongo-Flusses. Das Wasser war dort zur Untersuchungszeit sehr sauerstoffreich. Der Bodengrund bestand aus schlammigem Sand. Große, im Wasser liegende Felsbrocken brachen die Strömung und dienten mit ihren Zwischenräumen als Versteck- und Aufenthaltsplätze. Die Wassertemperatur betrug im Fanggebiet nahe dem Ort Tadi, 50 km flußabwärts von Luozi – im Juli – 24,9 °C und 5 Kilometer östlich von Kinganga, unterhalb der Mündung des Flusses Grande-Pukusi, also noch rund 25 km weiter östlich, zur gleichen Jahreszeit 27,4 °C. Der Sauerstoffgehalt des Wassers wurde mit 8,0 mg/l ermittelt. Der pH-Wert lag zwischen 7 und 7,5. Die Lufttemperatur schwankte zwischen 23,3 und 30 °C. Diese Messungen sind Durchschnittswerte für die Zeit von Ende Juni bis Anfang September 1973.

Lebensraum von *Nanochromis minor.*

Nanochromis nudiceps
(BOULENGER, 1899)

Um diese der Aquaristik seit langem bekannte Art gab es in der letzten Zeit einige Unsicherheit. Die seit 30 Jahren durch Bildmaterial in Fachzeitschriften als *N. nudiceps* abgebildeten Tiere gehören überwiegend zu einer anderen neuen Art, die 1976 als *N. parilus* beschrieben wurde.

Wie aber sehen nun die eigentlichen *N. nudiceps* aus? Diese Frage stellte sich plötzlich. Nur sehr selten zeigen Aufnahmen die echte Art. Die Lösung war sehr einfach. Im Aussehen ist die Unterscheidung beider Arten schwer. Nur wenige Merkmale können zur Trennung herangezogen werden. Hierbei handelt es sich um eine leicht abweichende Färbung in der Rückenflosse, vor allem aber um

Lebensraum von *Nanochromis nudiceps.*

Nanochromis nudiceps ♂

eine zusätzliche auffallende Zeichnung in der Schwanzflosse. Bei der Durchsicht aller bisher veröffentlichten Bilder fällt auf, daß in der Tat beide Arten von Aquarianern gepflegt wurden. Zum besseren Verständnis soll hier die von den amerikanischen Ichthyologen Roberts und Stewart 1976 für *N. nudiceps* veröffentlichte Farbbeschreibung wiedergegeben werden. „Beide Geschlechter zeigen im Nacken und auf dem hinteren Körper ein schwaches olivfarbenes Braun. Die Wangen sind blau, die Kiemenfalten rötlich, über dem oberen Augenrand zeigen sie einen rostbraunen Fleck, und die Iris ist dunkel. Rückenflosse und der obere Teil der Schwanzflosse haben eine dunkle Begrenzung.

Die Schwanzflosse sowie die Afterflosse sind deutlich gefleckt. Die Bauchflossen sind weißlich, die äußeren Hartstrahlen sind grau. Geschlechtsreife Weibchen zeigen eine violette Zone in der Bauchgegend, teilweise noch intensiver als die Männchen. Die äußeren Hartstrahlen der Bauchflossen sind nur schwach dunkel.

Weitere Unterschiede zwischen den Geschlechtern sind nicht auffällig. Unterschiede zwischen den Arten *N. nudiceps* und *N. parilus* sind neben morphologischen Daten vor allem die kleinen Punkte, die sich als vertikale Streifen auf der Schwanzflosse zeigen, wie sie auch für die Art *N. splendens* beschrieben sind.“ Diese Aufzeichnungen von Roberts und Stewart unterscheiden sich nicht von den Angaben, die der englische Ichthyologe Boulenger 1915 in seinem Katalog über die Süßwasserfische Afrikas mitteilt. Dort wird nur von vertikalen Streifen, die die Punktreihen ergeben, unterstützt von einer Zeichnung, berichtet.

Der **natürliche Lebensraum**

wird von dem englischen Ichthyologen G. A. Boulenger mit oberer Kongo (?), Dolo (Ort oder Fluß?), Stanley Pool, heute als Malebo Pool bezeichnet, angegeben. Hierbei handelt es sich wahrscheinlich um die Gebiete des unteren, östlichen Kongo-Flußlaufes oder dessen Zuläufe, die nahe der Hauptstadt Kinshasa liegen. Haltung und Fortpflanzung gleichen der Art *Nanochromis parilus*.

Nach einem erfolgreichen Fischfang ist das Studium der Lebensräume sehr wichtig. Dazu gehört eine umfangreiche Ausrüstung.

Nanochromis parilus

ROBERTS und STEWART, 1976

Hierbei handelt es sich um die von den Aquarianern jahrzehntelang als *Nanochromis nudiceps* bezeichneten Fische. Erst durch die Beschreibung von *N. parilus* im Jahre 1976 fiel auf, daß diese beiden Arten in der Färbung verblüffend ähnlich sind. Nur wenige Merkmale unterscheiden diese Arten. *N. parilus* zeigt mehr Kontrastzeichnung und eine auffallendere Färbung in der oberen Begrenzung der Rückenflosse. Ein wichtiges Merkmal ist die untere Hälfte der Schwanzflosse. Sie ist meist ohne Zeichnung und violett gefärbt. Das Männchen wird bis 7 cm lang, die Weibchen sind mit 4,5 bis 5 cm ausgewachsen. Die Unterscheidung der Geschlechter ist nur im adulten Stadium sicher möglich. Während die Männchen länger und von schlanker Gestalt sind, zeigen die Weibchen einen stark gerundeten Bauch und weniger kräftig ausgewachsene

Lebensraum von *Nanochromis parilus*.

hintere Rücken- und Afterflossen. Laichwillige Weibchen zeigen ihre oftmals bis zwei

Nanochromis parilus ♂

Millimeter lange Laichröhre schon mehrere Tage vor der Paarung.

Der

natürliche Lebensraum

dieser Art ist das Gebiet des unteren Kongo-Flusses bei Wombe und dem Ort Inga in Zaïre. Hier leben diese Fische in den kleinen Seitenflüssen nahe dem Hauptstrom, im Mündungsgebiet dieser Zuflüsse oder aber in den ruhigen Wasserzonen des Zaïre River, wie der Kongo-Fluß verschiedentlich auch bezeichnet wird. Diese Gebiete sind als kleine Wasserstellen während der Trockenzeit oder als Ruhigwasserzonen im Gebiet der Felsenbänke im Hauptstrom die Lebensräume dieser Art. Die Wassertemperatur beträgt im Juli rund 28 °C, der Sauerstoffgehalt des Wassers 8,0 mg/l, und der pH-Wert liegt um 8. Über Gesamt- und Karbonathärte gibt es keine Angaben.

Für die

Haltung

sollte man dieser Art mindestens Aquarien ab 70 cm Länge bereitstellen. Da diese Tiere untereinander oft sehr aggressiv sind, sind eine reichliche Bepflanzung und gute Versteckmöglichkeiten in Form von unübersichtlichen kleinen Steinaufbauten erforderlich. Um dem natürlichen Lebensraum zu entsprechen, kann es sich dabei um die Anhäufung mittelgroßer Steine handeln. Die Zwischenräume dienen als ideale Versteckplätze. Das Wasser sollte möglichst weich und leicht alkalisch sein. Es muß sauber, klar und sehr sauerstoffreich sein. Eine stärkere Wasserbewegung ist zu empfehlen. Die Temperatur kann zwischen 25 und 26 °C schwanken. Als Bodengrund ist feiner Kies bis 2 mm Körnungsdurchmesser ratsam. Lebend- und Flockenfutter werden gern genommen.

Nanochromis parilus ♀

Diese Empfehlungen gelten auch für die

Fortpflanzung.

Wenige Gesellschaftsfische, möglichst keine Cichliden, sollten mitgepflegt werden. Im allgemeinen sind die „Herren" dieser Art Einzelgänger. Erst ein laichreifes und fortpflanzungswilliges Weibchen kann diese Einstellung ändern. Nach einem sehr interessanten Balzspiel kommt es in einer Höhle, meist an deren „Dach", zum Ablegen der Eier. Bis zu diesem Zeitpunkt kann der Pfleger auf eine „harte Geduldsprobe" gestellt werden. Selbst wenn sich ein harmonierendes Paar gefunden hat, ist es keine Gewähr für erfolgreiche Nachzuchten. Nach dem Ablaichen pflegt und bewacht das Weibchen die Eier.

Kommt es während der Entwicklung der Eier zu Störungen oder findet durch veränderte Wasserzusammensetzung oder Wasserqualität eine Entwicklung nicht statt, werden die Eier vom Weibchen aufgefressen. Da dafür das Männchen wenig Verständnis hat, kann es kurze Zeit später zu schweren Auseinandersetzungen kommen. Ein Fehlen zahlreicher Versteckmöglichkeiten kann dann für das Weibchen tödliche Folgen haben. Selbst Pfleger, die meinten, daß ihre Paare sehr gut zusammenpassen, einträchtig miteinander leben und sogar erfolgreich ein- oder zweimal Nachwuchs hatten, sind schon eines Besseren belehrt worden.

Kommt es zum erfolgreichen Fortpflanzungsablauf, wird nach rund acht Tagen das Weibchen mit einer kleinen Schar junger *N. parilus* die Höhle verlassen und diese gemeinsam mit dem dann sehr aufmerksamen Vater durch das Aquarium führen. Als Futter für die Jungfische sollten, wie auch bei allen anderen Jungbruten, zwei- bis dreimal am Tag die Nauplien des Salinenkrebschens *Artemia salina* gefüttert werden. Auch Staubfutter ergänzt den Speiseplan sehr gut.

Die Wassertemperatur sollte während der Entwicklungszeit der Eier und auch in den ersten Wochen danach rund 28 °C betragen. Das Wasser muß sehr sauerstoffreich und bakterienarm sein. Ein regelmäßiger Wasserwechsel ist auch während dieser Zeit sehr wichtig und trägt zum gesunden Wachstum der Jungfische bei.

Nanochromis parilus ♂, (Farbvariante)

Aufgrund der Arbeit „An Ecological and Systematic Survey of Fishes in the Rapids of the Lower Zaïre or Congo River" der amerikanischen Ichthyologen Roberts und Stewart aus dem Jahre 1976 weiß man, daß wir bisher über das Aussehen der *Nanochromis nudiceps* und *N. parilus* einem Irrtum unterlagen. Als der britische Ichthyologe G. A. Boulenger 1988 diesen Fisch wissenschaftlich beschrieb, bezog er sich auf ein Tier, das am oberen Rand der Rücken- und Schwanzflosse weder einen schwarzen Saum noch einen hellen Untersaum aufwies. Neben anderen kleineren Unterscheidungsmerkmalen stellt Boulenger mit seinen Abbildungen *N. nudiceps* als einen Fisch dar, der nur Punktmarkierungen in der Schwanzflosse hat, die mehrere senkrechte Streifen bilden. Es gibt keinen schwarzen breiten Saum und keinen hellen Untersaum. Nur die von Roberts und Stewart 1976 beschriebene Art *Nanochromis parilus* hat diese obere farbliche Begrenzung der Rücken- und Schwanzflosse. Ihr fehlt aber die Punktzeichnung in der Schwanzflosse! Der untere Teil dieser Flosse ist durchsichtig klar und ohne Zeichnung. Parallel dazu gab es in unseren Aquarien auch Männchen, die bei leicht abweichender Färbung im unteren Teil der Schwanzflosse Punktreihen zeigten. Die aquaristische „Fachwelt" dachte nun, hierbei den echten *N. nudiceps* vor sich zu haben. Leider mußte diese Annahme bald verworfen werden, da man feststellte, daß bei Nachzuchten von farblich reinen *N. parilus* auch Farbvarianten mit dieser auffallend abweichenden Färbung auftraten. Aber nicht nur im Aquarium, sondern auch im natürlichen Lebensraum zeigten sich nach Roberts und Stewart zwei unterschiedliche Farbformen von *N. parilus*. Sind es möglicherweise Kreuzungen mit *N. splendens*, oder ist es sogar eine neue gute Art? Dagegen spricht aber das unterschiedliche Auftreten dieser Farbmerkmale bei Nachzuchten von *N. parilus*. Selbst bei farblich reinen Elterntieren können immer wieder Männchen mit Punktmarkierungen in der unteren Hälfte der Schwanzflosse auftreten. Fest steht auf jeden Fall, daß es sich bei beiden Farbformen nicht um *Nanochromis nudiceps* handelt, denn dieser Art fehlt jegliche Band- oder Streifenzeichnung in Rücken- und Schwanzflosse.

Der Ethiop River in Nigeria.

Nanochromis spec. „Bandundu"

Als weiterer spektakulärer Zwergbuntbarsch aus Zaïre wurde noch eine neue, kleiner bleibende *Nanochromis*-Art eingeführt. Die Tiere wurden im Gebiet von Bandundu in Zaïre gefangen. Dabei handelt es sich um Fische, die den vereinzelt im Handel als *Nanochromis* spec. aus Zaïre angebotenen Tieren ähneln. Diese im Vergleich kleineren Fische – die Weibchen erreichen Totallängen um 4 cm, die Männchen werden rund 6,5 cm lang – sind gleichfalls Cichliden, deren natürliche Lebensräume weiche und saure Wasserwerte aufweisen. Kennzeichnend für diese überwiegend grau gefärbte Art ist das kräftige Gelb der Bauchregion bei den Weibchen. Männliche Tiere zeigen keine hervorstechenden Farbmerkmale. Es fehlen anscheinend bei allen Männchen die blauen oder roten Farbtöne in Rücken- und Afterflosse.

Lebensraum von *Nanochromis* spec. „Bandundu".

Nanochromis spec „Bandundu" ♀

Nanochromis spec. „Genema“

Diese zweifellos sehr schönen Fische konnten 1986 in wenigen Exemplaren aus dem Gebiet von Genema im Norden von Zaïre eingeführt werden. Es handelt sich um die sogenannten Silberfleck-*Nanochromis*, die besser als *Nanochromis* spec. „Genema“ bezeichnet werden. Möglicherweise handelt es sich um den legendären *Nanochromis dimidiatus*.

Aussehen und Fundort lassen kaum Zweifel aufkommen. Genema liegt nur rund 100 Kilometer südlich des in der Erstbeschreibung von *Nanochromis dimidiatus* angegebenen Fundortes Banghi bzw. Ubanghi.

Eine endgültige Klärung aber bringen erst Untersuchungen von konserviertem Material und der Vergleich mit den Beschreibungstypen, die in Paris liegen. Die 1986 eingeführten

Lebensraum von *Nanochromis* spec. „Genema“.

Nanochromis spec. „Genema“ ♂

Nanochromis spec. „Genema" (vorn ♀, hinten ♂)

halbwüchsigen Tiere zeigten zwar leichte farbliche Unterschiede zu dem uns bisher bekannten Aussehen dieser Art. So hatten junge weibliche Tiere zum Beispiel eine leicht grüngelbe Kiemendeckelfärbung. Mit Erreichen der Geschlechtsreife zeigen aber auch sie die bekannte rotgelbe Färbung am Kopf. Das Grün ist dann nicht mehr sichtbar. Leider ist diese Art in der Pflege und Vermehrung sehr problematisch. Selbst bei der Anpassung an die im natürlichen Lebensraum vorhandenen, sehr weichen und sehr sauren Wasserwerte bleibt ihre Haltung schwierig. So zeigen schon leichte pH-Wert-Schwankungen zum neutralen bis alkalischen Bereich schwere Beeinflussungen des Pflegezustandes und können sich in kürzester Zeit sogar als lebensbedrohend erweisen. Obwohl die Tiere bei mir bisher zweimal ablaichten, war kein Nachwuchs zu beobachten. Bei den wenigen erfolgreichen Vermehrungen anderer Züchter ergaben sich leider bei der Aufzucht Probleme, so daß nur eine kleine Anzahl von Tieren heranwachsen konnte. So sind zur Zeit nur wenige Paare vorhanden. Es bleibt zu hoffen, daß hiermit doch noch eine erfolgreiche Vermehrung dieser sehr schönen kleinen Cichliden-Art möglich wird. Denn diese im männlichen Geschlecht bis 8 cm lang werdenden Fische (die Weibchen sind mit rund 5 cm Totallänge ausgewachsen) wären für viele Buntbarschfreunde eine ganz besondere Rarität.

Nanochromis spec. „Kapou"

Ein weiterer kleiner, schlanker Buntbarsch kam im Sommer 1991 durch WOLFGANG HARZ aus dem Gebiet von Kapou, 30 km südwestlich von Bangui in der Zentralafrikanischen Republik zu uns. Diese kleine *Nanochromis*-Art – die Weibchen werden rund 4,5 cm und die Männchen um 6,5 cm lang – wurde auch schon als *Nanochromis* spec. „Zaïre-Rot" angeboten. Leider fehlt diesen Fischen aber das auffallende Rot. Die Weibchen der „Kapou"-Fische sind im Aussehen vergleichbar mit den Arten „Zaïre", „Zaïre-Rot" und „Bandundu". Sie sind voneinander nur schwer zu unterscheiden, während die Männchen deutliche Unterscheidungsmerkmale zeigen. Den „Kapou"-Männchen fehlt leider eine auffallende

Lebensraum von *Nanochromis* spec. „Kapou".

Nanochromis spec. „Kapou" (oben ♂, unten ♀)

Färbung. Es sind mehr oder weniger „Graue Mäuse“. Nach Mitteilung von Wolfgang Harz gibt es aber im natürlichen Lebensraum auch Tiere mit rot- oder blaugefärbten Flossen. Arttypisch ist aber anscheinend das „Zick-Zack“-Längsband bei beiden Geschlechtern. Es ist ein gutes Unterscheidungsmerkmal zu den anderen, sehr ähnlichen Arten aus Zaïre und der Zentralafrikanischen Repu blik. Auf Grund von noch nicht abgeschlossenen Untersuchungen soll es sich möglicherweise hierbei um die „echten“ *Nanochromis dimidiatus* handeln. Sollten sich diese Vermutungen bestätigen, ist anzunehmen, daß auf Grund des Brutpflegeverhaltens dieser neuen Fische von Kapou die Art *Nanochromis dimidiatus* zuvor noch nie in den Aquarien gehalten wurde. Bei den in den früheren Jahren als *N. dimidiatus* gepflegten Fischen müßte es sich dann um eine andere Art handeln.

Von Pascal Severs aus Zürich erhielt ich 1992 Nachzuchtjungtiere dieser Art aus Kapou. Rund 6 Monate später waren die Fische fortpflanzungsfähig. Leider sind sehr viele der in Umlauf befindlichen westafrikanischen Buntbarsche mit Krankheitserregern verseucht, so daß es erst auf Grund von Untersuchungen sowie den notwendigen Behandlungen gelingt, die Tiere gesund zu erhalten. Im Alter von vermutlich einem Jahr kam dann ein Paar in ein separates, reichlich mit Wasserpflanzen dekoriertes Zuchtaquarium. Die Tiere sind nach der Laichabgabe sehr aufmerksame Pfleger. Der Laich und die Larven entwikkeln sich fast problemlos bei neutralen pH-Werten. Das Wasser war bei mir mit 160 Mikro-Siemens mineralarm und als weich zu bezeichnen. Die Wassertemperatur betrug nur rund 24,5 °C. Trotz dieses für die meisten *Nanochromis*-Arten im allgemeinen ungewöhnlich hohen pH-Wertes und der vergleichsweise niedrigen Wassertemperatur entwickelte sich die Brut problemlos. Während das Weibchen in der Bruthöhle die Nachkommen pflegte, hielt das Männchen vor dem Höhleneingang konsequent „Wache“ bis zum Aufschwimmen der Larven. Danach verläßt das Weibchen die Brut. Man hat dabei nicht den Eindruck, daß es von der Brut verjagt oder vertrieben wird. Nur das Männchen allein bewachte dann die über 80 Jungfische. Sie blieben in den ersten Tagen meist dicht zusammen am Boden oder in Pflanzen, immer aufmerksam bewacht vom Männchen. Dabei war eine erstaunliche Tätigkeit des Männchens zu beobachten. Es trug in der ersten Woche fast immer, mit nur kurzen Unterbrechungen, eine größere Anzahl Jungfische im Maul, ohne daß Gefahren für die Jungfische bestanden. Mit weit abgespreizten Kiemendeckeln und tiefhängender Kehlsackfalte trug es oft bis 12 Jungtiere 10 Minuten und länger im Maul, um sie dann wieder in den überwiegend ruhig stehenden Schwarm zu entlassen. Kurze Zeit später wurden dann andere Jungtiere ins Maul genommen, eine Beobachtung, die bei den kleinen Cichliden aus Westafrika sehr ungewöhnlich ist. Möglicherweise ist diese Maulbrutpflege mit einem Reinigen, einem „Desinfizieren“ der Jungfische durch Maulschleim zu begründen. Andere Erklärungen für dieses Verhalten gibt es bisher nicht.

Nach rund 3 Wochen werden die Jungfische etwas selbständiger, und es lockert sich das Schwarmverhalten. Das Männchen verläßt die kleinen *Nanochromis* dann schon öfter und gesellt sich wieder zum Weibchen. Dieses hat bei guter Pflege wieder einen deutlich sichtbaren Laichansatz, der Bauch ist kräftig gerundet. Die Tiere zeigen durch ihr häufiges gemeinsames Aufsuchen einer Höhle die Bereitschaft zum erneuten Laichen. Dies geschah dann bei mir nach einem größeren Wasserwechsel sogar bei einer Wassertemperatur von nur knapp 22 °C. Das Laichen dauerte fast 2 Stunden. Dabei war nichts von einem „Balztanz“ des Weibchens, wie er bei *Pelvicachromis*-Arten zu beobachten ist, zu bemerken. Die Eier werden an der Höhlendecke abgelegt und hängen dann zum Teil an „Eifäden“ unter dem Dach des Versteckes. Als Versteckbrüter, in Form einer Mutter-Vater-Familie, umsorgt dann das Weibchen Eier und Larven. Nach dem Aufschwimmen der fertig entwickelten Nachkommen übernimmt das Männchen Schutz und Pflege der kleinen *Nanochromis*. Diese Beobachtungen zum Fortpflanzungsverhalten unterscheiden sich grundlegend von dem der bisher bekannten Arten *Nanochromis* spec. „Zaïre“, „Zaïre-Rot“ und „Bandundu“. Es handelt sich also vermutlich um unterschiedliche Arten. Möglicherweise könnten Übereinstimmungen zur Art *Nanochromis* spec. „Bandundu“ bestehen. Aber Bandundu liegt mehrere hundert Kilometer südlich, eine große Entfernung für eine kleine Fischart.

Eine weitere, schon 1985 eingeführte Art kommt aus dem Areal von Kindu.

Nanochromis spec. „Kindu"

Die Fische wurden bereits an anderer Stelle als *Nanochromis* spec aff. *minor* vorgestellt. Meinen Recherchen nach wurden von dieser Art nur Weibchen importiert, und eine Vermehrung und damit Verbreitung war deshalb nicht möglich. Bei *Nanochromis* spec. „Kisangani" handelt es sich meiner Meinung nach möglicherweise um die gleiche Art, die sich anscheinend nur in einigen kleinen, unerheblichen Nuancen in der Färbung unterscheidet. Trotzdem täte man gut daran, beide Standortvarianten weiterhin mit der Angabe der Herkunftsorte als *Nanochromis* spec. „Kisangani" und *Nanochromis* spec. „Kindu" zu bezeichnen. Von allen anderen wunsch- oder verkaufsfördernden Phantasiebezeichnungen sollte man Abstand nehmen.

Lebensraum von *Nanochromis* spec. „Kindu".

Nanochromis spec. „Kindu" ♀

Zu den spektakulärsten Einfuhren gehören die verschiedentlich auch als *Nanochromis squamiceps* bezeichneten Fische, die bis zur völligen Klärung besser

Nanochromis spec. „Kisangani"

genannt werden sollten.

Diese Fische zählen zu den kleinen Buntbarschen, die besonders durch ihre attraktive Färbung auffallen. Die Weibchen zeigen als typisches Geschlechtsmerkmal ein silbrig glänzendes Schuppenfeld auf den Körperseiten, das sich vom hinteren Rücken über den oberen Bauch zum vorderen unteren Schwanz zieht und als Abschluß einen silbrig glänzenden Analfleck zeigt. Die Körpergrundfarbe ist im allgemeinen Grau bis Rotbraun. Je nach Stimmung aber verändert sich diese Färbung stellenweise auch zu einem kräftigen Rot. Der Bauch bleibt meist hell rosa. In adulten Größen erreichen Weibchen Totallängen um 5,5 cm. Männliche Tiere können dagegen 8 cm lang werden. Bei ihnen fehlen die auffallend silbrig gefärbten Schuppen. Während weibliche Tiere eine zeichnungslose Schwanzflosse zeigen, sind bei den Männchen deutlich mehrere horizontale Punktreihen zu erkennen, die 7 bis 8 vertikale Streifen bilden.

Lebensraum von *Nanochromis* spec. „Kisangani".

***Nanochromis* spec. „Kisangani" (oben ♂, unten ♀)**

Der

natürliche Lebensraum

Die oft als „Silberbauch-*Nanochromis*" bezeichneten Fische kommen aus dem Gebiet von Kisangani in Zaïre. Die z. Zt. verfügbaren Exemplare wurden dort vermutlich 1986 von Heiko Bleher gefangen und in wenigen Exemplaren lebend eingeführt.

Die Fische leben im natürlichen Lebensraum in sehr weichem, saurem Wasser. Wie sich bisher bei der Pflege im Aquarium zeigte, werden für eine gesunde Haltung auch mittelharte, leicht alkalische Gewässer akzeptiert. Nur für eine erfolgreiche Vermehrung sind nach bisherigen Erfahrungen die heimatlichen Werte unbedingt zu beachten.

Die Haltung

Diese Art stellt eine echte Bereicherung für die Aquaristik dar. Es handelt sich um friedliche Bodenbewohner, denen für eine optimale Pflege ein nicht zu kleines, stellenweise dicht bepflanztes, mit kleinen Höhlen dekoriertes Aquarium zur Verfügung stehen sollte. Wichtig ist aber vor allem eine gute Wasserqualität, das heißt, ein häufiger Teilwasserwechsel, möglichst wöchentlich ein Drittel bis die Hälfte des Behälterinhalts, ist erforderlich.

Die Fortpflanzung

Für die Zucht haben sich als Höhlen alte, gut gewässerte, einseitig geöffnete Bambusrohre bewährt, die gegenüber Kokosnußschalen und den undekorativen Blumentöpfen fast immer bevorzugt werden. *Nanochromis* spec. „Kisangani" ist recht produktiv, und Zuchten mit 100 Jungfischen sind als durchschnittlich zu betrachten. Die Art gehört wie alle bisher bekannten *Nanochromis*- und *Pelvicachromis*-Arten aus „Westafrika" zu den Höhlen- oder Versteckbrütern, die in Form einer Vater-Mutter-Familie ihre Nachkommen betreuen, d. h., das Weibchen betreut fast ausschließlich Eier und Larven, während das Männchen sich überwiegend der Brutrevierverteidigung widmet, wobei es verschiedentlich vom Weibchen unterstützt wird. Die Nachkommen schwimmen bei entsprechenden Wasserwerten und guter Wasserqualität sowie Wassertemperaturen um 27 °C nach rund 8 Tagen frei. Sie werden dann von beiden Elternfischen geführt und verteidigt.

Nanochromis spec. „Kisangani" ♂

Nanochromis spec. „Zaïre"

Die klein bleibende, noch nicht beschriebene, also noch nicht mit einem wissenschaftlichen Namen belegte Art kam 1978/79 erstmalig nach Europa und führte die Aquarianer unter der Bezeichnung *N. dimidiatus* lange Zeit an der Nase herum. Durch Aussehen, Größe, Färbung und Zeichnung steht sie klar in Beziehung zu den von den amerikanischen Ichthyologen ROBERTS und STEWART beschriebenen Arten *N. consortus, N. minor* und *N. splendens.* Sie unterscheidet sich aber durch Färbung und Zeichnung sowie durch morphologische Daten. In der 1976 erschienenen Arbeit dieser beiden Wissenschaftler gibt es eine Bemerkung, die auf diese noch nicht beschriebene Art passen könnte. Es wird dabei über zwei Exemplare aus dem britischen Museum berichtet, die große Ähnlichkeit mit der Beschreibung von *N. dimidiatus* haben, sich aber von den neuen, zuvor genannten Arten abheben. Sie wurden leider nicht

Lebensraum von *Nanochromis* spec. „Zaïre".

genauer untersucht, da sie in schlechtem Zustand waren. Eindeutig wurde aber klar, daß es sich bei den als *Nanochromis* spec. undet

Nanochromis spec. „Zaïre" ♂

bezeichneten Tieren, die gleichfalls in Zaïre mit den neu beschriebenen Arten gefangen wurden, um eine neue Art handeln soll, die große Ähnlichkeit mit *N. dimidiatus* hat. *N.* spec. „Zaïre“ wird ca. 6,5 cm lang, die Weibchen sind mit 3,5 bis 4 cm ausgewachsen. Es sind sehr friedliche Fische, die nur selten untereinander aggressiv werden. Die Geschlechter unterscheiden sich bei adulten Tieren durch unterschiedliche Größen, die Weibchen tragen im Gegensatz zu den Männchen ein metallfarbenes Längsband in der Rückenflosse, keine oder nur eine sehr schwache Punktzeichnung in der Schwanzflosse, etwas kürzere Bauchflossen und meist einen rundlichen Bauch.

Der

natürliche Lebensraum

dieser Art liegt, Recherchen zufolge, im unteren Kongo-Flußlauf und dessen Zuläufen in Zaïre.

Die

Haltung

dieser Fische ist verhältnismäßig einfach. Aquarien ab 70 cm Länge sollten trotz der geringen Größe zur Pflege angeboten werden. Größere Aquarien eignen sich noch besser. Diese kleine Art sollten nur bedingt mit großen Cichliden vergesellschaftet werden. Wenn die Tiere in großen Aquarien ab 130 cm – besser 160 cm – gepflegt werden, kann ein Paar einer *Chromidotilapia*- und einer *Pelvicachromis*-Art problemlos mitgepflegt werden. Entscheidend ist immer die zur Verfügung stehende Bodenfläche eines Aquariums, die Dekoration, d.h. die Anzahl der Höhlen und die Anzahl der vorhandenen Pflanzen. Pflegebehälter mit einem gesunden, dichten, fast das gesamte Aquarium ausfüllenden Pflanzenbestand, mit kleinen Höhlen, die als Steinaufbauten oder Kokosnußschalen auf der Bodenfläche aufgebaut sind, gestatten die problemlose Pflege mehrerer bodenbewohnender

Nanochromis spec. „Zaïre“ ♀

Cichlidenpaare gleichzeitig. Auch bei dieser Art ist sauberes, sauerstoffreiches Wasser sehr wichtig. Es kann sich um weiches bis mittelhartes, leicht alkalisches Wasser handeln.

Die

Fortpflanzung

erfolgte bisher in Gebieten mit mittelhartem, leicht alkalischem Wasser ohne Schwierigkeiten. Dazu kann man die Tiere auch in kleineren, ähnlich wie zur Haltung eingerichteten Zuchtbehältern pflegen.

Diese Art laicht wie die anderen Vertreter dieser Gattung in einer Höhle, meist an der Höhlendecke, nach stürmischer Balz ab. Das Weibchen betreut in der Höhle die Brut, und das Männchen verteidigt das Laichrevier. Nach rund acht Tagen erscheint das Weibchen mit einer kleinen Anzahl Jungfische und führt sie mit dem Männchen in die Umgebung der Laichhöhle. Die Anzahl der Nachkommen ist gering. Rund 30 bis 40 Jungfische können als Durchschnittsergebnis gewertet werden. Als erstes Futter sollte man auch hier die frischgeschlüpften Nauplien des Salinenkrebschens sowie Staubfutter im Wechsel, möglichst drei- bis viermal am Tag füttern. Die Jungfische werden zum Schutz vor anderen Fischen allabendlich von den Eltern wieder in die Höhle zurückgeführt, wo sie gemeinsam mit der Mutter die Nacht verbringen. Der Vater bleibt an einem geschützten Platz vor der Höhle. Dieser Ablauf ist aber nur zu beobachten, wenn täglich zur gleichen Zeit der Wechsel von „Tag und Nacht“ erfolgt. Hierfür sei die Benutzung einer Schaltuhr empfohlen, die täglich für eine Beleuchtungsdauer von ununterbrochen zwölf Stunden im gleichbleibenden Rhythmus sorgt.

Die Untersuchung der Gewässer bringt verschiedentlich erstaunliche Ergebnisse.

Unter der Bezeichnung *Nanochromis* spec. „Zaïre“ wurde noch eine zweite, kleinbleiоende Cichlidenart eingeführt, die auf Grund hrer Färbung und zur besseren Unterscheidung hier als

Nanochromis spec. „Zaïre-Rot“

ɔezeichnet werden soll. Bei beiden Arten erreichen die Männchen in adulten Größen Totalängen um 6,5 cm, während die Weibchen mit 4,5 cm ausgewachsen sind. Weibliche Tiere beider Formen zeigen im Aussehen große Ähnichkeit und sind nur schwer zu trennen. Männchen dagegen sind durch ihre unterschiedliche Färbung, besonders in der Rückenflosse und im oberen Teil der Schwanzflosse, ohne Schwierigkeiten zu unterscheiden. Während die sehr ähnlichen Tiere der zuvor vorgestellten Art eine graue bis hellblaue Färbung zeigen, sind die zu vergleichenden Zonen bei

Lebensraum von *Nanochromis* spec. „Zaïre-Rot“.

dieser neuen Art kräftig rot gefärbt. Daß es sich um Standortpopulationen einer Art mit

Nanochromis spec. „Zaïre-Rot“ ♂

unterschiedlichen Färbungen handelt, ist nicht anzunehmen. Inwieweit beide Arten mit *Nanochromis* spec. „Bandundu“ vergleichbar sind, muß noch untersucht werden.

Nanochromis spec. „Zaïre-Rot“ hat durch gezielte und erfolgreiche Vermehrungen bisher eine bescheidene Verbreitung erlebt, und es ist anzunehmen, daß diese schönen, friedlichen Fische bald zum festen Bestand der Aquaristik gehören. Da über den natürlichen Lebensraum dieser Art bisher nichts bekannt ist, gestaltete sich die Pflege, besonders aber die Vermehrung dieser *Nanochromis*-Art sehr schwierig. Bekannt ist nur, daß diese Tiere aus Zaïre kommen. Für die Haltung ergaben sich schnell Parallelen zu den anderen, uns bekannten Arten der Gattung *Nanochromis*. Auch hier haben sich für eine optimale Pflege stellenweise dicht mit Bodenpflanzen und Steinaufbauten sowie mit Höhlen dekorierte Aquarien bewährt. Als wichtig zeigte sich aber auch eine gute Wasserqualität, also ein häufiger, regelmäßiger Wasserwechsel. Bei der Vergesellschaftung mi nicht aggressiven, kleineren anderen Arten is eine Dauerhaltung auch in mittelhartem, leich alkalischem Wasser problemlos.

Die

Fortpflanzung

dieser kleinen Westafrikaner ist dagegen leide nicht ohne Probleme. Vor allem ist auf ein gute Wasserqualität zu achten. Sehr weiche saure Wasserwerte, wobei sich ein pH-Wer von 5,0 bis 5,5 für die erfolgreiche Brutentwicklung als sehr vorteilhaft erwiesen hat, sin unbedingt ratsam. *Nanochromis* spec. „Zaïre Rot“ ist ein Versteck- bzw. Höhlenbrüter. Al Laichplätze werden kleine Höhlen bevorzugt zum Beispiel mit einer kleinen Öffnung verse

Nanochromis spec. „Zaïre-Rot“ (oben ♂, unten ♀)

hene halbierte Kokosnußschalen oder einseitig geöffnete alte Bambusrohre.

Die Art vermehrt sich in Form einer Vater-Mutter-Familie. Dabei übernimmt ausschließlich das Weibchen die Laich- und Larvenpflege. Das Männchen bewacht und verteidigt das Brutrevier. Die Eier werden an der Höhlendecke abgelegt. Bei einer Wassertemperatur von durchschnittlich 26 °C durchbrechen die Embryonen nach rund 72 Stunden die Eihüllen und liegen dann am Höhlenboden. Im Laufe der weiteren Entwicklung werden die Larven vom brutpflegenden Weibchen auch an die Höhlendecke oder an deren Seitenwände „gehängt“. Nach rund 8 Tagen sind die Larven schwimmfähig und werden dann meist erstmalig in den Morgenstunden aus dem Brutversteck geführt. Oftmals ist zu beobachten, daß das Weibchen schon nach kurzer Zeit die Jungen mit dem Maul wieder einsammelt und in die Bruthöhle zurückbringt. Jetzt beteiligt sich auch das Männchen an der Brutpflege. Da die kleinen *Nanochromis* in den ersten Tagen kein gutes Schwarmverhalten zeigen, müssen beide Elterntiere immer wieder vereinzelte Ausreißer mit dem Maul einfangen und in die Gruppe, die sich fast nur am Boden aufhält, zurückbringen. Die aufschwimmenden Larven sind noch vergleichsweise klein und benötigen dementsprechend kleines Futter. Frisch geschlüpfte *Artemia salina* sind je nach Herkunft meist als erstes Futter zu groß. Ein Verhungern der Nachkommen nach kurzer Zeit wäre die Folge. Sind die ersten Tage aber überstanden, wachsen die kleinen *Nanochromis* – Voraussetzung sind reichliche und abwechslungsreiche Fütterung und gute Wasserqualität – recht schnell und können nach rund 6 Monaten schon selbst geschlechtsreif sein. Rund 40 bis 50 Nachkommen sind pro Laichakt möglich. Leider ist trotz Feindfischen im Aufzuchtbehälter die Harmonie der Eltern nicht immer optimal, und leichte Differenzen der Partner führen schnell zu nachhaltigen Beißereien. Da die Brutpflege oft schon nach wenigen Tagen nachläßt, kommt es dann zum Verlust großer Teile der Brut. Als Alternative ist auch die „künstliche“ Aufzucht der schon schwimmenden Larven nicht problemlos. Auch hierbei stellen sich meist größere Verluste ein.

Biotop von *Chromidotilapia*- und *Pelvicachromis*-Arten in Süd-Kamerun.

Nanochromis splendens
ROBERTS und STEWART, 1976

Diese Art ist bisher noch nicht lebend eingeführt worden. Sie gehört zu den klein bleibenden Arten aus dem unteren Kongo-Fluß. Die Bestimmungsexemplare haben eine Länge von 4,6 cm. Die Totallängen adulter Tiere sind bisher nicht bekannt, liegen aber wahrscheinlich um 7 cm. Interessant ist die Färbung dieser Fische. Bei beiden Geschlechtern ist der Rücken oliv-ähnlich gefärbt. Die Kiemenpartien sind im vorderen Teil kanariengelb und im hinteren Teil orangerot. Die Augen zeigen einen roten Punkt auf dem oberen Rand, die Iris ist weiß. Diese Färbung macht die Augen sehr auffällig und läßt sie größer erscheinen. Die Schuppen haben graue Ränder. Über den Körper verlaufen fünf oder sechs undeutliche vertikale Bänder. Ein unförmiger Fleck, der sich zeitweise zu einer dunklen blauvioletten Zone ausfärbt, ziert in Höhe der Brustflossen die Kiemendeckel. Beim Männchen sind die Wangen stellenweise blau und die Kiemenfalten rot, die Rückenflosse ist im Hartstrahlenteil braun begrenzt, die Spitzen der Hartstrahlen sind gelb, der Weichstrahlenteil zeigt einen dunkelgrauen Rand. Die obere Hälfte der Schwanzflosse ist gelblich-orange gefärbt und zeigt mehrere gerade Streifen. Die untere Hälfte der Schwanzflosse zeigt sieben bis acht vertikale karminrote Streifen auf durchsichtiger, farbloser Flosse. Ein Teil der Afterflosse zeigt eine ähnliche Färbung. Verschiedentlich können die farblosen Flossenteile auch graue Töne zeigen. Die ausgewachsenen Hartstrahlen der Bauchflossen sind schwarz, die Weichstrahlen weiß gefärbt. Bei den Weibchen sind die Wangen kanariengelb, die Kiemenfalten dunkel-gelblich, der Bauch violett. Der Hartstrahlenteil der Rückenflosse ist bis zur Basis rot-orange und gelb begrenzt. Die Schwanzflosse ist gelblich, am Schwanzstiel rötlich, nach außen farblich begrenzt. Die Afterflosse ist einheitlich bläulich gefärbt. Die Hartstrahlen der Bauchflossen sind strahlend weiß gefärbt, die Weichstrahlen dagegen rot.

Der
natürliche Lebensraum
wird mit den Orten Tadi, Kinganga und Inga im unteren Kongo-Strom in Zaïre angegeben.

Lebensraum von *Nanochromis splendens.*

Nanochromis squamiceps
(BOULENGER, 1902)

Diese Art ist bisher noch nicht lebend eingeführt worden. Ein Exemplar diente 1902 zur Bestimmung. Seitdem war die Existenz dieser Art umstritten. Auch eine Verwechslung mit *N.* spec. affin. *caudifasciatus* durch den englischen Ichthyologen G. A. BOULENGER geistert noch heute durch verschiedene Publikationen. Die amerikanischen Wissenschaftler ROBERTS und STEWART schrieben 1976 wieder über *N. squamiceps.* Leider ist über die Färbung dieser Fische bis heute wenig bekannt. Sie haben vom Körperbau Ähnlichkeit mit der Art *N. dimidiatus.* Ihr oberer Körper ist hellbraun, und im unteren Teil ist er weiß. Ein dunkler horizontaler Streifen zieht sich auf jeder Seite vom Auge bis zum Kiemendeckelrand. Die Weichstrahlenteile der Rücken- und Afterflosse und die Schwanzflosse sind mit zahlreichen Querreihen von dunklen Punkten besetzt. Die Art zeigt große Schuppen auf dem Nacken und auf den Wangen. Diese großen Schuppen sind bei *Nanochromis*-Arten sehr selten und führten zur Namensgebung.

Der
natürliche Lebensraum
ist mit Lindi-River, oberer Kongo, angegeben.

Nanochromis transvestitus

ROBERTS und STEWART, 1984

Für die meisten Aquariumfische ist typisch, daß die männlichen Tiere eine schönere Färbung und oft auch kontrastreichere, ansprechendere Zeichnungen besitzen. Dies ist bei einem Mitte der 80er Jahre eingeführten Zwergbuntbarsch aus Westafrika anders. Hier sind die Rollen vertauscht, denn das Weibchen zeigt die schönere Färbung und auch die attraktivere Zeichnung. Dies war für die amerikanischen Ichthyologen ROBERTS und STEWART Anlaß, diesen Fischen in ihrer 1984 veröffentlichten wissenschaftlichen Erstbeschreibung den Namen *„transvestitus"* zu geben. Leider ist die Pflege dieser Art nicht ohne Probleme.

Lebensraum von *Nanochromis transvestitus.*

Der

natürliche Lebensraum

Nanochromis transvestitus wurde 1973 während einer ichthyologischen Fangexpedition im Gebiet des Zaïre-Beckens im Lake Mai-ndombe gesammelt. Der See Mai-ndombe ist auch noch unter der Bezeichnung Inongor oder Leopold II bekannt. Er entwässert im Süden in den Fluß Fimi, auch Lukenie

Nanochromis transvestitus ♂

genannt, welcher Verbindung zum Kasai, einem der längsten Zuflüsse des mächtigen Zaïre, hat. Interessant sind die ökologischen Angaben über den See Mai-ndombe. Der flache See hat einen sandigen Bodengrund. Wo der Boden eben und nicht mit Steinen bedeckt ist, befindet sich ein fest zusammengedrücktes Sediment, meist bedeckt mit Pflanzenresten. Die Küstenregion besteht überwiegend aus porösem Gestein, bedeckt mit Astwerk von zum Teil abgestorbenen ufernahen Bäumen. Das Wasser ist fast „schwarz" bzw. dunkelteefarben und stark sauer. Hier wurde ein pH-Wert von 4,0 ermittelt. Dieser extreme, ungewöhnlich niedrige pH-Wert ist wohl der wichtigste Punkt für eine erfolgreiche Pflege im Aquarium.

Die
Haltung

Nach den bisherigen, noch dürftigen Erfahrungswerten ist *Nanochromis transvestitus* in Pflege und Fortpflanzung äußerst problematisch, wenn nicht die heimatlichen Wasserwerte berücksichtigt werden. Das bedeutet, eine erfolgreiche Haltung ist nur in weichem, sehr saurem Wasser von guter Qualität möglich. Da die nur rund 5 cm lang werdenden *N. transvestitus* wie auch die anderen Arten der Gattung überwiegend Bodenbewohner sind, sollte feinkörniger Kies oder auch Sand als Bodengrund Verwendung finden. Kleine Höhlen- und Steingruppen sowie stellenweise dichte Pflanzenzonen sollten gleichfalls vor-

Nanochromis transvestitus ist ein Versteckbrüter, der gern Höhlen bewohnt.

handen sein. *N. transvestitus* ist ein Höhlenbrüter. Diese Art lebt in einer Vater-Mutter-Verbindung, das heißt, das Weibchen bewacht und pflegt die Brut, während das Männchen die Revierverteidigung übernimmt. Die Jungfische werden in wechselnder Folge von beiden Eltern geführt und beschützt. Hierbei ist die Arbeitsteilung klar und unterscheidet sich nur wenig von den anderen *Nanochromis*-Arten. Auffällig ist trotzdem, daß das Männchen bei der Jungfischpflege im Vergleich aktiver ist und das Weibchen häufig die Revierverteidigung übernimmt. Fast pünktlich zum Einbruch der Dunkelheit befindet sich die gesamte Jungfischschar – im Durchschnitt handelt es sich um 60 kleine Fische – am Abend in einer schutzbietenden Höhle, wobei zu beobachten ist, daß beide Elterntiere abwechselnd in der Höhle den Schutz übernehmen. Die Jungfische nehmen nach dem Aufschwimmen problemlos frischgeschlüpfte Nauplien von *Artemia salina* als Erstfutter an. Für eine erfolgreiche Fortpflanzung und die Entwicklung der Brut ist anscheinend sehr weiches Wasser mit einem pH-Wert zwischen 4 und 5 Voraussetzung, wobei bemerkt werden soll, daß meine Tiere auch bei einem pH-Wert von 5,8 zur Vermehrung schritten und die Brut sich komplikationslos entwickelte. Säurewertveränderungen in den ersten Lebenstagen sind dagegen für die Nachkommen gefährlich. Für eine ausreichende Ansäuerung des Wassers ist eine Torffilterung empfehlenswert.

Nanochromis transvestitus gehört zu den spektakulärsten Neuentdeckungen der letzten Jahre. Diese Westafrikaner sind aufgrund ihrer Ansprüche an die Wasserwerte aber anscheinend leider nur Fische für „Spezialisten“ oder experimentierfreudige Aquarianer mit viel Einfühlungsvermögen. Es bleibt zu hoffen, daß sich dies aufgrund zahlreicher Nachzuchten im Laufe von Generationen ändern wird.

Nanochromis transvestitus ♀

Die

Gattung *Parananochromis*

Auch diese Gattung wurde 1987 von GREENWOOD neu aufgestellt. In ihr stehen etwas größer werdende Arten, die sich vor allem durch höhere Körperformen auszeichnen. Trotzdem weisen *Parananochromis* und *Nanochromis* sehr viele Gemeinsamkeiten auf, so daß *Parananochromis* eine Schwestergattung von *Nanochromis* ist. Ein wichtiges Unterscheidungsmerkmal bildet der Verlauf der oberen Seitenlinie, die bei *Nanochromis* unmittelbar unter der Basis der Dorsale verläuft, bei *Parananochromis* dagegen eine bis eineinhalb Schuppen vom Ansatz der Rückenflosse entfernt. *Parananochromis* hat wie auch *Nanochromis* zwölf Schuppen um den Schwanzstiel und unterscheidet sich dadurch von den Gattungen *Limbochromis, Chromidotilapia* und *Pelvicachromis.*

Nur fünf Arten stehen zur Zeit in der Gattung *Parananochromis:*

Parananochromis longirostris
Parananochromis caudifasciatus
Parananochromis gabonicus
Parananochromis spec. „Rio Muni“
Parananochromis spec. „Belinga“

Parananochromis caudifasciatus (oben ♀, unten ♂)

Eine sehr seltene *Paranarochromis*-Art, die erst durch „fernreisende Aquarianer" in die Aquarien kam, ist

Paranarochromis caudifasciatus
(BOULENGER, 1913)

Hier ist vor allem den Wiener Aquarienfreunden um OTTO GARTNER zu danken, die diese Fische 1975 auf einer Reise fingen und lebend nach Europa brachten. Dadurch wurden die ersten Beobachtungen im Aquarium möglich. Bei dieser Art können die Männchen bis 11 cm lang werden. Die Weibchen sind mit knapp 8 cm Länge ausgewachsen. Die Geschlechter unterscheiden sich problemlos. Weibliche Tiere zeigen im Hartstrahlenteil der Rückenflosse

Lebensraum von *Paranarochromis caudifasciatus.*

Paranarochromis caudifasciatus ♂

ein metallfarbenes glänzendes Band und zeitweise eine schwachdunkle Zone hinter dem Bauch in der Afterregion.

Der

natürliche Lebensraum

dieser Art liegt in den Zuläufen des Nyong-Flusses in Süd-Kamerun. Sie wurde 1975 bei Pouma, einem kleinen Ort an der Straße zwischen Edea und Jaounde, gefangen. Vier Jahre später suchte ich zusammen mit Otto Gartner diese Fische dort vergeblich. Rund einhundert Kilometer südlich, im Zufluß zum Wasserlauf des Soo-Flusses, einem Nebenfluß des Nyong, nur wenige Kilometer außerhalb von Sangmelima, Richtung Ebolowa, gingen bei Fangversuchen im Wasserpflanzendickicht am Rand einer kleinen tümpelartigen Wasseransammlung fünf große Tiere ins Netz. Die Färbung gleich nach dem Fang war sehr schön und wurde leider nie mehr in Gefangenschaft gezeigt. Dabei fiel vor allem ein kräftiges Goldgelb neben kontrastreichem Violettblau auf dem Körper auf. In den Aquarien bleiben die ausgewachsenen Wildfänge immer etwas scheu und farblos. Das Wasser war im Fanggebiet bei Sangmelima klar und stark bräunlich. Der Bodengrund bestand aus feinem, lehmhaltigem Kies. Das Wasser war stellenweise recht tief. Es war längere Zeit am Tag der Sonne ausgesetzt. In der Mittagszeit konnte man 50 000 Lux an der Wasseroberfläche messen. Trotzdem betrug die Wassertemperatur nur 22 °C. Weitere Fundstellen liegen im südlichen Dja-Flußgebiet in Süd-Kamerun und im angrenzenden Rio Muni.

Parananochromis caudifasciatus ♀

Parananochromis gabonicus
(TREWAVAS, 1975)

Das einzige zur Bestimmung dienende Exemplar wurde während einer Expedition im Jahre 1957 gesammelt. Über das Aussehen lebender Tiere sowie über Verhalten und Fortpflanzung war viele Jahre nichts bekannt. Erst 1986 gelangte anscheinend erstmalig durch LANDSBERG, NUMRICH und WUNDERLICH aufgrund einer Fangreise nach Gabun lebendes Material in die heimatlichen Aquarien. Dabei stellte sich heraus, daß die Art zu den hochrückigen, etwas größer werdenden Versteckbrütern mit einer Vater-Mutter-Familie gehört. Während adulte Männchen Totallängen um 12 cm erreichen, werden weibliche Tiere um 10 cm lang. Typisches Merkmal der Weibchen ist das kräftig orange bis gelb irisierende Band im

Lebensraum von *Parananochromis gabonicus.*

Parananochromis gabonicus ♀

Parananochromis gabonicus ♂

Hartstrahlenteil der Rückenflosse, ein Merkmal aller Weibchen dieser Gattung, ausgenommen *P. longirostris. P. gabonicus* sind untereinander oft aggressiv. Die erfolgreiche Pflege ist nur in entsprechend großen, gut dekorierten Aquarien möglich. Für die Fortpflanzung sollten die heimatlichen Wasserwerte beachtet werden. Dabei handelt es sich um sehr weiche, mineralarme Gewässer. Da die Fische nicht gerade als farbenfroh oder als besonders auffallend gemustert zu bezeichnen sind, ist die Nachfrage nach ihnen nicht sonderlich groß. Trotz mehrerer erfolgreicher Nachzuchten ist diese sehr interessante Art möglicherweise in den Aquarien schon wieder ausgestorben.

Der

natürliche Lebensraum

befindet sich in Gabun. Das Bestimmungsexemplar wurde in einem Wasserloch an der Straße von Mitzic nach Medounen im Gebiet des Okano River, im erweiterten Sinne ein Zufluß des Ogowe, nahe der Grenze zu Rio Muni gefangen. Weitere Fundorte befinden sich laut Landsberg, Numrich und Wunderlich entlang der Straße von Oyem-Momo-Minvoul, in den Oberläufen der Flüsse Abanga und Okano, entlang der Grenze zu Rio Muni sowie in den „Ausläufern der Kristallberge“ im Westen des Landes bei Edoum.

Parananochromis longirostris (BOULENGER, 1903)

Lebensraum von *Parananochromis longirostris*.

Diese erst vor wenigen Jahren erstmals lebend eingeführte Art ist bisher nur selten im Aquarium beobachtet worden. Sie wird im Vergleich etwas größer. Die Männchen werden bis ca. 13 cm lang, die Weibchen bleiben mit 11 cm etwas kleiner. Die Geschlechtsunterschiede sind bei adulten Tieren klar erkennbar. Ausgewachsene Männchen zeigen eine zipfelförmige Verlängerung der Schwanzflosse, die zwischen dem oberen sechsten bis achten Strahl auffällt. Bei adulten Weibchen ist diese Verlängerung nur sehr schwach erkennbar. Die hinteren Zonen der Rücken- und Afterflosse sind beim Männchen länger augewachsen und zeigen wie auch die Schwanzflosse ein stärkeres Muster von hellen Punkten.

Durch die Fangreisen nach Gabun konnten 1986 und 1987 durch NUMRICH, LANDSBERG und WUNDERLICH erstmals Tiere dieser Art im natürlichen Lebensraum ausführlich beobachtet und anschließend lebend eingeführt werden. *P. longirostris* lebt im Naturbiotop in kleinen Wasserläufen sowie auch in großen

Parananochromis longirostris ♀

Flüssen. Dabei wurden die Fische des öfteren in kleinen Gruppen von 10 bis 12 Tieren beobachtet, die über großen Flächen Sandboden ohne jegliche Versteckmöglichkeiten anzutreffen waren. Die Annahme, daß es sich bei dieser Art aufgrund der Biotopbeobachtungen nicht, wie für die Gattung typisch, um Versteck-

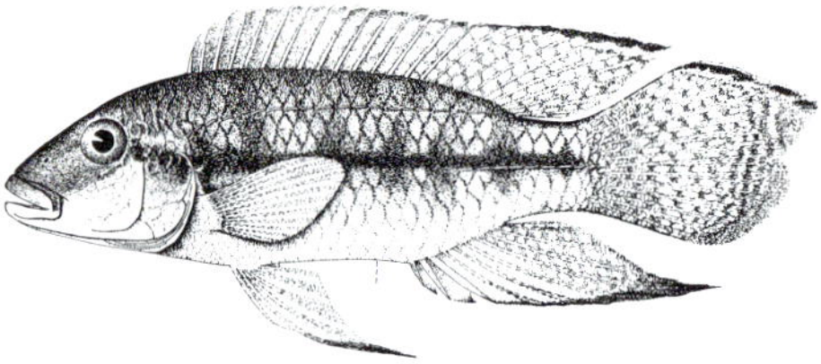

Parananochromis longirostis ♂

brüter, sondern um Maulbrüter handelt, hat sich nicht bestätigt. Zwar nehmen die Tiere während der Brutpflege bei Gefahr, aber auch zum Transport ihre Nachkommen für längere Zeit ins Maul, von einer echten, ausschließlichen Maulbrutpflege kann aber nicht gesprochen werden. Möglicherweise ist das Pflegeverhalten vom Biotop oder auch von der Einrichtung und der Feindfischsituation im Pflegebehälter abhängig. Die Maulbrutpflege der Nachkommen hat zweifellos eine Schutzfunktion. Inwieweit eine desinfizierende Wirkung durch die Maulsekrete hierbei eine Rolle spielt, muß noch erforscht werden. Ein ähnliches Verhalten ist ja auch bei der Art *Nanochromis* spec. „Kapou" zu beobachten. *Parananochromis longirostris* ist die Typusart der von GREENWOOD 1987 neu geschaffenen Gattung *Parananochromis*. Sie unterscheidet sich aber grundlegend von den anderen Arten in dieser Gattung, so daß hier eine Gattungsrevision zwingend erforderlich wäre.

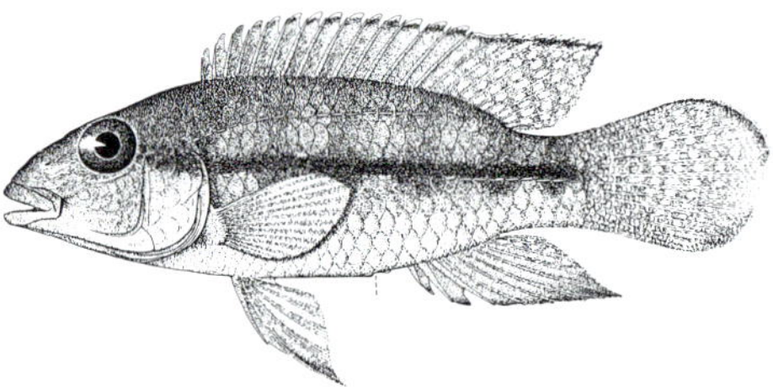

Parananochromis longirostris ♀

Der

natürliche Lebensraum

ist in der Beschreibung mit Kribi- und Ja-River in Süd-Kamerun angegeben. Trotz mehrmaliger Versuche gelang es mir nicht, diese Art in dem großen Gebiet von Südwest-Kamerun bis zur südlichen Grenze nach Rio Muni zu fangen. Sie ist möglicherweise nicht mehr im Kienke-, früher Kribi-Fluß, beheimatet. Erst im weiter östlich liegenden Dja, früher Ja-Flußsystem, sind diese Fische zu finden. Ihr Lebensraum erstreckt sich nach Süden bis Mittel-Gabun sowie im Südosten bis nach Rio Muni. Sie bewohnen in diesen Gebieten Wasserläufe mit sehr sauberem, weichem, leicht bis stark saurem und leicht fließendem Wasser.

NUMRICH berichtet aufgrund seiner Reisen in Gabun über weitere Vorkommen: Ntem (Campo), Benito (Woleu), Ivindo mit den Nebenflüssen Djadi und Djuja, Liboumba, M'Passa und Sébé. Interessanterweise sind aus dem Ogoowe selbst bisher keine Fundorte bekannt geworden.

Waschplatz und Biotop

Parananochromis spec. „Rio Muni"

Diese Art wurde anscheinend bisher noch nicht lebend eingeführt. Diese Fische zeigen viele Ähnlichkeiten zur Art *P. caudifasciatus*. Die Männchen erreichen vermutlich eine Totallänge von 8 cm. Die Weibchen bleiben nur wenig kleiner. Beide Geschlechter zeigen auf dem Kiemendeckel einen dunklen Fleck, von dem sich beim Weibchen ein schwaches Längsband bis zur Schwanzwurzel zieht. Sie zeigen weder in der Rücken- noch in der Schwanz- oder Afterflosse eine Zeichnung. Anders beim Männchen. Es zeigt im Weichstrahlenteil der Rücken- und Afterflosse sowie in der ganzen Schwanzflosse kleine, längliche, dunkle Punkte, die mehrere vertikale Streifen bilden. Beide Geschlechter zeigen spitz ausgewachsene Bauchflossen.

Der

natürliche Lebensraum

liegt in Rio Muni, dem ehemaligen Äquatorialguinea oder auch Spanisch-Guinea zwischen Kamerun und Gabun am Atlantischen Ozean. Die Art lebt in kleinen Wasseransammlungen und Tümpeln sowie in langsam fließenden Wasserläufen der südlichen Zuflüsse des Ntem, des Grenzflusses von Rio Muni nach Kamerun bzw. Gabun nach Kamerun.

Lebensraum von *Parananochromis* spec. „Rio Muni".

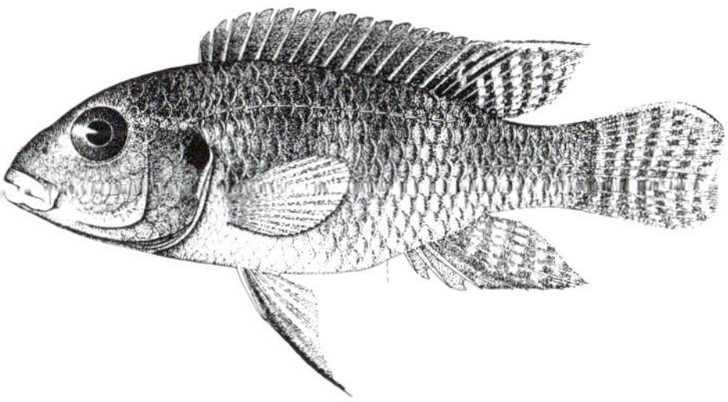

Parananochromis spec. „Rio Muni" ♂

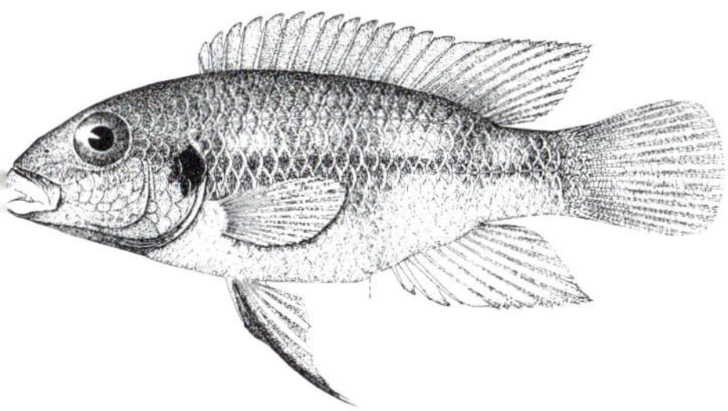

Parananochromis spec. „Rio Muni" ♀

Kleine, fließende, mit *Anubias*-Arten bewachsene Wasserläufe sind bevorzugte Aufenthaltsplätze vieler Cichliden.

Paranannochromis spec. „Belinga“

Lebensraum von *Paranannochromis* spec. „Belinga“.

Entdeckt und gefangen wurde diese schlanke, bisher nicht wissenschaftlich beschriebene Art Anfang 1987 während einer Reise von KLAUS LANDSBERG, JÖRG WUNDERLICH und ROLAND NUMRICH im Areal der Siedlung Belinga, nordöstlich von Makokou am Ivindo-Fluß im westafrikanischen Gabun. Dabei handelt es sich um einen kleinen, „recht schnell fließenden Bach“ nahe dem Ort Mayebout, „der aus den Bergen kam und bereits nach wenigen Kilometern Entfernung in den Ivindo mündet“.

Nach Angaben der Expeditionsteilnehmer ist das Wasser mit einer Temperatur von 22,9 °C verhältnismäßig kühl. Es war mit 22 µS sehr mineralarm und mit einem pH-Wert von 4,6 sehr sauer. Diese zur Zeit unter der

Paranannochromis spec. „Belinga“ ♂

Paranochromis spec. „Belinga" (oben ♀, unten ♂)

Bezeichnung *Parananochromis* spec. „Belinga" geführten Fische konnten 1987 in wenigen Exemplaren eingeführt und seitdem in bescheidenen Stückzahlen vermehrt werden. Adulte männliche Tiere erreichen Totallängen um 9,5 cm, weibliche Fische dagegen sind mit rund 8 cm ausgewachsen. Die Pflege dieser Fische ist bei weichen und leicht sauren Wasserwerten in genügend großen, gut gefilterten Pflegebehältern problemlos. Die Vermehrung dagegen ist nicht einfach und vermutlich auch an die heimatlichen Laichzeiten gebunden. Bei *Parananochromis* spec. „Belinga" handelt es sich um Versteckbrüter mit einer Vater-Mutter-Familie. Die Art ist in Pflege und Fortpflanzung mit den *Pelvicachromis*- und *Nanochromis*-Arten vergleichbar. Durch die bisher sehr bescheidenen Fortpflanzungserfolge stellen diese schönen und interessanten Fische eine echte Herausforderung für die Züchter dar.

Die

Gattung Pelvicachromis

In dieser Gattung findet man kleinbleibende, meist schlanke Cichliden, die ihren natürlichen Lebensraum in klaren, sauerstoffreichen und leicht fließenden Wasserläufen haben. Es handelt sich hierbei um überwiegend farbintensive Fische. Die Weibchen bleiben im adulten Alter im Verhältnis zu den Männchen kleiner und zeigen als Unterscheidungsmerkmal der Geschlechter in der Rückenflosse ein metallfarbenes, glänzendes Band. In der Balz und Prachtfärbung sind sie durch ihren überwiegend kräftig rot, bei wenigen Farbformen auch brillant blau gefärbten Bauch bei goldgelber Grundfärbung des Körpers von besonderer Schönheit.

Ein typisches Merkmal dieser Gattung, als Abgrenzung zu anderen kleiner bleibenden westafrikanischen Buntbarsch-Arten, wie denen der Gattung *Nanochromis,* sind die abgerundeten oder abgeflachten Spitzen der Bauchflossen bei allen weiblichen Tieren. Bei allen Arten dieser Gattung zählt man, wie bei den meisten Cichliden, 16 Schuppen um den Schwanzstiel. Auch die Kopfform unterscheidet sich von anderen Buntbarschen. Der vordere Augenteil des Kopfes und die Nasenpartie sind stark gewölbt, und die untere Kopflinie, also die Kinnpartie, ist fast gerade.

Alle Arten dieser Gattung gehören zu den Höhlen- oder Versteckbrütern. Die Form der Brutpflege verläuft in einer sogenannten Mutter-Vater-Familie, wobei das Weibchen die Brutpflege übernimmt und das Männchen während der Entwicklung der Jungfische das Laichrevier verteidigt. Beide Elternteile führen und schützen die Jungfische. Das Weibchen ist dabei meist der aktivere Teil.

Zur Zeit sind acht Arten in die Gattung *Pelvicachromis* gestellt, wozu aber noch eine Vielzahl von Farbformen gerechnet werden muß:

1. *Pelvicachromis* spec. „Guinea“
2. *Pelvicachromis humilis*
3. *Pelvicachromis pulcher*
4. *Pelvicachromis* spec. affin. pulcher aus Nigeria
5. *Pelvicachromis roloffi*
6. *Pelvicachromis subocellatus*
7. *Pelvicachromis* spec. affin. subocellatus aus Nigeria
8. *Pelvicachromis taeniatus*

Bisher sind glücklicherweise alle Arten, auch die neuen, noch nicht beschriebenen Fische aus dem Bandi-Fluß in Guinea, als lebende Tiere bekannt und in Aquarien beobachtet worden.

Typusart der Gattung ist die Art *Pelvicachromis pulcher.* Man kann, vom Habitus ausgehend, diese Gattung in vier Gruppen einteilen:

1. die „*Pulcher*“-Gruppe als langgestreckte, schlanke Arten,
2. die „*Humilis*“-Gruppe als langgestreckte, in der Körperform höhere Arten,
3. die „*Taeniatus*“-Gruppe als kleiner bleibende, schlanke Arten,
4. die „*Roloffi-Subocellatus*“-Gruppe als kleiner bleibende, in der Körperform höhere Arten.

Das seltene Seerosengewächs *Nymphaea daubenyana* aus dem Ethiop River.

Pelvicachromis humilis
(BOULENGER, 1916)
Farbform „Kenema"

Diese bisher wenig eingeführte Art wurde nur sehr selten im Aquarium beobachtet. Herr ROLOFF aus Karlsruhe fing diese Fische mehrmals in Sierra Leone und konnte sie lebend nach Deutschland bringen. Die Männchen können bis 12,5 cm, die Weibchen bis rund 10 cm lang werden. Die Männchen und auch die Weibchen haben keine oder nur schwache Querbinden auf dem Körper und eine graue bis gelbe Färbung auf den Kiemenpartien. Auf den Kiemendeckeln befindet sich ein dunkler Fleck. Rücken- und Afterflosse sind beim Männchen spitz ausgewachsen und beim Weibchen leicht abgerundet. Weibliche Tiere zeigen eine leuchtend helle Zone in der Rückenflosse, die Bauchflossen sind im Gegensatz zum Männchen abgerundet.

Lebensraum von *Pelvicachromis humilis*, Farbform „Kenema".

Pelvicachromis humilis ♂, Farbform „Kenema"

Der
natürliche Lebensraum
befindet sich in Liberia, im südöstlichen Guinea, vor allem aber in Sierra Leone, in der Umgebung der Stadt Kluema, in den Gebieten um Koribundu und Pujehum im Süden von Sierra Leone. Sie leben in leicht fließenden, sauerstoffreichen Wasserläufen, die sehr weiches, saures Wasser mit pH-Werten unter 6 und einer Leitfähigkeit bis 30 Mikro-Siemens bei rund 26 °C Wassertemperatur führen. Dabei handelt es sich nicht immer um Waldzonen, sondern auch um Plantagengebiete und Buschlandschaften, wo in den schattenarmen Bereichen durch die Sonnenbestrahlung die Wassertemperaturen noch um 2 bis 3 °C ansteigen können.

Für die
Haltung
dieser Art sollte man größere Aquarien ab 130 cm Länge und 50 cm Tiefe verwenden. Die Höhe ist hierbei zweitrangig, sollte aber 40 cm nicht unterschreiten, da diese Fische Bodenbewohner sind und vor allem die Bodenflächen als Schwimmraum nutzen. Sind die Aquarien zu niedrig, werden – wenn nicht ausreichend Schwimmpflanzen die Wasseroberfläche bedecken – die Fische sehr scheu. Der Bodengrund sollte aus dunklem, feinkörnigem Kies bis 3 mm Körnungsdurchmesser bestehen. Höhlen und Steinaufbauten, wobei man nur abgerundete, kalkfreie Steine benutzen sollte, was vor dem Einbringen ins Aquarium durch das Auftropfen von Säure zu prüfen ist, sind unbedingt erforderlich. Steinaufbauten werden direkt auf den Boden gebracht und dann mit Kies aufgefüllt. Auch Moorkienholz sollte zur dekorativen Gestaltung mit eingebracht werden. Kleinbleibende, robuste Pflanzen wie *Anubias nana* und auch der Kongo-Wasserfarn, *Bolbitis heudelotii,* können zwischen den Steinaufbauten oder am Moorkienholz befestigt werden. Zwei bis drei große *Nymphaea lotus,* roter und grüner Tigerlotus, sollten gleichfalls neben anderen Pflanzenarten ins Aquarium gebracht werden. Eine gute Wasserfilterung bei starker Wasserbewegung sollte selbstverständlich sein. Auch die Pflanzenpflege mit Kohlensäure und einem guten Dünger darf nicht vernachlässigt werden, damit sich die Pflanzen gut entwickeln. Ein Wasserwechsel, alle 8 bis 14 Tage ein Viertel bis ein Drittel des Behälterinhaltes, ist für den Gesundheitszustand der *Pelvicachromis humilis* sehr wichtig. Als Mitbewohner sind neben anderen Fischen je ein Paar einer *Chromidotilapia*-Art und einer anderen *Pelvicachromis*-Art zu empfehlen, damit sich Aggressionen nicht auf den „Humilis"-Partner entladen. Zur guten Pflege ist mittelweiches Wasser mit GH und KH um 6 °dH und einem pH-Wert um 6,8 empfehlenswert. Das Aquarium wird rund zwölf Stunden am Tag beleuchtet.

Zur Fortpflanzung
dieser Art sollte das Zuchtaquarium ähnlich eingerichtet sein. Auch mittelgroße Aquarien ab 70 cm bis 130 cm Länge können dazu ausreichen. Der Bodengrund sollte gleichfalls aus dunklem, feinem Kies bestehen. Ein oder zwei Höhlen aus abgerundeten Steinen müssen vorhanden sein. Sie sollten auf dem Aquarium-Boden aufgebaut werden und dann mit Kies aufgefüllt werden, damit, da die Art ihre Höhle „ausbuddelt", die Steinaufbauten nicht zusammenfallen. Die Verwendung einer Bodenheizung ist bei allen Boden- und Höhlenlaichern notwendig, da durch die Beheizung von unten der Kies bei Wärmeentwicklung langsam vom Wasser durchströmt wird, wodurch man eine starke Vermehrung von Bakterien im Bodengrund verhindert. Dies wäre eine Gefahrenquelle für die sich später in einer Grube im Bodenkies entwickelnden Larven. Gleichfalls haben Schnecken im Zuchtbehälter nichts zu suchen. Außer den Laichhöhlen sollten noch Versteckmöglichkeiten geschaffen werden, denn es kann viele Wochen dauern, bis es zur ersehnten Laichabgabe kommt, und oftmals muß sich das Weibchen vor dem „liebestollen" oder aggressiven Männchen verstecken. Eine gute, reichhaltige Bepflanzung ist daher ratsam. Eine wirksame Filterung des Wassers durch einen Motorfilter sollte bis zum Freischwimmen der Jungfische für klares, sauerstoffreiches Wasser sorgen. Danach wird dieser durch einen zuvor eingebrachten Brillantfilter ersetzt, damit die Jungfische nicht durch den Motorfilter gefährdet werden. Das Zuchtwasser sollte möglichst den Wasserwerten im natürlichen Lebensraum nahekommen. Nur dann ist eine Entwicklung

der Eier und Larven gewährleistet. Die Temperatur wird zwischen 26 und 28 °C eingestellt, und das Aquarium sollte normal mit 0,5 Watt pro Liter Wasserinhalt beleuchtet werden. Hier hinein kommt ein Paar *Pelvicachromis.* Damit die Fische nicht scheu werden und nur versteckt in Höhlen Zuflucht suchen, sollte man noch sechs bis acht Lebendgebärende oder Labyrinthfische mit einsetzen. Da diese Arten die mittleren und oberen Wasserzonen „bewohnen", besteht eine gute Aufteilung der bevorzugten Schwimmregionen. Die Geduld des Pflegers kann dann aber trotz aller Vorkehrungen auf eine harte Probe gestellt werden. Nicht immer stellt sich ein Zuchterfolg ein. Die Art kann schon bei einer Länge von 8 cm zur Fortpflanzung schreiten. Beide Geschlechter beginnen mit dem Ausbau einer Höhle. Dabei wird Kies aus der Höhle herausgebracht, und es bildet sich ein flacher Unterstand mit einem kleinen Eingang, in dem beide Tiere gerade Platz haben. Auch umgestülpte Blumentöpfe aus Ton, die mit einer kleinen Öffnung am unteren Rand versehen sind, eignen sich sehr gut und werden gern als Zuchthöhle angenommen. Das Weibchen zeigt durch Zittern und bei stark gebogenem Körper vor dem Männchen seine Laichwilligkeit. Wenn das Männchen durch Rüttelbewegungen und eine schräge Schwimmlage, meist mit dem Kopf nach unten geneigt, die Aufforderungen des Weibchens beantwortet, kann man mit dem baldigen Laichen der Tiere rechnen. Sollte das Weibchen die Höhle oder den Blumentopf nicht oder nur selten verlassen, kann man annehmen, daß es sich nach rund acht Tagen als stolze Mutter mit einem kleinen Jungfischschwarm zeigt und diesen dann mit dem Vater durch das Aquarium führt. Als erstes Futter sollte man dann mehrmals am Tag kleine Mengen frischgeschlüpfter Nauplien von *Artemia salina,* dem Salinenkrebschen, im Wechsel mit einem besonders feinen Staubfutter reichen. Schon nach wenigen Tagen werden die kleinen *Pelvicachromis* schwimmfreudiger und erheben sich unter Führung und Aufsicht der Eltern in höhere Wasserregionen. Zu diesem Zeitpunkt sollte man zur Beseitigung der angesammelten abgestorbenen, nicht verwerteten Futterreste ein paar Schnecken einsetzen, die diese Abfälle fressen und somit eine Verschlechterung der Wasserqualität durch Fäulnisbakterien verhindern. Trotz guter Pflege wachsen die Jungfische verhältnismäßig langsam. Sie werden noch mehrere Wochen von den Elterntieren geführt.

Ein Männchen der bisher noch nicht beschriebenen Art *Pelvicachromis* spec. aus Guinea.

Eine zweite Farbform, die *P. humilis* sehr ähnlich ist, bei der man sich aber auf Grund von zu selten eingeführtem Untersuchungsmaterial noch nicht im klaren ist, ob es sich um eine Unterart oder nur um eine Farbrasse der zuvor beschriebenen Art handelt, wird zur Zeit als

Pelvicachromis humilis

Farbform „Kasewe"

geführt. Körperbau, unterschiedliche Färbung, Flossenformen sowie eine geringere Größe sind Anlaß für die Unterscheidung. Diese Tiere zeigen ständig eine kräftige Querbindenzeichnung, die bis in die Flossen übergeht. Die starke lichtgrün leuchtende Färbung der Kiemen- und teilweise auch der Bauchzonen ist besonders bemerkenswert. Diese Färbung, die teilweise auch in ein leuchtendes Lichtblau übergeht, ist beim Weibchen auch in den Flossen festzustellen. Die spitz ausgewachsene Verlängerung im Mittelteil der Schwanzflosse ist

Lebensraum von *Pelvicachromis humilis*, Farbform „Kasewe".

besonders beim Männchen zu beobachten. Diese Art bleibt etwas kleiner. Die Männchen

Pelvicachromis humilis ♂, **Farbform „Kasewe"**

sind mit 11 cm, die Weibchen mit 10 cm ausgewachsen.

Der

natürliche Lebensraum

befindet sich im Kasewe-Waldgebiet, im Areal der Kasabere-Berghänge und dessen Ausläufern in Central Sierra Leone. Hier sind es kleine Wasserläufe, die leicht fließend bei sehr flachem, bis höchstens 50 cm tiefem Wasser, sehr klar und sauerstoffreich, als schmale bis 3 Meter breite Bäche das Waldgebiet durchziehen. Als Wasserpflanzen findet man vereinzelt kompakte Gruppen von *Nymphaea lotus*, dem grünen Tigerlotus, und *Anubias*-Arten. Meist sind aber die Wasserläufe frei von Pflanzen, und nur abgefallenes Astwerk und Laub sowie die Wurzeln der Bäume sind Aufenthaltsplätze für diese Fische. Die Ufergebiete werden durch die ins Wasser hängenden emers wachsenden Pflanzen begrenzt. Ab und zu findet man kleinere Steingruppen, meist rotbraune und schwarze Lavasteine. Der Bodengrund besteht aus dunklerem Kies und feinem Lavasand. Die Wasserläufe liegen fast ausschließlich im Schatten, nur zeitweise erreichen Sonnenstrahlen die Wasseroberfläche. Das leicht bräunlich gefärbte Wasser ist sehr weich und sauer und sehr arm an Mineralsalzen.

Die Farbform „Kasewe“ lebt in diesem Gebiet nicht sehr zahlreich. Trotz großer Unterstützung von zahlreichen Helfern aus dem Dorf Moyambawo konnten wir innerhalb von zwei Tagen nur fünf Tiere fangen. Nach Aussagen von PROF. DR. THYS und Herrn ROLOFF sind beide Farbformen aber noch an anderen Orten, wo sie zusammenleben, zu finden. Sie unterscheiden sich in Kopf- und Körperform, vor allem aber durch ihre Färbung, von allen anderen *Pelvicachromis*-Arten. Frau DR. TREWAVAS fragte mich bei einem Besuch in

Pelvicachromis humilis ♀, Farbform „Kasewe“

Tabelle Nr. 5

Ort:	Kasewe Forest bei Moyambawo, ca. 98 Meilen südöstlich Freetown, Sierra Leone
Klarheit:	sehr klar
Farbe:	leicht bräunlich
pH-Wert:	5,9
Gesamthärte:	unter 1 °dH
Karbonathärte:	unter 1 °dH
Leitfähigkeit:	5 Mikro-Siemens gemessen bei 25 °C
Nitrit:	0,00 mg/l
Wassertiefe:	bis 50 cm, im allg. 10–15 cm
Wasserbewegung:	fließend
Wassertemperatur:	25 °C
Datum:	16. 11. 1978
Uhrzeit:	13.00 Uhr

London, ob ich nicht die Ansicht teilen würde, daß diese Art mehr Parallelen zu *Chromidotilapia*-Arten hätte als zur Gattung *Pelvicachromis*. Damals kam ich mit den frisch gefangenen, halbwüchsigen Tieren aus Sierra Leone und konnte wenig zu diesem Thema sagen. Nachdem ich diese Tiere aber zwei Jahre gepflegt und beobachtet habe, muß ich feststellen, daß diese Frage nicht grundlos war. *Pelvicachromis humilis* beispielsweise durchkaut den Bodengrund auf der Suche nach Freßbarem genauso, wie es die *Chromidotilapia*-Arten tun. Dagegen spricht die Form der Bauchflossen beim Weibchen. Bei *Pelvicachromis*-Arten zeigen die Weibchen immer kurze, runde oder abgeflachte Bauchflossen. Bei *Chromidotilapia*-Weibchen sind wie bei den Männchen die Bauchflossen immer lang und spitz ausgewachsen. Auch das Brutverhalten spricht dagegen. Während es sich bei *Pelvicachromis humilis* um Substrathöhlenbrüter mit einer Mutter-Vater-Familie handelt, gehören alle in ihrer Brutpflege bisher bekannten Arten der Gattung *Chromidotilapia* zu den Maulbrütern.

Im Frühjahr 1981 wurde durch die Fa. Tagis-Aquarium eine weitere Farbform eingeführt, bei der die Männchen sehr schöne rote bis violette Farben in der Afterflosse und in der unteren Hälfte der Schwanzflosse zeigen. Der obere Teil der Schwanzflosse ist zitronengelb gefärbt, und im hinteren Teil der Rückenflosse zeigen sich dunkle Querstreifen. Bei allen Farbformen wächst bei den Männchen eine mehr oder weniger starke lappenartige Verlängerung im mittleren Teil der Schwanzflosse. Sie ist also kein sicheres Bestimmungsmerkmal, das nur bei der Farbform aus dem Kasewe-Gebiet auftritt.

Die unberührte Harmonie des Regenwaldes.

Pelvicachromis humilis
Farbform „Liberia-Rot"

Der schönste Farbschlag dieser Art kommt aber aus dem südlichen Nachbarland Liberia. Bei diesen Fischen zeigen die 11 bis 12 cm Totallänge erreichenden Männchen im Gegensatz zu den anderen Farbformen auffallend kräftig rot gefärbte Flossen. Auch diese Fische zeigen sich meist mit einer Querbandzeichnung, die hinter dem Kopf beginnt und im Schwanzstiel endet. Bei den Weibchen fehlt diese Bandzeichnung häufig. Dafür wirken die Farben aber im Vergleich kräftiger. Außerdem bildet die tiefschwarze Rückenflossenbegrenzung dazu einen eindrucksvollen Kontrast. Weibliche Tiere erreichen eine Totallänge bis 8 cm.

Pelvicachromis humilis, Farbform „Liberia-Rot" ♀

Pelvicachromis humilis, Farbform „Liberia-Rot" ♂

Pelvicachromis pulcher
(BOULENGER, 1901)

Diese Art gehört seit der Beschreibung im Jahre 1901 durch den britischen Ichthyologen BOULENGER zu den populärsten Aquarienfischen. Ihre Farbenpracht, ihr interessantes Verhalten, ihre geringe Größe (die Männchen werden bis 10 cm, die Weibchen bis 7 cm lang) und ihr Anpassungsvermögen erklären diese Popularität. Dieser Art gab man schon viele Namen. Mehrmals wurde sie als neue Art beschrieben. Bezeichnungen wie

P. aureocephalus
P. camerunensis
P. kribensis
P. subocellatus kribensis

und andere Namen geisterten durch die Aquarianerlandschaft. Teilweise ergaben sie sich aus Doppelbeschreibungen, oder sie galten für andere Arten. Teilweise waren sie aber auch „völlig aus der Luft gegriffen" und entbehrten

Lebensraum von *Pelvicachromis pulcher.*

jeglicher Grundlage. Selbst Wissenschaftler machten hier keine Ausnahme, und erst die

Pelvicachromis pulcher ♂

vorläufige Revision von 1968 durch PROF. THYS machte Schluß mit dem Durcheinander der Bezeichnungen. Alle diese Namen gelten heute als Synonyme und sind für diese Art ungültig. „Camerunensis“ galt für die bisher nicht beschriebene Art *P.* spec. affin. *pulcher,* die als nächste Art vorgestellt wird. „Kribensis“ war schon 1911 der Name für die Art der „*Taeniatus*“-Gruppe, die heute richtig als *P. taeniatus,* Farbform „Kienke“, bezeichnet wird und in dem Kienke-Flußsystem im Gebiet der Stadt Kribi in Süd-Kamerun beheimatet ist. Obwohl seit der Revision schon über 25 Jahre vergangen sind, können sich viele Autoren nicht an diese richtige Bezeichnung *Pelvicachromis pulcher* gewöhnen. Als „Kribensis“ oder auch als „Aquarien-Kribensis“ geistert sie noch immer durch die Literatur.

Die Geschlechter dieser Art sind einfach zu unterscheiden. Die Weibchen bleiben im Gegensatz zu den Männchen kleiner, haben abgeflachte Bauchflossen und zeigen in der Rückenflosse ein auffälliges breites chromgelb glänzendes Band.

Bei der Art *Pelvicachromis pulcher* gibt es Farbformen, die adult grundsätzlich gar kein oder nur ein sehr schwaches Längsband auf dem Körper besitzen oder aber immer ein kräftig dunkel gefärbtes Längsband zeigen. Schwarze, meist goldgelb umrandete Punkte im oberen Teil der Schwanzflosse sind kein Trennungsmerkmal und können von beiden Formen in unterschiedlicher Anzahl gezeigt werden. Außerdem gibt es noch verschiedene Farbvariationen, die diese Art besonders interessant erscheinen lassen. Dabei treten vor allem die Formen, bei denen die Männchen eine zartrote Bauchfärbung zeigen, neben den kräftig dunkel olivgrün gefärbten in den Vordergrund. Abgerundete oder spitz ausgewachsene Schwanzflossenformen, bei einer Farbform im unteren Teil zitronengelb gefärbt, sind kein

Pelvicachromis pulcher ♀

Unterscheidungsmerkmal innerhalb der Art. Zur schönsten Farbform gehören die Männchen, die von der Kopfspitze bis zum Schwanz in der unteren Körperhälfte feuerrot gefärbt sind. Sie dürfen aber nicht mit der bisher unbeschriebenen, also noch nicht mit einem Namen versehenen Art verwechselt werden, die vormals als „camerunensis“ und heute als *Pelvicachromis* spec. affin. *pulcher* bezeichnet wird. Beide Formen sowie alle Farbvariationen sind sehr interessante Pflegeobjekte.

Ihr

natürlicher Lebensraum

befindet sich in Nigeria, vor allem im Gebiet westlich des Nigerfluß-Deltas im Areal der Stadt Benin-City. Sie liegt rund 120 Kilometer westlich des Nigerflusses, nahe den Orten Kwale, Sapelé und Warri. Im gesamten umliegenden Gebiet lebt *Pelvicachromis pulcher* in zahlreichen Tümpeln sowie in kleineren und größeren Wasserläufen in verschiedenen Farbformen. Zwei Beispiele sollen hier erwähnt werden. Einmal ein kleiner Wasserlauf südlich der Stadt Benin-City, der leicht fließend, stellenweise mit tümpelartigen Erweiterungen, meist mit überwiegend emers stehenden Pflanzen bewachsen war. Hier lebt die Art in Gesellschaft von *Hemichromis cristatus, Chromidotilapia guntheri guntheri, Hemichromis fasciatus, Tilapia zilli, Alestes longipinnis* und *Aphyosemion bivittatum* in klarem Wasser bei 27,5 °C Wassertemperatur. *P. pulcher* hielten sich meist in den Pflanzenzonen auf und waren zahlreich zu beobachten. Zum anderen soll stellvertretend für die zahlreichen fließenden klaren Wasserläufe ein kleiner Fluß zwischen Benin-City und Kwale, der Richtung Sapelé gen Süden fließt, beschrieben werden. Es ist der Ethiop-River, der ein wahres Eldorado für Cichlidenfreunde darstellt. Schon wenige Kilometer hinter dem Quellgebiet hatte er eine Breite bis 15 Meter und stellenweise eine Tiefe von 5 Metern. Er zeigte eine enorme Fließgeschwindigkeit. Sein Wasser war sehr klar, ohne Färbung, sehr weich und stark sauer.

Der Bodengrund bestand aus feinem, laterithaltigem Kies, durch den auch die umliegende Landschaft ein stark rotbraunes Aussehen erhielt. Auf dem Boden hatten sich in mehr oder weniger starkem Wasserfluß große Pflanzengruppen bis zu einem Meter Durchmesser gebildet. Der Zwischenraum bestand aus großen, fast steinlosen Kiesflächen, die teilweise mit Ast- und Wurzelwerk bedeckt waren. Diese Pflanzenzonen setzten sich teilweise aus einer *Vallisneria*-Art, aus *Nymphaea*-Arten, wie dem grünen Tigerlotus und der schönen rotbraunen *Nymphaea daubenyana,* deren Ableger sich aus dem Blattherz bilden, zusammen. *Pelvicachromis pulcher* lebte vor allem in oder am Rand von Pflanzengruppen. Nur selten verließen sie ihre Aufenthaltsplätze. Sie entfernten sich nur höchstens bis zu einem Meter von ihnen, um bei Gefahr sofort wieder in der Pflanzengruppe Schutz zu suchen. Innerhalb dieser Pflanzenzonen gab es auch kleine Sandflächen, die als Reviere dienten. Unter den Pflanzenwurzelpaketen hatten die Fische kleine Höhlen gegraben, die als Versteck- und vermutlich auch als Laichplätze dienten. Auf einer Pflanzenfläche von ca. einem Quadratmeter konnte ich rund 20 mittelgroße bis erwachsene *P. pulcher* beobachten.

Tabelle Nr. 6

Ort:	Seitenarme und tümpelartige Wassererweiterungen des kleinen Ogba-River, südlich der Stadt Benin-City, Süd-Nigeria
Klarheit:	klar
Farbe:	ohne
pH-Wert:	4,8
Gesamthärte:	unter 1 °dH
Karbonathärte:	unter 1 °dH
Leitfähigkeit:	5 Mikro-Siemens bei 27,5 °C
Nitrit:	nicht gemessen
Wassertiefe:	bis 60 cm
Wasserbewegung:	sehr schwach bis schwach
Wassertemperatur:	27,5 °C
Datum:	26. 3. 1978
Uhrzeit:	12.30 Uhr

Pelvicachromis pulcher ♂, Farbvariante „Grün“

Pelvicachromis pulcher ♂, Farbvariante „Rot“

Zu beobachten war auch, daß laichreife Weibchen größere Männchen sofort durch Krümmen und Zittern des Körpers anbalzten. Dadurch werden die Männchen wie durch eine Sperre gehindert, Aggressivität freizusetzen und die Weibchen zu verjagen. Interessant war auch, daß sich die *Pelvicachromis pulcher*, wenn keine Gefahr bestand, aus der strömungsarmen Pflanzenzone in die strömungsstarken Freiflächen treiben ließen, um, ruhig in der Strömung stehend, auf vorbeischwimmendes Futter zu warten. Ich konnte mich mit der Hand bis auf 10 cm Entfernung nähern, ohne daß sie reagierten. Erst dann war die Fluchtdistanz erreicht, und sie schossen blitzschnell in die schützende Pflanzenzone zurück. Außerdem hatte man bei diesen Beobachtungen den Eindruck, daß *P. pulcher* anscheinend in einer Art Freßsymbiose mit halbwüchsigen, rund 7 cm langen *Chromidotilapia guntheri guntheri* lebt. *P. pulcher* picken bei der Suche nach Futter mit dem Maul Pflanzen, Astwerk und Bodengrund ab. Daneben waren meist *Ch. g. guntheri* zu finden. Sie durchkauten auf der Suche nach Freßbarem den Bodengrund. Auch andere Fische waren im Ethiop-River zu beobachten. Vereinzelt sah man in Gruppen von 4 bis 6 Tieren *Hemichromis fasicatus* und *H. cristatus*, größere Gruppen von kleineren *Tilapa zilli. T. mariae* waren dagegen ebenso wie *Pelvicachromis taeniatus, P.* spec. affin. *subocellatus*, eine *Procatopus*-Art, *Aphyosemion bivittatum* sowie kleine Welse und Schlangenkopffische selten. Die Lichtverhältnisse waren extrem. Bei Sonnenlicht und klarem, wolkenlosem Himmel konnte man um 12.00 Uhr an der Wasseroberfläche 60 000 und in 30 cm Tiefe 20 000 Lux messen, bei bewölktem Himmel ohne Sonne um 13.30 Uhr 25 000 und am Boden in 70 cm Tiefe noch 7000 Lux, Lichtwerte, die nur sehr selten im Aquarium anzutreffen sind. *Pelvicachromis pulcher* gehört glücklicherweise zu den Arten, die nicht in engen Toleranzzonen an die heimischen Wasserwerte gebunden sind. Dadurch ist eine Anpassung an unser Leitungswasser, wenn es nicht zu kalkreich und alkalisch ist, leichter als bei anderen Arten. Eine vergleichsweise optimale Haltung und Vermehrung ist deshalb möglich, und oft wurden Pfleger dieser Art mit reichlichem Kindersegen überrascht, wodurch der Bestand erfreulicherweise weiter gesichert bleibt.

Für die

Haltung

von *Pelvicachromis pulcher* solle man trotzdem einige Punkte beachten. Ein nicht zu kleines Aquarium mit einer Mindestlänge von 80 cm, bei 40 cm Tiefe, sollte geboten werden. Eine möglichst große Bodenfläche ist empfehlenswert. Große Aquarienhöhen sind zweitrangig. Feiner Kiesboden mit Steinaufbauten und Höhlen sollte eingebracht werden. Das Aquarium muß reichhaltig bepflanzt werden, wobei auf einzelne Freiflächen, möglichst im Gebiet der Höhlen, geachtet werden soll. Schwimmfreudige Fische, die vorzugsweise die mittleren Wasserzonen bewohnen, und Labyrinthfische als „obere" Wasserzonenbewohner sind als Gesellschaftsfische sehr geeignet. Die oftmals beobachtete Scheu und das versteckte Verhalten von *Pelvicachromis pulcher* werden unter diesen Pflegebedingungen nicht auftreten. Eine gute Wasserfilterung mit leichter Wasserbewegung und eine Bodenheizung, da es sich um reine Bodenbewohner handelt, sind ratsam. Wer weiches, leicht saures Wasser zur Verfügung hat, schafft für die Pflege optimale Bedingungen. Trotzdem sollte ein regelmäßiger Wasserwechsel, alle 14 Tage ein Viertel bis ein Drittel des Aquarieninhaltes, nicht versäumt werden.

Zur

Fortpflanzung

bringt man ein gut harmonierendes Paar, das möglichst schon im sogenannten Gesellschaftsaquarium Balzverhalten zeigt, in ein wie zur Haltung beschriebenes Zuchtaquarium. Drei oder vier Gesellschaftsfische sollten mit in den Zuchtbehälter gesetzt werden, damit die *P. pulcher* nicht scheu werden. Bei abwechslungsreicher Fütterung mit verschiedenen Lebend- und Flockenfuttersorten wird es sich bald als laichfreudiges Paar zeigen. Einmal geschlossene „Fischehen" sind meist sehr beständig, und das Vorbereiten einer Höhle als „Hochzeitsplatz" kündigt eine interessante Beobachtungszeit an. Als idealer Laichplatz gilt immer noch eine ausgehöhlte, nur mit einer zweimarkstückgroßen Öffnung versehene Kokosnußschale, die in gut gereinigtem Zustand, halb mit feinem Kies gefüllt, als Höhle angeboten werden sollte. Ein wichtiger

Pelvicachromis pulcher ♂, Farbvariante „Gelb“

Pelvicachromis pulcher ♂, Farbvariante „Blau“

Punkt bei den Vorbereitungen vor dem Ablaichen der Tiere ist, daß Kies aus der Höhle transportiert wird. Dieser Kies sollte also nur eine Körnung bis 3 mm Durchmesser haben, da sonst ein Transportieren für die Fische zu schwierig wird und außerdem die kleinen Fischlarven später zwischen großen Kieseln eingeklemmt oder sogar zerquetscht werden. Während der Vorbereitungen ist das Weibchen der eindeutig aktivere Partner. Es baut die „Kinderstube", und außerdem wirbt es um das Männchen. Dieses begrenzt seinerseits das Revier und verteidigt es. Doch dann kommt der Zeitpunkt, an dem beide Partner oft die Höhle aufsuchen und das Liebeswerben in den schönsten Farben seinen Höhepunkt erreicht. Danach verläßt das Weibchen die Höhle nur noch selten. Meist sieht man nur den Kopf aus dem oft mit Kies fast verschlossenen Höhleneingang blicken. Der Entwicklungsprozeß der innen an der Decke oder Seitenfläche der Höhle haftenden Eier bleibt dem Pfleger leider verborgen. Erst nach rund sieben Tagen, je nach Temperatur, erscheint dann das Weibchen, um gemeinsam mit dem „stolzen", in den schönsten Farben strahlenden Männchen eine kleine muntere „Kinderschar" durch das Aquarium zu führen. Dies ist dann auch die schönste Zeit für den Pfleger, denn kein Lohn ist phantastischer als der Anblick einer gemeinsam durch das Aquarium ziehenden Fischfamilie.

Zusätzlich zu diesen interessanten Beobachtungen wollte ich die Entwicklungsphasen der Nachkommen in allen Einzelheiten studieren. So entschloß ich mich, dem Paar bei einem erneuten Zuchtversuch in einer Höhle einen Stein als Laichsubstrat anzubieten. Ich hatte Glück. Die Laichabgabe erfolgte auf diesem Stein, den ich dann fotografierte und den Elterntieren zurückgab, um in regelmäßigen Abständen die Entwicklungsphasen festzuhalten und somit einen genauen Zeitplan zu erstellen. Die Wassertemperatur betrug während der Untersuchungszeit konstant 29 °C. Es wurden vom Weibchen rund 180 Eier abgelegt, die sofort vom Männchen befruchtet wurden. Die Laichzeit betrug rund eine Stunde. Die ersten Eier (Bild 1) wurden nach drei Stunden entnommen und zeigten eine ovale Form. Deutlich konnte man die ersten Entwicklungsvorgänge feststellen. An der schlanken Eispitze war die sich ständig fortsetzende Teilung der Zellen, die man auch als Furchung bezeichnet, zu beobachten. Bereits zwei Stunden später hatte sich die Eizelle in einen vielzelligen Zellhaufen verwandelt. Deutlich kann man dies in der Aufsicht und Durchsicht erkennen. Um einen größeren Sprung im Zeitablauf zu machen, soll hier eine weitere Phase nach 47 Stunden erwähnt werden. Erste Zeichen von Leben wurden im Ei sichtbar. Die sogenannte Embryonalflüssigkeit durchzog einzelne Gefäße im Ei. Erste Gefäßzeichnungen waren auf dem Dottersack erkennbar. In der Durchsicht konnte man deutlich die Embryonalanlage in Form der kopfartigen Verdickung und der Embryonalstange erkennen. Nur vier Stunden später, also dann 51 Stunden nach dem Laichzeitpunkt, brachen die Embryonen aus den Eihüllen. Dabei unterstützte das Weibchen diesen Vorgang, indem es die Eier ins Maul nahm oder mit dem Maul die Eier abtastete. Die Larven wurden anschließend vom Weibchen in eine in der Höhle befindliche Bodengrube gebracht. Dort lagen sie dann als kleines Häufchen junger Larven, die „liebevoll" von einer aufmerksamen Mutter umsorgt wurden. Weitere vier Stunden später (Bild 2) zeichneten sich schon Kopf und Wirbelsäule klarer ab. Die Larven hatten zu diesem Zeitpunkt eine Totallänge von 3,4 mm. Nach 87 Stunden (Bild 3) waren die Larven schon 4,9 mm lang, und Kopf und Schwanz hatten sich klar vom Dotter abgehoben. Der Dottersack war merklich kleiner geworden. Die Augenblasen bekamen die Linsenanlagen, und Kiemenspalten und Kiemenbögen wurden erkennbar. 24 Stunden später, also 111 Stunden nach der Befruchtung der Eier (Bild 4), waren die Augen klar erkennbar. Der Kopf mit Maul war gut ausgebildet, die Wirbelsäule kräftig ausgewachsen, und der Dottersack hatte sich wiederum verkleinert. Seine Zeichnung war stärker geworden. 147 Stunden nach der Laichabgabe (Bild 5) war der kleine Fisch fast fertig entwickelt. Deutlich konnte man nun auch die inneren Organe erkennen und arbeiten sehen. Der Kopf war fertig ausgebildet, sogar die Flossen wurden erkennbar. Schwache Schutzpigmentierung auf dem Körper wurde sichtbar. Der Dottersack war nur noch sehr klein. Die Larven machten die ersten Schwimmversuche. Sie waren jetzt 5 mm lang. Nach 159 Stunden (Bild 6) schwammen dann die Jungfische. Die Schutzpigmentierung auf dem Körper war kräftiger geworden. Deutlich waren auch Schwimmblase und Herz erkennbar. Aus den Punktzeichnungen auf dem Dottersack hatten sich verzweigte Blutgefäße entwickelt. Die Messung der Totallänge brachte bei verschiedenen Jungfischen unterschiedliche Ergebnisse, wobei zwischen 5,5 mm bis 6,4 mm gemessen wurden. Nach sechs Tagen und 15 Stunden war die Entwicklung der Jungfische bei einer Wassertemperatur von 29 °C abgeschlossen. Stolz zogen die Elterntiere mit ihren „Kindern" durch das Aquarium, und die Nauplien der Salinenkrebse und das feine Staubfutter MikroMin sind dann als erstes Futter für die Nachkommen der beste Beitrag eines aufmerksamen Pflegers für die kleine Fischfamilie.

Brutentwicklungsphasen von Pelvicachromis pulcher, bei einer Wassertemperatur von 29 °C.

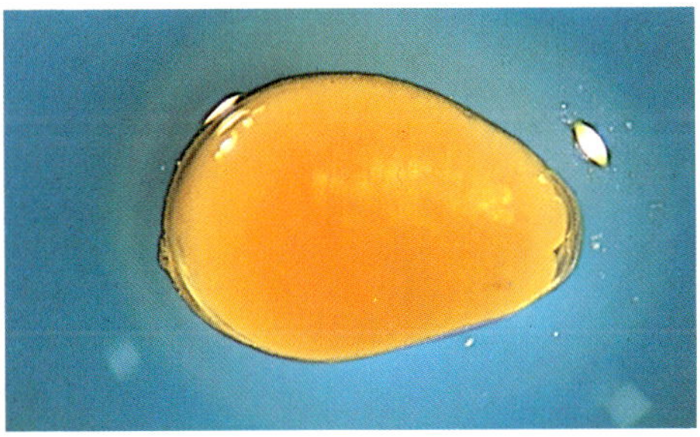

1 Entwicklungsphase nach 3 Stunden

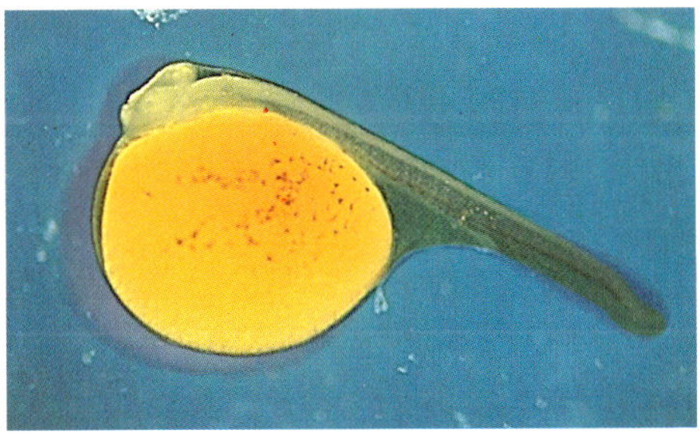

2 Entwicklungsphase nach 55 Stunden

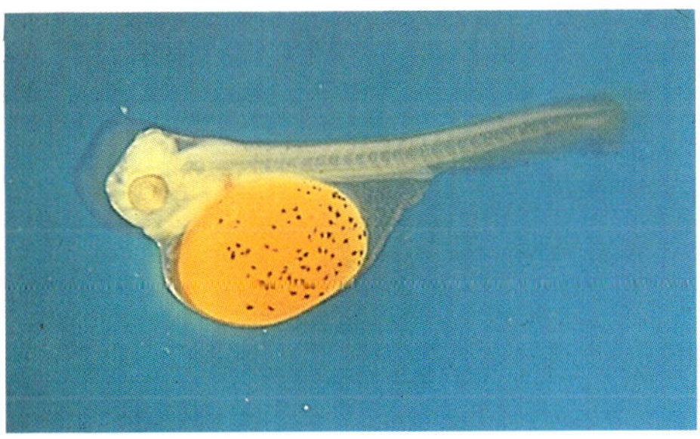

3 Entwicklungsphase nach 87 Stunden

4 Entwicklungsphase nach 111 Stunden

5 Entwicklungsphase nach 147 Stunden

6 Entwicklungsphase nach 159 Stunden

Trotz kontroverser Diskussionen wurde bis vor nicht allzu langer Zeit nur Nigeria als Verbreitungsgebiet der Art *Pelvicachromis pulcher* bestätigt. Erst Anfang der 90er Jahre gelang es Otto Gartner, *Pelvicachromis pulcher* auch in Kamerun nachzuweisen. Die Fische wurden anfangs als *Pelvicachromis* spec. affin. *pulcher* bekannt und werden zur Zeit richtig als *P. pulcher* mit dem Zusatz „Ndonga" bezeichnet. Der natürliche Lebensraum dieser Fische befindet sich nordwestlich von Edea, im Gebiet der Ansiedlung Ndonga, und westlich entlang der Piste Richtung Mouanko, einem Ort nahe der Sanagamündung. M. Freier, der gleichfalls diese Fische im beschriebenen Biotop nachweisen konnte, macht dazu folgende Angaben: ph-Wert 4,8 und Leitfähigkeit 30µS bei einer Temperatur von 25 °C.

Otto Gartner, der diese Fische im Aquarium beobachten und vermehren konnte, berichtet von besonderer „Schreckhaftigkeit". Adulte Totallänge und Fortpflanzungsabläufe decken sich mit den bisher bekannten Fakten. Nur im Aussehen gibt es bemerkenswerte Abweichungen.

Otto Gartner schreibt dazu: „Beide Geschlechter beeindrucken, besonders zur Fortpflanzungszeit, durch ihre Farbschönheit. Ihr dunkles Körperband, das fast immer sichtbar ist, reicht vom Maul bis zum Ende der mittleren Schwanzflossenstrahlen. Darüber liegt – je nach der Stimmung der Tiere – ein gelber bis bronzefarbiger Längsstreifen, beginnend über dem Auge und endend am Schwanzstiel. Rücken und körpernahe Zonen der Dorsale variieren zwischen Grau und Tiefschwarz. Eine Besonderheit dieser Form ist, daß auch Männchen im Erregungszustand ein breites orange leuchtendes Dorsalband zeigen, wie wir es sonst nur von Weibchen der Art kennen. Die Rückenflosse der Männchen ist spitz ausgezogen, die der Weibchen kürzer und abgerundet. Im Hartstrahlenbereich des Dorsalbandes treten bei den Männchen fallweise augengroße schwarze Flecke auf.

Beide Geschlechter haben leuchtend gelbe Wangenbalken, Oberlippen und Kopfbinden zwischen den Augen und darüber im Stirnbereich. Die Kehlpartie ist hellblau, der Bauch blaßrot, die Brustflossen bleiben farblos. Die

Pelvicachromis pulcher „Ndonga" aus Kamerun

ersten Bauchflossenstrahlen leuchten blau, die anderen sind rotviolett. Die Afterflosse und der darüber befindliche untere Körperteil zeigen eine graugelbe bis gelbe Färbung. Die durchsichtige Schwanzflosse der Weibchen hat eine runde Form, die der Männchen ist zugespitzt und gelborange. Im oberen Abschnitt der Caudale sind bei den von mir nachgezogenen Männchen dunkle Flecke vorhanden."

Eine weitere Variante von *Pelvicachromis pulcher* soll es nach Aussagen von Horst Meister aus Bonoua in Côte d'Ivoire im Nordosten dieses Landes, also weit westlich von Nigeria, im Areal von Bouna geben. Die Fische wurden 17 km von Bouna in Richtung Varale von H. Meister mehrfach gefangen und in seiner Aquarienanlage in Bonoua beobachtet und vermehrt. Wir konnten bei einem Besuch in Bonoua die Fische begutachten. Es waren *P. pulcher*, die allgemein bei uns als die Rote Form bekannt sind. Informationen über den natürlichen Lebensraum liegen bisher nicht vor. Ob es sich beim Vorkommen in der Elfenbeinküste um ein „künstliches" oder natürliches handelt, bedarf weiterer Untersuchungen.

Ein typisches „Weißwasser"-Biotop in Westafrika.

Eine weitere sehr interessante, aber selten gepflegte Art ist

Pelvicachromis roloffi

(THYS, 1968),

die von ERHARD ROLOFF entdeckt wurde. Sie gehört zu den kleineren Vertretern dieser Gattung und ist der *„Roloffi-Subocellatus"*-Gruppe zuzuordnen. Die Männchen werden bis 8,5 cm und die Weibchen bis rund 6 cm lang. Die Geschlechter sind leicht zu unterscheiden. Die Männchen zeigen spitz ausgewachsene Rücken-, After- und Bauchflossen. Ein Längsband, unterschiedlich intensiv, zieht sich vom Kopf bis zum Schwanzstiel. Die Weibchen zeigen im adulten Alter einen runden, violett gefärbten Bauch und fast schwarze abgerundete Bauchflossen. Zahlreiche kleine, runde, schwarze, goldgelb umrandete Punkte befinden sich meist in Nähe der Basis von Rükken- und Schwanzflosse. Diese Form der Punktzeichnung zeigt nur die Art *Pelvicachromis roloffi.*

Lebensraum von *Pelvicachromis roloffi.*

Der natürliche Lebensraum

befindet sich in Ost-Guinea, Sierra Leone und West-Liberia. Kleine tümpelartige Wasser-

Pelvicachromis roloffi ♂

ansammlungen und teilweise fließende Wasserläufe der Plantagengebiete, Buschlandschaften und Waldgebiete sind die Biotope dieser Art. Sie ist dort nicht sehr zahlreich vertreten. ROLOFF schreibt in seinen Reiseberichten von Wasserwerten zwischen 1 bis 2 °dH Gesamthärte und einem neutralen, um 7 liegenden pH-Wert. Ich konnte diese Art nur im Kasewe-Waldgebiet der Kasabere-Berghänge fangen und habe das Biotop bei der Vorstellung der Art *Pelvicachromis humilis*, die dort mit *P. roloffi* zusammenlebt, ausführlich beschrieben. Trotzdem sollten die Wasserwerte hier noch einmal wiedergegeben werden. Das Wasser war sehr weich, GH und KH lagen unter 1 °dH, der pH-Wert lag bei 5,9 und die Leitfähigkeit bei 5 Mikro-Siemens, gemessen bei 25 °C Wassertemperatur. Das Gewässer war sehr sauber und sauerstoffreich. Die Färbung war leicht bräunlich, und es war stellenweise stark fließend. *Pelvicachromis roloffi* hielten sich nur in Ufernähe zwischen Pflanzen und ins Wasser gefallenem Laub und Astwerk sowie zwischen Wurzeln auf.

Für die

Haltung

sollte man nicht zu kleine, mindestens 70 cm lange, besser aber mittlere, bis 130 cm lange Aquarien benutzen. Als Bodengrund nimmt man feinen kalkfreien Kies bis 3 mm Körnungsdurchmesser. Gleichfalls ist eine Bodenheizung zu empfehlen, damit diese Art als Bodenbewohner möglichst einen sauerstoffreichen und bakterienarmen Bodengrund hat, was besonders für die Entwicklung der Nachkommen wichtig ist. Steinaufbauten aus kalkfreiem Material sowie gut gesäuberte und mit einer kleinen, zweimarkstückgroßen Öffnung versehene Kokosnußschalen sind gleichfalls erforderlich. Auch umgestülpte Blumentöpfe mit einer kleinen Öffnung am unteren Rand sind wichtige Dekorationsstücke. Das Aquarium sollte gut bepflanzt werden. Es gibt den *Pelvicachromis roloffi* ein Gefühl der Sicherheit und nimmt ihnen die Scheu. Ein guter Filter sollte für sauberes und sauerstoffreiches Wasser sorgen. Ein Wasserwechsel, alle 8 bis 14 Tage ein Viertel bis ein Drittel des Behälterinhaltes, ist wichtig. Es sollte sich möglichst um weiches bis mittelhartes Wasser handeln. Auch ein paar Schwimmpflanzen auf der Wasseroberfläche, wie die Muschelblume *Pistia stratiotes*, sind sehr dekorativ und den Fischen sehr angenehm. Außerdem ist es ratsam, Begleitfische wie Barben und Labyrinthfische mit einzusetzen. Abwechslungsreiche Nahrung, wie Mückenlarven, Enchyträen, Anflugfutter sowie Flockenfutter und Wasserflöhe, sollten auf dem Speiseplan stehen.

Gut gepflegte Tiere, die vor allem Ruhe im und vor dem Aquarium haben, schreiten auch zur

Fortpflanzung.

Dazu laichen die Tiere nach längerer Balzphase, bei der besonders das Weibchen aktiv ist und sich, krümmend und zitternd, in kräftiger Färbung vor dem Männchen präsentiert. Nachdem die Tiere ihren ausgewählten Laichplatz von überflüssigem Kies befreit haben, laichen sie in einer „Höhle" ab. Danach bewacht das Weibchen die Eier sowie später die Larven. Das Männchen verteidigt das Gebiet vor der Höhle. Nach rund acht Tagen erscheint das Weibchen mit einer kleinen Jungfischschar, die dann anschließend von beiden Eltern geführt und verteidigt wird. Die Jungfische sind ca. 6 mm lang und haben eine dunkle Pigmentzeichnung auf dem Körper. Wird von den Eltern durch das Zucken mit den Bauchflossen Gefahr angezeigt, verharren die Jungfische regungslos. Ist die Gefahr vorbei, schwimmen sie wieder, geführt von den Eltern, immer den Boden nach Futter absuchend, durch das Aquarium. Die frischgeschlüpften Nauplien von *Artemia salina*, des Salinenkrebschens, und feines Staubfutter sollten in der ersten Zeit mehrmals am Tage gefüttert werden. Der Motorfilter wird durch einen Brillant-Superfilter ersetzt, damit die Jungfische nicht in die Gefahr kommen, in das Ansaugrohr zu geraten. Die Wassertemperatur sollte zur Zucht 25 bis 26 °C betragen, und das Wasser sollte, um eine gute Entwicklung der Eier und Larven zu gewährleisten, weich bis sehr weich und leicht sauer sein. Drei bis vier Tage nach dem Freischwimmen der Jungfische kann man mehrere Schnecken in das Zuchtaquarium zugeben, die das abgestorbene und nicht gefressene Futter verwerten; ein wichtiger Beitrag zur Erhaltung einer guten Wasserqualität.

Zu den schönsten, schon 1871 von dem britischen Ichthyologen GÜNTHER beschriebenen kleinen Cichliden Westafrikas gehört

Pelvicachromis subocellatus

(GÜNTHER, 1871)

Seit der Jahrhundertwende beschäftigen diese Fische die Aquarienfreunde nicht nur in Deutschland. Viele haben schon damals versucht, ihre prachtvollen und besonders bei den Weibchen oft wechselnden Farben zu beschreiben. Besonders eindrucksvoll sind die von JOHANNES THUMM in den „Blättern für Aquarien- und Terrarienkunde" im Jahre 1909 gemachten Zeichnungen und vor allem das von CURT BESSINGER gemalte Aquarell aus dem Jahre 1942, auf dem das unterschiedliche Aussehen des Weibchens in Normal-, Balz- und Laichfärbung eindrucksvoll wiedergegeben wird. Eine Darstellung, die bis heute im Zeitalter der Farbfotografie ihre Bedeutung nicht verloren hat. Leider wird diese alteingeführte Art kaum angeboten und gepflegt.

Lebensraum von *Pelvicachromis subocellatus.*

Zwei unterschiedliche Farbformen einer noch nicht beschriebenen, ähnlich aussehenden Art werden seit einigen Jahren oft mit *P. subocellatus* verwechselt und als diese

Pelvicachromis subocellatus ♂

angeboten. Es handelt sich dabei um eine auch als „*Pelvicachromis klugei II*“ bezeichnete Art, die aus Nigeria kommt und mit *Pelvicachromis* spec. affin. *subocellatus* richtig bezeichnet wird. Bei der Art aus dem Jahre 1871, die den deutschen Namen „Kongo-Königscichlide“ und „Augenfleckbuntbarsch“ erhielt, werden die Männchen bis 9 cm und die Weibchen bis 6,0 cm lang. Die Geschlechtsunterschiede sind klar erkennbar. Adulte männliche Tiere haben spitz ausgezogene Rücken- und Bauchflossen. Bei weiblichen Tieren sind dagegen die Bauchflossen abgerundet. Sie zeigen in dem gleichfalls gerundeten Weichstrahlenteil der Rückenflosse meist einen dunklen runden Fleck. Während der Balz- und Laichphasen wird die Körperfärbung der weiblichen Tiere fast schwarz, bei überwiegend goldfarbenen Kiemenflächen und einer Weißfärbung, die von der Hartstrahlenzone der Rückenflosse abwärts bis zur Längslinie reicht. Dort wechselt sie zu einem zarten Rot, das sich am Bauch zu einem kräftig leuchtenden Dunkelrot bis Violett verändert. Bei normaler Färbung ist das metallfarbene, gelborange leuchtende Längsband in der Rückenflosse ein sicheres Unterscheidungsmerkmal der Geschlechter.

Der

natürliche Lebensraum

wird von dem britischen Ichthyologen G. A. Boulenger aufgrund der gesammelten Typenexemplare mit Gabun, dem Luali-, Lundo- und Luculla-River im Shiloango-Gebiet, das heute teilweise als Enklave zwischen den Staaten Kongo und Zaïre zu Angola gehört, angegeben. Der Arbeit von prof. Thys van den Audenaerde zufolge sind diese Tiere in der Küstengegend der Hauptstadt von Gabun, Libreville, und deren Umgebung im südlichen Teil des Landes bis nach Moanda im unteren Kongo-Gebiet zu finden. Dort leben sie in kleinen, fließenden Wasserläufen sowie in Tümpeln mit sehr weichem und saurem Wasser.

Für die

Haltung

dieser Art sollte man Aquarien mit größerer Grundfläche benutzen. Als Bodengrund ist dunkler, feinkörniger Kies empfehlenswert. Mehrere Aufbauten aus abgerundeten kalkfreien Steinen, direkt auf der Bodenscheibe errichtet und mit Kies aufgefüllt, bieten den Tieren die Möglichkeit zum eigenen Höhlenbau. Auch Blumentöpfe und Kokosnußschalen, teilweise mit Kies gefüllt, können zur Einrichtung zählen. Eine reichliche Bepflanzung ist empfehlenswert. Es sollten Gesellschaftsfische wie Lebendgebärende oder Labyrinthfische als Bewohner der mittleren und oberen Wasserschichten vorhanden sein. Ideale Wasserwerte sollten bei einem pH-Wert um 6, nicht über 5 °dGH und dKH betragen. Die Zugabe von Salz, in vielen Publikationen propagiert, ist falsch und nicht empfehlenswert. Sie kann nur zur Bakterienabtötung gedacht sein, was durch einen niedrigen pH-Wert besser erreicht wird. Die Wassertemperaturen sollten um 26 °C liegen. Die niedrigen Wasserwerte müssen zur normalen Haltung nicht eingehalten werden, nur sollte man als Pfleger auf eine gute Wasserqualität achten, das Wasser gut filtern, optimalen Sauerstoffgehalt bieten und gut und vor allem abwechslungsreich füttern.

Zur

Fortpflanzung

sollte man die Wassertemperatur auf 27 bis 28 °C erhöhen. Auch weiches, saures Wasser ist für eine gesunde Entwicklung der Brut besser geeignet. Die Tiere laichen, verbunden mit temperamentvollen Balzspielen, in leuchtend schönen Farben in einer Höhle ab. Das Weibchen färbt sich dabei fast schwarz. Es zeigt goldgelbe Kiemendeckel und einen weiß-silbrigen Sattelfleck mit angrenzendem dunkelroten Bauch. Wie bei allen anderen *Pelvicachromis*-Arten betreut das Weibchen in der Höhle die Brut und verläßt diese nur sehr selten. Das Männchen übernimmt die Bewachung und die Verteidigung des Laichterritoriums. Nach rund acht Tagen schwimmen die Jungfische frei, und die Eltern führen dann die Nachkommen. Als erstes Futter reicht man auch hier die frischgeschlüpften Nauplien des Salinenkrebschens *Artemia salina* und das Staubfutter MikroMin, das durch zwischen den Fingern etwas zerriebenes TetraOvin ergänzt werden sollte. Die Jungfischzahl kann zwischen 50 und 60 Stück liegen.

Pelvicachromis subocellatus Form 1 ♀ (Moanda)

Erst 1986 gelang durch Bleher nach längerer Zeit die Wiedereinfuhr von *P. subocellatus* aus dem Areal der Stadt Moanda. Wie sich schon ein Jahr später durch Bleher, Frech und Mikschofsky zeigte, gibt es im Gebiet von Matadi eine Variante der Moanda-Fische, die sich besonders im Aussehen der Weibchen unterscheidet.

Während bei der Moanda-Form die Fische etwas gedrungener wirken, sind die Tiere aus Matadi schlanker und langgestreckter. Zur Vereinfachung der Unterscheidung sollten die Fische aus Moanda als Form 1 und die aus Matadi als Form 2 bezeichnet werden. Deutliche Unterscheidungsmerkmale sind vor allem bei weiblichen Fischen sichtbar. Weibchen der Form 1 zeigen in der Prachtfärbung einen kirschroten Bauch und silbern gefärbte Schuppen am vorderen Bauch, über den gesamten Rücken und in der Analregion. Die Schwanzflosse ist fast gerundet und zeigt nur wenig Zeichnung und kaum Färbung. Die Weibchen der Form 2 tragen neben einer tiefschwarzen Färbung hinter dem Kopf und auf dem Schwanz nur einen zart roten oder „pinkfarbenen" Bauch und nur in der Rückenregion und andeutungsweise auf dem vorderen Bauch wenige silberfarbige Schuppen. Die Schwanzflosse ist im mittleren Teil leicht verlängert, hat also eine ovale, leicht lanzettförmige Form. Sie ist zum Teil kräftig gezeichnet und teilweise schwarzweiß gerandet. Die Form 2 schreitet nach unseren Erfahrungen leichter zur Fortpflanzung und ist produktiver. Zur Zeit befinden sich überwiegend Tiere der Form 2 in den Aquarien.

Pelvicachromis subocellatus Form 2 ♀ (Matadi)

In der ersten Hälfte des Jahres 1993 wurden durch ROLAND NUMRICH, Mimbon Aquarium, erstmalig

Pelvicachromis spec.
„Guinea“

lebend eingeführt. Entgegen der Annahme, daß es sich hierbei um eine Buntbarschart aus dem *Roloffi-Subocellatus*“-Artenkreis handeln könnte, zeigen die bisher eingeführten Fische auffallende Parallelen zur *Pelvicachromis humilis.* Möglicherweise handelt es sich sogar um eine Farbform dieser Art. Bis zu einer eindeutigen Klärung sollten die Fische aber als *Pelvicachromis* spec. „Guinea“ bezeichnet werden. Die hier vorgestellten Tiere kommen nicht aus dem Areal des Bandi River, sondern wurden im Gebiet des Kolente-Flusses, der streckenweise die Grenze zu Sierra Leone bildet, gefangen. Sie decken sich im Aussehen und in der Zeichnung mit dem im Museum in Tervuren hinterlegten Material. Arttypisch für weibliche Tiere ist anscheinend ein großer dunkler Fleck auf dem Schwanzstiel. Männchen zeigen dagegen nur schwarze Flecken im hinteren Teil der Rückenflosse. Gleichfalls lebt im Areal des

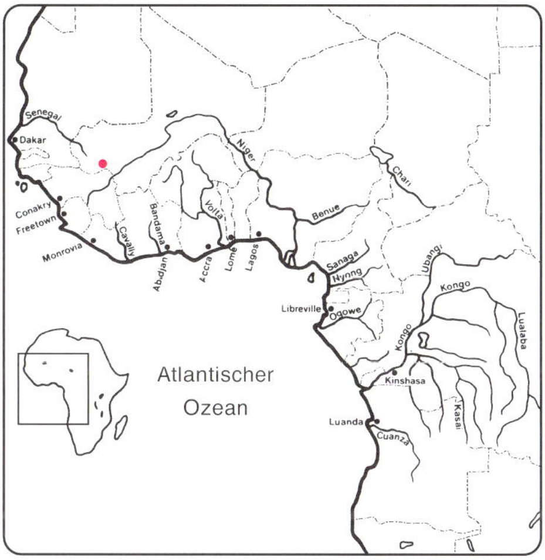

Lebensraum von *Pelvicachromis* spec. „Guinea.“

Kolente-Flusses eine Variante von *Pelvicacromis roloffi* sowie eine *Hemichromis*-Art, die möglicherweise weniger aggressiv ist, kleiner bleibt und einen ungewöhnlichen Körperfleck bzw. dunklen senkrechten Streifen im mittleren Körperbereich zeigt, der sich bis in die Dorsale fortsetzt.

Pelvicachromis spec. „Guinea“ ♀

Zu der schönsten Art der „*Pulcher*"-Gruppe gehören die bisher nicht beschriebenen, also noch nicht mit einem wissenschaftlichen Namen belegten Tiere, die Ähnlichkeit mit der Art *P. pulcher* haben und zur Zeit als

➧ *Pelvicachromis* spec. affin. *pulcher*

bezeichnet werden. Sie führten lange Zeit den Handelsnamen *Pelmatochromis* bzw. seit der Revision von 1968 *Pelvicachromis camerunensis.* Eine Beschreibung unter dem Namen *P. sacrimontis,* die von PROF. THYS seit längerer Zeit vorbereitet ist, wurde leider noch nicht veröffentlicht. Deshalb ist die Verwendung dieser Bezeichnung noch nicht statthaft. Diese Art wird ebenso groß wie die zuvor vorgestellte. Die Männchen werden rund 10 cm und die Weibchen 7 cm lang. Sie unterscheiden sich deutlich von *P. pulcher.* Ihre kürzere, abgerundete Körperform sowie die leuchtend türkisblaue Streifenzeichnung auf den Kiemendeckeln unterhalb der Augen sind auffällige Unterschiede, die schon bei sehr jungen Tieren

Lebensraum von *Pelvicachromis* spec. affin. *pulcher.*

***Pelvicachromis* spec. affin. *pulcher* ♂, Form A**

gute Bestimmungsmerkmale darstellen. Dies gilt für beide Geschlechter. Die Männchen zeigen unterhalb eines dunklen Längsbandes von der Schnauzenspitze bis zur Afterzone bzw. bis zum Schwanz ein leuchtendes, kräftiges Purpurrot. Der restliche Körper unterhalb des Längsstreifens ist dunkelbraun bis schwarz, nur die Kiemendeckel tragen auf graubraunem bis schwarzem Grund eine leuchtend türkisblaue Streifenzeichnung. Die Bauchflossen sind gleichfalls dunkelrot und in den vorderen Hartstrahlen leuchtend grün. Oberhalb des Längsstreifens verläuft parallel ein olivgrüner Streifen, und der Rücken zeigt wieder Graubraun bis Schwarz. Außerdem unterscheiden sich die Weibchen im adulten Stadium durch eine schwarzgrau durchgefärbte vordere Hälfte der Rückenflosse, eine Zeichnung, die bei keinem Weibchen einer anderen *Pelvicachromis*-Art zu finden ist. Die Schwanzflosse ist bei weiblichen Tieren zart goldgelb und bei den Männchen im oberen Teil karminrot und türkisblau begrenzt. Punktzeichnungen sind nicht vorhanden, aber auch nicht ausgeschlossen. Leider kennen wir auch bei dieser Art zwei unterschiedliche Farbformen.

Die zuvor beschriebene Farbform wird als Form A bezeichnet, eine zweite, auch sehr ansprechende Variante als Form B. Sie hat auf den Kiemendeckeln neben dem leuchtenden türkisblauen Streifen als Grundfarbe ein schönes Zitronengelb, das bis zur Bauchzone vorherrscht und dort in ein zartes Karminrot übergeht. Der hintere untere Körperteil ist blaß gelblich gefärbt. Bei beiden Farbformen dominiert das hervortretende Längsband in der Mitte des Körpers. Bei den Weibchen der Form B sind die Farben ähnlich wie bei der Form A, nur sind sie nicht so kräftig. Außerdem zeigen die Kiemendeckel, wie auch bei den Männchen der Form B, ein schönes Zitronengelb als Grundfarbe. Bei beiden Formen sind die Geschlechter leicht zu unterscheiden. Die Männchen werden größer, haben spitz ausgewachsene Rücken-, Bauch- und Afterflossen. Bei den kleiner bleibenden Weibchen

Pelvicachromis spec. affin. *pulcher* ♀, Form A

sind diese Flossen abgerundet. Sie zeigen kein leuchtendes metallfarbenes Band in der Rükkenflosse.

Die Informationen über den

natürlichen Lebensraum

dieser Art sind nicht gesichert. Die ersten Tiere wurden wahrscheinlich von einer Firma in Hamburg eingeführt, die ihnen auch den Handelsnamen „camerunensis" gab. Ihr natürliches Verbreitungsgebiet liegt meiner Meinung nach östlich vom Niger-Fluß in Nigeria, nahe der Grenze zu Kamerun. Vor allem das Gebiet nahe der Stadt Calabar am Cross-River in den nördlich gelegenen Waldgebieten kommt in Frage. Es sind klare, schnell fließende, bis rund 40 cm tiefe Wasserläufe, deren Bodengrund mit vielen Steinen besetzt ist. Stellenweise zwängen sich die Wassermassen durch enge, hohe Ufer und bilden kleine Stromschnellen. Große *Crinum natans* sind häufige Pflanzen in diesen Wasserläufen. Das Gebiet zwischen Calabar und Uwet, Richtung Umuahia, ist hügelig und reich an Wasser. Regenwaldzonen und Ölpalmplantagen bestimmen das Landschaftsbild.

Für die

Haltung

dieser Art sollte man mittlere Aquarien mit einer Länge ab 70 cm benutzen. Die Aquarientiefe sollte 40 bis 50 cm betragen, bei einer Höhe von mindestens 40 cm. Als Bodengrund nimmt man auch hier möglichst feinen Kies mit einem Körnungsdurchmesser bis höchstens 3 mm. Ratsam ist auch eine Bodenheizung, damit der Bodengrund möglichst sauber und sauerstoffreich bleibt. Zahlreiche Steinaufbauten, bevorzugt abgerundete, flache, großflächige Steine, sollten als Höhlen oder flach, leicht angeschrägt und durch Steine abgestützt, auf den Boden oder nur ein bis zwei Zentimeter darüber, angeordnet werden. Unter diesen Steinen können sich dann die *Pelvicachromis* spec. affin. *pulcher* ihre Höhlen graben, eine wichtige Vorbereitungsphase für die Fortpflanzung!

Zwei bis drei Moorkienholzteile sollten, auf den Steinen aufliegend bzw. schräg ins Aquarium gestellt und mit der Zwerganubias *Anubias nana* oder mit Schwarzwurzelfarn *Microsorium pteropus* bestückt, als Dekoration dienen. Als Bepflanzung bietet sich auch ein großer roter oder grüner Tigerlotus, *Nymphaea lotus,* an. Er wird etwa in das vordere bis mittlere Drittel des Aquariums gesetzt. Als Kontrast eignen sich 15 bis 20 *Hygrophila stricta.* Der grüne Tigerlotus kommt am besten vor einer Gruppe von etwa zehn *Alternathera sessilis* und einem Busch *Myriophyllum matogrossense,* dem roten Tausendblatt, zur Geltung.

Man sollte weiches Wasser mit 2 – 5 °dH oder mittelhartes mit 5 – 10 °d Karbonathärte verwenden. Der pH-Wert sollte möglichst um 6,8 liegen. Eine kräftige Wasserbewegung ist für Fische und Pflanzen sehr wichtig. Ein guter Pflanzenwuchs bedeutet auch gleichzeitig eine Sauerstoffanreicherung des Wassers. Außerdem sollte das Aquarium ausreichend mit 0,5 Watt per Liter Aquarienwasserinhalt ca. 12 Stunden lang, beleuchtet werden. Als Gesellschaftsfische sind Barben, Lebendgebärende oder Labyrinthfische zu empfehlen. Auch ein bis zwei Paare anderer *Pelvicachromis-* oder *Nanochromis*-Arten oder ein Paar einer *Chromidotilapia*-Art sollten als Mitbewohner eingesetzt werden. Erst dann werden die *Pelvicachromis* spec. affin. *pulcher* in den schönsten Farben leuchten und ein interessantes Verhalten zeigen. Die sonst sehr scheuen Fische werden bei guter Fütterung mit kräftigem Lebend- und Flockenfutter und bei regelmäßigem Wasserwechsel, alle 8 bis 14 Tage ein Viertel bis ein Drittel des Behälterinhaltes, auch zur

Fortpflanzung

schreiten. Dabei kann der Pfleger aber auch auf eine lange Geduldsprobe gestellt werden. Bei dieser Art spielt das harmonische Zusammenfinden der Partner eine große Rolle. Aus diesem Grunde ist es immer ratsam, mehrere Tiere dieser Art zu pflegen. Hat sich ein Paar gefunden und zeigt es Balz- und Imponierposen, kann es zur Laichabgabe kommen. Dabei spielen Ruhe vor dem Aquarium und ausgeglichenes Revierverhalten der Mitbewohner im Aquarium eine große Rolle. Oftmals werden als Laichplatz die angebotenen Steinhöhlen nicht angenommen. Eine große, möglichst längliche, mit einer fünfmarkstückgroßen Öffnung am vorderen Ende versehene Kokosnuß sollte dann in gut gereinigtem Zustand, halb mit feinem, sauberem Kies gefüllt als Laichhöhle ins Aquarium gebracht werden. Wenn diese Kokosnuß ins Revier des balzenden Paares gelegt wird, wird sie meist gern als „Hochzeitsplatz“ angenommen. Das Weibchen beginnt, mit dem Maul den feinen Kies aus der Kokosnuß zu transportieren, eine wichtige Phase in den Vorbereitungen zur Laichabgabe. Beide Partner suchen dann unter heftigem Zittern und Krümmen die Höhle auf und verbleiben längere Zeit in ihr. Sollte danach nur noch das Männchen vor der Höhle stehen und das Weibchen diese nicht mehr verlassen und nur noch mit dem Kopf aus dem fast mit Kies geschlossenen Höhleneingang blicken, kann man sicher sein, daß eine Laichabgabe stattgefunden hat. Das Männchen verteidigt das Revier vor der Höhle. Gelingt das ohne Schwierigkeiten, können alle anderen Fische im Aquarium bleiben. Sollte das Männchen aber Schwierigkeiten haben, sein Revier gegen andere Fische zu verteidigen, sollte man rund drei bis vier Tage nach dem Ablaichen die „feindlichen“ Fische aus dem Aquarium entfernen. Da bei Störungen oftmals das Weibchen den Laich auffrißt, dies aber bei den Larven kaum passiert, erscheint dieser spätere Zeitpunkt angemessener.

Herrscht Ruhe im Zuchtbehälter, wird nach rund acht Tagen bei einer Wassertemperatur von 27 °C das Weibchen als „stolze“ Mutter mit seiner Jungfischschar die Höhle verlassen. Beide Elterntiere führen dann sehr wachsam ihre Nachkommen durch das Aquarium und verteidigen sie mit großem Einsatz. Frisch geschlüpfte Nauplien des Salinenkrebschens *Artemia salina* und feines Staubfutter sollten dann mehrmals am Tage gefüttert werden.

Den Motorinnenfilter muß man jetzt abschalten, damit die Jungfische nicht durch das Saugrohr des Motorfilters angesaugt werden können.

Pelvicachromis spec. affin. *pulcher* – oben ♂, unten ♀, Form B

Eine ähnliche Art, die fälschlicherweise oft als *P. subocellatus* bezeichnet wird, kommt in den letzten Jahren häufiger zu uns. Es handelt sich hierbei um die bisher nicht beschriebene, also noch nicht mit einem gültigen wissenschaftlichen Namen versehene Art

➧ *Pelvicachromis* spec. affin. *subocellatus*,

die, wie die Bezeichnung aussagt, Ähnlichkeit mit der Art *Pelvicachromis subocellatus* hat. Diese Tiere erreichen nicht die schöne Färbung der zuvor beschriebenen Art. Sie wurden oft als *Pelmatochromis* bzw. *Pelvicachromis klugei* II gehandelt. Hiervon sind zwei Farbformen bekannt. Die erste, etwas größer werdende – die Männchen werden rund 11 cm und die Weibchen rund 7,5 cm lang – bleibt in ihrer Grundfärbung dunkler und zeigt mehr graue bis blaue Töne. Die Weibchen erreichen nie die prächtigen Farben Goldgelb und Dunkelrot. Die zweite, etwas kleiner bleibende Farbform zeigt dagegen mehr Ähnlichkeit zur

Lebensraum von *Pelvicachromis* spec. affin. *subocellatus*.

zuvor beschriebenen Art. Die Männchen werden nur rund 9 cm lang, und die Weibchen sind mit 6 cm Länge ausgewachsen. Sie zeigen

Pelvicachromis spec. affin. *subocellatus* ♂, größer werdende Farbform.

meistens einen zartrot gefärbten Bauch und können in der Balz- und Laichfärbung einem *P.-subocellatus*-Weibchen ähnlich werden, doch bleiben ihre Farben immer schwächer und erreichen nicht diese Farbintensität. Auch zeigen die Weibchen dieser beiden Farbformen nur selten eine Punktzeichnung im weichstrahligen Teil der Rückenflosse. Die Geschlechter sind auch hier gut zu unterscheiden. Die Weibchen zeigen wie alle *Pelvicachromis*-Weibchen das leuchtende, metallfarbene Band in der Rückenflosse, und die Bauchflossen sind abgerundet. Die Männchen haben dagegen spitz ausgewachsene Bauch-, Rücken- und Afterflossen.

Beide Formen kommen im

natürlichen Lebensraum

anscheinend getrennt vor. Die kleiner bleibende Form konnte ich im Ethiop-River, wie bei der Art *Pelvicachromis pulcher* beschrieben, in Süd-Nigeria beobachten. Die zahl-

Tabelle Nr. 7

Ort:	Oroghodo-River, an der Straße von Benin-City nach Kwale, Süd-Nigeria
Klarheit:	klar
Farbe:	leicht bräunlich
pH-Wert:	5,8
Gesamthärte:	unter 1 °dH
Karbonathärte:	unter 1 °dH
Leitfähigkeit:	11 Mikro-Siemens bei 25,5 °C
Nitrit:	0,00 mg/l
Wassertiefe:	bis 40 cm
Wasserbewegung:	leicht fließend
Wassertemperatur:	25,5 °C
Datum:	2. 4. 1978
Uhrzeit:	12.00 Uhr

Pelvicachromis spec. affin. *subocellatus* (oben ♂, unten♀), kleiner bleibende Farbform.

reichen kleinen Wasserläufe im Areal westlich des Niger-Flusses, in den Gebieten der Orte Kwale, Sapele, Warri bis nach Benin-City sind die Biotope dieser Art. Inwieweit die kleine Form vorzugsweise in kleineren Wasserläufen und die größere Form in größeren Flüssen lebt, bleibt Vermutung. Als Biotop sei hier ein Wasserlauf an der Straße von Benin-City nach Kwale beschrieben. Es handelt sich um den Oroghodo-River, der ca. 30 km weiter südlich in den Ethiop-River fließt. Der Bodengrund besteht aus laterithaltigem Quarzsand mit einem Körnungsdurchmesser bis 2 mm. Er war stellenweise hellbraun, meist aber dunkelrotbraun gefärbt.

Dieser Wasserlauf floß stellenweise durch sumpfähnliche Gebiete. Er war mit schattenspendendem Buschwerk und Bäumen umwachsen. Das Wasser hatte oftmals nur eine Tiefe von 5 bis 8 cm, verschiedentlich auch bis 40 cm. Die Uferzonen waren mit üppig wachsenden Pflanzen, die meist auch im Wasser standen, überzogen. Wurzeln und Äste bildeten oftmals einen undurchdringlichen Unterwasserdschungel. Große *Nymphaea lotus,* der grüne Tigerlotus, standen mit Schwimmblättern zahlreich in großen Gruppen, ein feinblättriges tropisches Hornkraut in den Flachwasserzonen. Das Wasser war klar, sehr weich und sauer, immer leicht fließend und von leicht bräunlicher Farbe. Als Gesellschaftsfische lebten hier *Polycentropsis abbreviata,* junge *Hemichromis fasciatus,* mittelgroße *Chromidotilapia g. guntheri, Epyplaty sexfasciatus, Neolebias ansorgii,* die roten *Neolebias,* und *Procatopus gracilis.* In diesem flachen, rund 8 cm tiefen Wasser konnte ich sogar große, rund 15 cm lange *Hemichromis fasciatus* beobachten. Sie standen fast unbeweglich lange Zeit an einer Stelle und warteten auf vorbeischwimmende Beute. Ein sehr interessanter Biotop.

Für die

Haltung

ergibt sich daraus, daß die Aquarien nicht zu klein sein sollten. Mittlere Behälter, möglichst um 130 cm Länge, 50 cm Tiefe und ab 40 cm Höhe sollten zur Pflege dieser Art benutzt werden. Dunkler, feiner Kies sollte als Bodengrund dienen. Moorkienholz und ausgehöhlte Kokosnußschalen, mit einer kleinen, fünfmarkstückgroßen Öffnung versehen, sollten mit dichten Pflanzengruppen, die stellenweise vor Steinhöhlen freie Schwimmplätze zulassen, als Einrichtung eingebracht werden. Eine gute Wasserqualität durch einen Motorfilter und regelmäßigen Wasserwechsel, alle 8 bis 14 Tage ein Viertel bis ein Drittel des Behälterinhaltes, sind für das Wohlbefinden dieser Art wichtig. Man sollte möglichst weiches bis mittelhartes Wasser benutzen und die Temperatur auf 26°C einstellen. Gesellschaftsfische wie kleinere Barben und Salmler, auch Paare anderer *Pelvicachromis*- oder *Nanochromis*-Arten oder Labyrinthfische sollten mit eingesetzt werden, da diese Art sonst sehr scheu sein kann. Höhlen und Steinaufbauten müssen aber in ausreichender Zahl vorhanden sein, damit alle bodenbewohnenden Fische ihr Revier kampflos bewohnen können.

Ein so eingerichtetes Aquarium bietet auch für die

Fortpflanzung

ideale Bedingungen. Diese Art laicht wie alle anderen *Pelvicachromis*-Arten nach schönem Balzspiel in einer Höhle ab und pflegt die Brut und Jungfische in Form einer Mutter-Vater-Familie. Bei Gefahr verteidigen beide Elterntiere ihre Jungfische aufopfernd. Dabei greifen sie auch viel größere Fische sehr nachdrücklich und erfolgreich an. Für eine positive Entwicklung zahlreicher Jungfische ist weiches, leicht saures Wasser förderlich. Es sind allerdings auch schon in mittelhartem (5 bis 10 °dKH) und sogar im harten (10 bis 15 °dKH), leicht alkalischen Wasser erfolgreich kleinere Nachzuchten geglückt. Die Wassertemperatur sollte während dieser Zeit auf 28 °C erhöht werden. Als erstes Futter empfehlen sich wieder die frischgeschlüpften Nauplien des Salinenkrebschens *Artemia salina* und Staubfutter. Die Art ist in der Zucht mit den Arten *P. subocellatus* und *P. pulcher* vergleichbar.

Zum Abschluß der Vorstellung aller bisher bekannten Arten der Gattung *Pelvicachromis* möchte ich noch die „*Taeniatus*-Gruppe" vorstellen, die zwar nur eine Art umfaßt, mit ihren zehn Farbformen aber trotzdem eine größere Gruppe darstellt. Bei diesen Farbformen wäre meiner Meinung nach, da klare Unterschiede im Verbreitungsgebiet, in der Färbung sowie in der Morphologie vorliegen, eine Unterscheidung als verschiedene Unterarten möglich. Die zehn bekannten Formen sollten zur besseren Bestimmung nur mit den folgenden Zusatzbezeichnungen geführt werden:

1. „Nigeria-Gelb"
2. „Nigeria-Rot"
3. „Nigeria-Grün"
4. „Moliwe"
5. „Muyuka"
6. „Wouri"
7. „Dehane"
8. „Lokoundje"
9. „Kienke"
10. „Lobe"

Zwischenzeitlich hat sich gezeigt, daß es sich bei der von dem französischen Ichthyologen J. PELLEGRIN 1929 beschriebenen Unterart *P. kribensis calliptera* um eine weitere Farbform handelt. Meinen Recherchen zufolge wurden diese Fische erstmals in Kamerun, im Gebiet von Dehane, im Jahre 1926 von THEODOR MONOD aus Paris gesammelt. Da hierbei auch der Ortsname Grand Batanga erwähnt wird, wurde vermutet, daß es sich um die heute als Farbform „Lobe" bezeichneten Fische von *Pelvicachromis taeniatus* handeln könnte. Sie sind wie alle anderen Farbformen in den vergangenen Jahren von Aquarianern und Ichthyologen in den natürlichen Lebensräumen gesammelt worden. Die Farbformbezeichnungen ergeben sich aus den geographischen Gebieten, in denen sie leben. So findet man beispielsweise die Farbform „Moliwe" nahe dem Ort Moliwe in West-Kamerun oder die Farbform „Kienke" in den kleinen Seitenflüssen des Kienke-Flusses, der in Süd-Kamerun durch die Hafenstadt Kribi in den Atlantischen Ozean fließt. Die Farbformen aus Nigeria sind nach ihrer jeweiligen Farbe zu unterscheiden, da feststeht, daß es im Gebiet von Nigeria mehrere verschiedene Farbformen von *Pelvicachromis taeniatus* gibt. *Pelvicachromis taeniatus* Farbform „Nigeria-Gelb" ist seit der Revision 1968 der Namensgeber aller Farbformen dieser Art.

Eine afrikanische Hauptverkehrsstraße in der Regenzeit.

Pelvicachromis taeniatus

(BOULENGER, 1901)

Farbform „Nigeria-Gelb“

Hierbei handelt es sich um die von dem britischen Ichthyologen G. A. Boulenger im Jahre 1901 beschriebene Art *Pelmatochromis taeniatus.* Diese Beschreibung basiert auf den im Jahre 1900 von Dr. Ansorge und später auch von Paul Arnold gesammelten Exemplaren. Im Jahre 1960 beschrieb Dr. Hermann Meinken diese Art als *Pelmatochromis klugei* und 1965 abermals als *Pelmatochromis kribensis klugei.* Beide Bezeichnungen sind seit 1968 ungültig und als Synonyme zu betrachten. Auch die Bezeichnung *P. kribensis* ist ungültig und gleichfalls ein Synonym dieser Art. Unter diesem Namen verstand man die Farbform aus dem Kienke-Flußsystem, die zwar erhebliche Unterschiede nicht nur in der Färbung zeigt, trotzdem aber z.Z. als *P. taeniatus* behandelt werden muß. Die Männchen der Farbform

Lebensraum von *Pelvicachromis taeniatus.*

„Nigeria-Gelb“ werden bis 8,5 cm und die Weibchen bis 6 cm lang. Sie zeichnen sich

Pelvicachromis taeniatus „Nigeria-Gelb“ – oben ♀, unten ♂

durch besonders kräftige, kontrastreiche Zeichnungen in der Rücken-, vor allem aber in der Schwanzflosse aus.

Ihr

natürlicher Lebensraum

befindet sich in den Gebieten westlich des Niger-Deltas in Nigeria. Sie sollen aber auch westlich der Hauptstadt Lagos in den Gebieten von Ado bis Awga Awdaw vorkommen, wobei zu untersuchen wäre, ob es sich um die gleiche Farbform handelt. Nachweislich sind die Tiere im Ethiop-River ebenso wie in den in der Nähe fließenden Wasserläufen zu finden. Auch die Bestimmungsexemplare, die im Jahre 1900 gefangen wurden, kommen aus diesen Gebieten. Sie liegen zwischen den Orten Benin-City, Kwale, Sapele und Waari. Inwieweit diese Art auch auf der östlichen Seite des breiten Niger-Flusses beheimatet ist, ist leider bisher nicht untersucht worden. Denkbar ist, wie viele Beispiele anderer Arten zeigen, daß der breite Niger-Fluß eine geographische Grenze bildet und somit die Ausweitung der Lebensgebiete dieser kleinbleibenden Art verhindert. Im Ethiop-River leben sie in Gesellschaft mit mehreren anderen Cichlidenarten. Zu diesen gehören *Chromidotilapia guntheri guntheri, Hemichromis fasciatus, Hemichromis cristatus, Pelvicachromis* spec. affin. *subocellatus* und vor allem *Pelvicachromis pulcher,* um nur einige zu erwähnen. *Pelvicachromis taeniatus* lebt hier überwiegend in den ufernahen, flachen Zonen. Auch in den umgebenden Gebieten sind es Wasserläufe mit sehr niedrigem Wasserstand. Weiches, sehr saures Wasser, fast immer schwach fließend, klar und überwiegend von leicht bräunlicher Färbung, ist in den Biotopen dieser Art zu finden. Die bevorzugten Aufenthaltsplätze sind mit zahlreichen Wasserpflanzen bewachsene Uferzonen. Astwerk und Wurzeln sowie überhängende, emers wachsende Begrenzungspflanzen sind schutzbietende Zonen und werden vor allem von den kleiner bleibenden Fischarten bewohnt. Auf weitere Ausführungen möchten wir hier verzichten, da wir bei den Arten *Pelvicachromis pulcher* und *Pelvicachromis* spec. affin. *subocellatus* die auch für *Pelvicachromis taeniatus,* Farbform „Nigeria“, zutreffenden Biotope bereits ausführlich vorgestellt haben.

Die

Haltung

dieser Art ist problemlos. Kleinere Aquarien um 70 cm Länge, besser mittlere Behälter bis 130 cm Länge, 50 cm Tiefe, mit einer Höhe ab 40 cm sollten dieser Art zur Verfügung gestellt werden. Die Pflegebehälter können gut dekoriert und bepflanzt werden, da keine *Pelvicachromis*-Art Wasserpflanzen beschädigt. Nur direkt vor dem Laichplatz kann es zu kleineren Bodenbewegungen kommen, bei denen es auch passieren kann, daß kleine Wasserpflanzen durch aufgehäuften Kies beschädigt werden. Als Bodengrund sollte man dunklen, feinkörnigen Kies mit einem Körnungsdurchmesser bis 3 mm benutzen. Abgerundete, kalkfreie Steine werden auf die Bodenplatte gebracht und zu kleinen Höhlenaufbauten dekoriert. Gleichfalls sollte Moorkienholz eingebracht und direkt auf die Bodenplatte gelegt werden. Danach können die Zwischenräume mit Kies aufgefüllt werden. Die Beheizung des Aquariums erfolgt vom Boden aus. Hierzu eignen sich am besten Bodenheizungen, die durch aufsteigende Wärme einen stetigen, schwachen Wasseraustausch im Bodengrund bewirken. Dieser Wasseraustausch ist nicht nur für die Pflanzen vorteilhaft, sondern verhindert auch die gefährliche Bakterienentwicklung im Boden, die der Brut großen Schaden zufügen kann. Vor allem, wenn das Aquarium längere Zeit in Betrieb ist, aber auch schon nach wenigen Monaten, kann es im Boden, obwohl das Wasser völlig „gesund“ und sauber ist, bei nicht vorhandener Wasserzirkulation zum fast zehnfachen Nitritgehalt kommen. Da alle *Pelvicachromis*-Arten Bodenhöhlenbrüter sind, plazieren sie ihre Larven in den Entwicklungsphasen in kleinen Gruben auf dem Boden. Hierbei sind die Nachkommen der starken Einwirkung von Bakterien ausgesetzt. Oftmals bleiben Zuchtversuche in Aquarien ohne eine Wasserzirkulation im Bodengrund erfolglos, obwohl diese in der Zeit nach der Neueinrichtung des Aquariums ohne Schwierigkeiten gelungen sind. Meist müssen die Larven, da sie unmittelbar auf dem Kies liegen, durch die hohe Nitrit-Konzentration absterben.

Neben einer Dekoration mit Steinen und Moorkienholz sollte der Pflegebehälter gut bepflanzt werden. Zwei bis drei große grüne und rote Tigerlotus *(Nymphaea lotus)* sollten auf den mittleren Aquarienflächen wachsen. Sechs bis acht Stengel Sumatrafarn, *Ceratopteris thalictroides,* vier bis sechs Stengel von *Limnophila aquatica,* dem Großblättrigen Sumpffreund, und acht bis zehn Stengel von *Hygrophila polysperma,* dem Indischen Wasserfreund, können vor der Rückwand eingesetzt werden. *Microsorium pteropus,* der Schwarzwurzelfarn, auch als Javafarn bezeichnet, wird mit Glasnadeln oder Nylonfäden auf dem Moorkienholz dekorativ befestigt. *Anubias nana,* das Afrikanische Zwergspeerblatt, wird im Wechsel mit *Bolbitis heudelotii,* dem Kongo-Wasserfarn, auf den Steinen befestigt, kann aber auch mit kleinen Steinen beschwert auf dem Kies liegen. Diese Pflanzen sollten nicht in den Bodengrund gebracht werden, weil die Rhizome dann absterben. Die Menge der benötigten Pflanzen ist je nach Größe des Aquariums unterschiedlich. Für das gute Wachsen ist eine ausreichende Nährstoffzufuhr durch Dünger sowie Kohlensäure erforderlich. Eine gute Filterung mit ständiger Wasserbewegung durch einen Motorfilter ist sehr wichtig. Ein Durchlüften über den bekannten „Sprudelstein" sollte vermieden werden, da gut wachsende Pflanzen genügend Sauerstoff produzieren. Außerdem würde er die Kohlensäure wieder aus dem Aquarium treiben. Ein Aquarium braucht für einen guten, gesunden Pflanzenwuchs auch eine regelmäßige ausreichende Beleuchtung. Als Richtwert gilt 0,5 Watt per Liter Behälterinhalt über zwölf Stunden am Tag. Ein nach diesen Empfehlungen eingerichtetes Aquarium wird den Bedürfnissen aller *Pelvicachromis*-Arten wie auch den Farbformen von *P. taeniatus* sehr entgegenkommen. Die Wassertemperatur sollte zwischen 24 und 26 °C schwanken. Man kann auch die durch einen Thermostaten geregelte Heizung über eine für die Beleuchtung wichtige Schaltuhr betreiben und erreicht somit ein natürliches Abkühlen des Behälterinhaltes um ein bis zwei Grad Celsius während der Nachtstunden.

Zur

Fortpflanzung

sollten weiche Wasserwerte bevorzugt werden. Hierzu kann man ein wie für die Haltung beschriebenes Aquarium benutzen. Die eingebrachten Tiere werden sich bald in diesem Behälter „einrichten". Setzt man mehrere junge *P. taeniatus* ein, werden sich beim Erreichen der Geschlechtsreife Paare finden. Aber auch bei nur zwei geschlechtlich unterschiedlichen Tieren kommt es meist durch intensives Balzen des Weibchens zu einer festen und überwiegend dauerhaften Verbindung. Von Vorteil ist es, noch andere Fische in diesem Behälter zu pflegen. Ein weiteres Paar der gleichen oder einer anderen *Pelvicachromis*- oder *Nanochromis*-Art sowie fünf bis sechs Labyrinth- oder lebendgebärende Fische können mit eingesetzt werden. Bei guter, abwechslungsreicher Fütterung mit Mückenlarven, Enchyträen, Anflugfutter, Wasserflöhen, Flocken- und Tablettenfutter wird das Paar bald zur Fortpflanzung schreiten. Das Weibchen wird, unterstützt vom Männchen, unter einem Stein eine Höhle bauen oder aus einer mit Bodengrund teilweise gefüllten Kokosnußschale, die nur eine kleine Öffnung haben soll, Kies transportieren. Nach einer stürmischen Balz, wobei das Weibchen einen dunkelroten bis schwach lichtblauen Bauch zeigt, laichen die Fische in der Höhle ab. Danach übernimmt das Weibchen die Brutpflege in der Höhle, die sie nur noch in Ausnahmefällen verläßt. Der Höhleneingang wird fast völlig mit Kies verschlossen. Nur der Kopf des Weibchens blickt wachsam heraus. Das Männchen bewacht oft etwas gelangweilt das Territorium vor der Höhle. Bei einer Wassertemperatur von 26 °C verläßt nach rund acht Tagen das Weibchen mit einer kleinen Jungfischschar die Höhle, und beide Elterntiere führen dann ihre Nachkommen durch das Aquarium. Wenn keine anderen Fische im Zuchtbehälter gepflegt werden, kann es nach einigen Tagen zu einem Aggressionsstau und dadurch zu Auseinandersetzungen zwischen den Elterntieren kommen. Sind andere Fische als Mitbewohner vorhanden, stehen beide Elterntiere bei Gefahr Seite an Seite und verteidigen ihr Revier und ihre Nachkommen aufopfernd. Die Jungfische sollen am Anfang mit frischgeschlüpften Nauplien des Salinenkrebschens *Artemia salina* und Staubfutter mehrmals am Tag gefüttert werden. Während der ersten Tage sollte auch der Motorfilter durch einen Schaumstoffpatronenfilter, wie den Brillant-Super, ersetzt werden, da der Sog des Motorfilters für die Jungfische gefährlich ist. Ein regelmäßiger, bei Bedarf häufiger Wasserwechsel fördert das

Wachstum der Jungfische enorm. Trotzdem sollte man bei einem Wechsel nicht mehr als ein Drittel des Beckeninhaltes erneuern, da sonst die „eingefahrene Wasserqualität" gefährdet wird. Dieser Zuchtablauf ist für alle Farbformen von *P. taeniatus* gleich, nur die Wasserwerte im Zuchtaquarium entscheiden mit über die Anzahl der Nachkommen. Darum sollten die Wasserwerte zur Zucht möglichst denen im natürlichen Lebensraum angepaßt werden. Drei bis fünf Farbformen von *P. taeniatus* leben, wie den Beschreibungen der natürlichen Lebensräume zu entnehmen ist, in sehr weichem und saurem Wasser. Da es sich bei den uns zur Verfügung stehenden Tieren meist um Wildfänge oder deren Nachzuchten handelt, ist die Toleranzbreite gegenüber den Wasserwerten während der Befruchtung und Entwicklung der Nachkommen noch sehr schmal. Dazu ein Beispiel: Meine Zuchtversuche mit *P. taeniatus,* Farbform „Lobe", haben ergeben, daß bei mittelhartem bis hartem Wasser mit einer Karbonathärte um 12 °dH, bei einem pH-Wert um 7,8, im Durchschnitt pro Gelege mit ca. 20 Jungfischen zu rechnen ist. Bei mehreren Versuchen erbrachte das gleiche Paar aber bei weichem bis mittelhartem Wasser (dKH 5°, dGH 8°) und einem durch Filterung über Aktivtorf veränderten pH-Wert (6,2) rund 80 Jungfische. Dabei fällt noch eine zweite Veränderung auf, die auch für andere *Pelvicachromis*-Arten zutrifft. Zuchtversuche, die ich in schwach alkalischem Wasser, mit pH-Werten um 7,8, durchgeführt habe, erbrachten bei den Farbformen von *P. taeniatus* und anderen *Pelvicachromis*-Arten, die in weichen, stark sauren Wasserläufen beheimatet sind, überwiegend weibliche Nachkommen. Nur 5 bis 10 % der Jungfische waren männlich. Zuchtversuche in stark saurem Wasser mit einem pH-Wert um 5,3 dagegen erbrachten das umgekehrte Verhältnis. Rund 5 bis 10 % aller Nachkommen waren weiblichen Geschlechts. Während meiner Reisen in Süd-Kamerun unterhielt ich mich mit dort damals ansässigen Fischfängern, die mir übereinstimmend erklärten, daß man bei den dort lebenden *P. taeniatus,* Farbformen „Lobe" und „Kienke", nicht in der Lage wäre, die bestellten Tiere in geschlechtlich ausgewogener Anzahl zu exportieren, da ständig weit weniger Weibchen als Männchen gefangen würden. Die pH-Werte schwanken dort örtlich zwischen 4,8 und 6,5. Meine Zuchterfahrungen ergaben, daß pH-Werte um 6,2 eine annähernd ausgewogene Aufteilung bringen.

Dieses Kapitel der Bestimmung der Geschlechter durch die Wasserstoffionenkonzentration ist, so glaube ich, ein noch zu selten untersuchtes Gebiet, zumindest ist noch sehr wenig darüber bekannt. Tatsache ist, daß die Wasserstoffionenkonzentration, also der pH-Wert, die geschlechtliche Entwicklung beeinflußt. Jeder Aquarianer sollte also bei geplanten Nachzuchten diese Erfahrungen möglichst berücksichtigen, denn zur Arterhaltung und -verbreitung ist eine annähernd gleich große Anzahl von Weibchen und Männchen erforderlich.

Klare, farblose Wasserläufe sind auch in Westafrika nicht häufig.

Pelvicachromis taeniatus

Farbform „Nigeria-Rot“

Durch das Aussortieren aus einer Sendung von Wildfangtieren aus Nigeria und zum Teil auch aus älteren Zuchtbeständen wurden die „Roten“ bekannt. Diese Fische gehören zweifelsohne zur Art *P. taeniatus,* wodurch es jetzt anscheinend schon drei Farbformen dieser Art aus Nigeria gibt: Einmal die altbekannte gelbe Farbform, deren männliche Tiere eine gelbe Kiemendeckel- und Brustpartie zeigen. Zum zweiten die grüne, deren Kiemen- und Brustregion unterschiedlich kräftig grün gefärbt ist. Die auffallenden gelben Farbtöne fehlen ihr völlig. Zum dritten die rote Farbform, deren Kiemen- und Brustzone, vor allem aber die Kiemendeckel und meist sogar der gesamte untere Kopf kräftig blutrot gefärbt sind. Auch die weiblichen Tiere dieser drei Farbformen zeigen interessante Unterscheidungsmerkmale. Während die gelbe und nach J. FREYHOF auch die grüne Form im Gebiet zwischen den Städten Benin-City und Onitsha in zahlreichen Bächen und kleinen Flüssen beheimatet ist, gibt es für die rote Farbform noch keine bestätigten Fundortangaben. Nach Informationen

Vermutlicher Lebensraum von *Pelvicachromis taeniatus* „Nigeria-Rot“.

des Importeurs kommt die grüne Farbform auch in dem Areal um Calabar, also im Grenzgebiet zu Kamerun, vor, was meiner Meinung nach aber fraglich ist. Über den natürlichen Verbreitungsraum der roten Farbform kann

Pelvicachromis taeniatus „Nigeria-Rot“ (oben ♀, unten ♂)

man nur spekulieren. Wo können diese Fische wirklich leben?

Bisher sind mehrere verschiedene *Pelvicachromis*-Arten, die eine extrem rote Färbung zeigen, bekannt geworden. Einmal eine sehr schön rot gefärbte Farbvariante von *Pelvicachromis pulcher,* deren Männchen von der Schnauzenspitze bis in den Schwanz intensiv blutrot gefärbt sind. Sie sind gleichfalls in Nigeria beheimatet. Ihr genaues natürliches Verbreitungsgebiet ist aber bisher ebenfalls unbekannt. Ein weiterer Zwergbuntbarsch, der eine intensive Rotfärbung zeigt, ist *Pelvicachromis* spec. affin. *pulcher* (A-Form), eine bisher wissenschaftlich nicht beschriebene Art, die lange Zeit als *Pelmatochromis camerunensis* bezeichnet wurde. Klaus Kluge berichtete schon 1966 über den Fang dieser sehr schönen Fische im Küstenareal um Calabar, d.h. im äußersten Südosten von Nigeria. Meine persönlichen Untersuchungen in den Gebieten zwischen Onitsha, Port Harcour und Calabar blieben 1982 jedoch erfolglos. Selbst in den stark bräunlich gefärbten Sumpf- und Waldgebieten an der Straße Calabar–Mampfe (Kamerun) konnte ich keine Tiere dieser Arten nachweisen.

Vertraut man den Berichten von Klaus Kluge, wäre es möglich, daß die „Roten" aus diesem Gebiet kommen. Leider müssen wir uns mit dieser Hypothese zufriedengeben. Nur die Fänger wissen bisher die genauen Verbreitungsgebiete, und sie behalten ihr Wissen immer noch für sich.

P. taeniatus, Farbform „Nigeria-Rot", ist nach bisherigen Erkenntnissen in der Pflege und Vermehrung problemlos. Während für eine gesunde Haltung auch mittelharte bis leicht alkalische Wasserwerte völlig ausreichend sind, ist für die Fortpflanzung weiches, leicht saures, sauberes Wasser erforderlich. Diese rote Farbform ist im Vergleich recht produktiv, und Nachzuchten mit knapp 100 Jungfischen können als Durchschnitt betrachtet werden. Aufgrund bisheriger Erfahrungen zeigen die Nachkommen zu fast 100 Prozent die intensive Färbung der Elterntiere. Adulte Männchen erreichen Totallängen um 8 cm, weibliche Tiere sind mit knapp 6 cm ausgewachsen. Die rote Farbform von *P. taeniatus* aus Nigeria stellt eine willkommene Bereicherung im leider immer noch sehr dürftigen Angebot der Cichliden aus Westafrika dar.

Pelvicachromis taeniatus „Nigeria-Rot" ♂

Pelvicachromis taeniatus
Farbform „Nigeria-Grün“

Seit dem Ende der 80er Jahre ist eine weitere Farbform von *P. taeniatus* aus Nigeria bekannt, die als „Nigeria-Grün“ gehandelt wird. Das sind Tiere, deren Kiemen- und Brustregionen nicht gelb oder rot, sondern ausschließlich grün gefärbt sind. Die Weibchen zeigen einen roten, im oberen Bereich grünblauen Bauchfleck. Beide Geschlechter tragen außerdem hell umrandete schwarze Flecken im weichstrahligen Teil der Rückenflosse und im oberen Teil der Schwanzflosse. Diese Farbform ist in Größe und Pflege sowie in der Fortpflanzung mit den anderen Formen aus Nigeria vergleichbar. Unbestätigten Berichten von Importeuren zufolge sind die Fische der grünen Farbform im Areal von Calabar beheimatet. Jörg Freyhof konnte diese Lokalform dagegen im Gebiet von Warri, westlich des Niger, im nördlichen Deltaareal des Flusses nachweisen. Dabei handelt es sich um ein Gebiet, aus dem auch Typusexemplare dieser Art stammen. Die Farbform „Nigeria-Grün“ ist recht

Lebensraum von *Pelvicachromis taeniatus* „Nigeria-Grün“.

produktiv. Ihre Vermehrung ist schon mehrfach gelungen. Trotzdem ist sie in den Aquarien noch sehr selten.

Pelvicachromis taeniatus „Nigeria-Grün“ (oben ♀, unten ♂)

Pelvicachromis taeniatus

Farbform „Moliwe“

Die Farbform zeigt große Ähnlichkeit zur Form „Nigeria“. Trotzdem gibt es auffällige Unterscheidungsmerkmale. Bei den Männchen, die bis 8 cm lang werden und im Vergleich etwas kleiner bleiben, zeigt die Rückenflosse mehr Rotfärbung und im Weichstrahlenteil kaum runde, dunkle Punkte. Die Schwanzflosse hat keine dunkle Randbegrenzung im unteren Teil, und die Afterflosse ist statt hellblau rotbraun gefärbt und mit einem Muster heller Punkte überzogen. Die Weibchen werden 5,5 cm lang und bleiben damit gleichfalls etwas kleiner. Sie haben weniger dunkle runde Punkte im Weichstrahlenteil der Rückenflosse und in der Schwanzflosse, deren unterer Teil keine gelbliche Längsstreifenzeichnung zeigt.

Lebensraum von *P. taeniatus* „Moliwe“.

Pelvicachromis taeniatus „Moliwe“ ♂

In der Balzfärbung wird der Bauch dunkelrot, violett bis zart brillantblau. Die Bauchflossen sind abgerundet bzw. abgeflacht. Ein glänzendes, chromgelb gefärbtes Längsband in der Rückenflosse des Weibchens ist ein gutes Unterscheidungsmerkmal der Geschlechter.

Der

natürliche Lebensraum

befindet sich in West-Kamerun. Die Farbform lebt vermutlich endemisch in einem bis vier Meter breiten und stellenweise bis 80 cm tiefen Wasserlauf, der die Straße von Victoria nach Kumba, zwischen den Orten Moliwe und Mile 4, kreuzt. Der Bach fließt zwischen Plantagen und sekundären Waldgebieten. Diese Farbform ist hier sehr zahlreich. Sie wurde von verschiedenen Sammlern im Zeitraum mehrerer Jahre immer nur in diesem Wasserlauf gefangen. Gleichfalls lebt dort *Chromidotilapia finleyi*, Farbform „Moliwe", wahrscheinlich auch endemisch. Das Wasser ist sauber und sehr klar. Die Werte liegen bei 4 Grad deutscher Gesamthärte, 3 Grad deutscher Karbonathärte, pH-Wert 7,6 bei einer Leitfähigkeit von 130 Mikro-Siemens, gemessen bei 26 °C Wassertemperatur.

Die wenigen Wasserläufe dieses Areals sind überwiegend durch geographische Schranken, das heißt durch die Ausläufer des Kamerun-Bergmassivs, getrennt. Dieses ist eine mögliche Erklärung für die auf verhältnismäßig engem Raum auftretenden Populationsunterschiede innerhalb der Art. Ähnlich dicht liegen die Lebensräume der anschließend vorgestellten Farbformen zusammen.

Pelvicachromis taeniatus „Moliwe" ♀

Pelvicachromis taeniatus

Farbform „Muyuka“

Diese Farbform gleicht in der Größe den Farbformen aus Nigeria. Die Zeichnung und Färbung zeigt dagegen größere Unterschiede. Die Männchen werden bis 8,5 cm lang, zeigen stärkere grüne Farbzeichnungen auf den Kiemendeckeln sowie nur wenige, oft schwach angedeutete Punkte im oberen Teil der Schwanzflosse. Die Weibchen werden bis 6 cm lang und zeigen in der Prachtfärbung einen rot- bis violettblauen Bauch und meist nur einen einzigen runden dunklen Fleck im oberen Teil der Schwanzflosse. Ihre Bauchflossen sind wie bei allen Farbformen von *P. taeniatus* abgerundet bzw. abgeflacht. Ein glänzendes, chromgelbes Längsband in der Rückenflosse ist ein gutes Unterscheidungsmerkmal der Geschlechter.

Lebensraum von *P. taeniatus* „Muyuka“.

Der

natürliche Lebensraum

dieser Form befindet sich gleichfalls in West-Kamerun. Sie lebt vermutlich endemisch in einem Wasserlauf, der nur ca. 20 km nördlich des Lebensraumes von *P. taeniatus*, Farbform „Moliwe“, liegt und die Straße von Victoria nach Kumba, zwischen den Orten Muyuka und Malende, kreuzt. Dieser nach wenigen Kilometern versiegende Bach fließt unterirdisch in den Mungo-River. Die Wasserwerte gleichen denen der zuletzt vorgestellten Farbform.

Pelvicachromis taeniatus „Muyuka“ (oben ♀, unten ♂)

Pelvicachromis taeniatus

Farbform „Wouri“

Als in der Pflege kritischste Lokalform von *P. taeniatus* sind nach bisherigen Beobachtungen die Fische aus dem Wouri-Areal zu betrachten. Zusätzlich scheinen sie in den Aquarien auch gegenüber vielen Krankheiten besonders anfällig zu sein. Die wenigen erfolgreichen Nachzuchten konnten nicht zur Verbreitung der Fische in den Aquarien beitragen. Otto Gartner und seine Freunde konnten diese Fische erstmalig im Gebiet des Nkwoh-Flusses im Wouri-Areal, nordöstlich von Duala, nachweisen. Sie erreichten den Untersuchungs- und Fangplatz über die Straße nach Yabassi rund 17 km östlich vom Abzweig von der Straße Duala-Edea. Dort konnten zwischen verschiedenen Sumpf- und Wasserpflanzen mehrere *P. taeniatus* der Lokalform

Lebensraum von *Pelvicachromis taeniatus* „Wouri“.

Pelvicachromis taeniatus „Wouri“, zwei balzende ♀

„Wouri“ gesammelt werden. In diesem Biotop wurden folgende Wasserwerte ermittelt: pH-Wert 6,0 sowie 30 Mikro-Siemens bei einer Wassertemperatur von 26 °C.

Die Farbform „Wouri“ wird verschiedentlich als besonders schön und interessant bezeichnet. Möglicherweise ist dies aber auch nur eine Folge ihrer Seltenheit. Ist sie wirklich so schön? OTTO GARTNER beschrieb ihr Aussehen so: „Männliche *P. taeniatus* der Form ‚Wouri‘ zeigen am hinteren Rand der oberen Caudalhälfte einen schmalen weißen Saum, anschließend eine breite schwarze Zone – aus vier bis sechs ineinanderfließenden Punkten bestehend – und zur Flossenwurzel hin abermals eine weiße Abgrenzung. Die untere Schwanzflossenhälfte säumt ein schmales dunkles Band, dem nach innen, auf rotem Grund, senkrechte bläuliche Punktreihen folgen. Die anderen Flossen, mit Ausnahme der glasig-durchsichtigen Pectorale, zeigen wenig Farbe. Der Fischkörper ist grau, zum Bauch heller werdend, und die Schuppen sind dunkel gerandet.

Weibliche Fische der Form ‚Wouri‘ zeigen sich zur Paarungszeit von einer Buntheit, die ihresgleichen sucht! In Hochstimmung färbt sich ihr Rumpf blauschwarz. Die Körpermitte ist mehrfarbig: oben orange, dann grünschillernd, anschließend mit dunkelroter Bauchpartie. Rücken- und Schwanzflosse sind gelborange und schwarz gerandet. Ein kleiner hell umsäumter schwarzer Caudalpunkt – sein Abstand zur Flossenwurzel ist geringer als zum Flossenende – dürfte das Merkmal von Weibchen dieser Form darstellen. Gelbe Lippen, grüngelbe Kiemendeckel und dunkelrote Bauchflossen vollenden das prachtvolle Aussehen der ‚Wouri‘-Weibchen.“ Dieser Beschreibung können wir nichts mehr hinzufügen.

Pelvicachromis taeniatus „Wouri“ ♂

Pelvicachromis taeniatus

Farbform „Dehane"

Im Jahre 1990 gelang es möglicherweise erstmalig durch ZEISS und FREYHOF, die schon 1929 von PELLEGRIN als Unterart *P. kribensis calliptera* beschriebenen Fische, die 1926 von T. MONOD aus Paris im Gebiet von Dehane in Kamerun gesammelt wurden, lebend einzuführen. Seitdem werden die Fische als *Pelvicachromis taeniatus* Form „Dehane" bezeichnet. JÖRG FREYHOF schrieb dazu: „Der Fundort liegt etwa einen Kilometer vor Dehane, einem Dorf am unteren Nyong. Es handelt sich um einen kleinen Bach, der die Straße kreuzt. Das Wasser war am 26. 2. 1990 kaum in Bewegung, der Biotop schattig und der Boden mit Laub bedeckt. *Pelvicachromis taeniatus* war hier recht häufig. Wir konnten Fische fast aller Altersklassen finden. Nur sehr große und sehr kleine Tiere fehlten."

Das Gebiet von Dehane liegt zwischen Edea und Kribi. Die Form „Dehane" erinnert in Farbe und Zeichnung an die Form „Kienke". Männliche Tiere zeigen eine starke Rotfärbung in den Flossen und auffallend schwarze Flecken im oberen Teil der Schwanzflosse. Abweichend zur Form „Kienke" zeigen die

Lebensraum von *P. taeniatus* „Dehane".

Männchen der Farbform „Dehane" dagegen zusätzlich eine unterschiedliche Rotfärbung auf den Kiemendeckeln. Weibliche Tiere sind meist ohne Flecken in den Flossen und zeigen einen brillantblauen, leicht roten Bauch. Die Farbform „Dehane" ist in der Fortpflanzung selbst bei Beachtung der heimischen Wasserwerte nicht problemlos.

Pelvicachromis taeniatus „Dehane" ♂

Pelvicachromis taeniatus

Farbform „Lokoundje“

Zu den spektakulärsten Neuentdeckungen der letzten Jahre gehört die neue von OTTO GARTNER und seinen Freunden entdeckte Lokalform von *Pelvicachromis taeniatus* aus dem Flußsystem des Lokoundje. Bisher standen leider meist nur Weibchen für Beobachtungen zur Verfügung. Ihre Färbung ist sehr ansprechend. Der Bauch ist während der Prachtfärbung rot gefärbt und zartblau gerandet. Der obere Bereich zeigt sich hellglänzend. Der weichstrahlige Teil der Rückenflosse und die gesamte Schwanzflosse sind zeichnungsfrei und farblos. Sie zeigen keine schwarzen Punkte oder Flekken. Männliche Tiere haben dagegen eine auffallende Zeichnung und Färbung. OTTO GARTNER schreibt dazu aufgrund von Beobachtungen nach dem Fang: „Der obere Lappen der Schwanzflosse zeigt parallel zum hinteren Rand zwei Reihen von je drei (bei einem Tier nur je zwei) hellgerandeten schwarzen Punkten, etwa in der Größe des Fischauges. Rotgetönt und mit hellblau gepunkteten Querstreifen verziert sind untere Caudalhälfte, Dorsale und Anale.“

Lebensraum von *P. taeniatus* „Lokoundje“.

Pelvicachromis taeniatus „Lokoundje“ ♀

Der
natürliche Lebensraum

dieser Fische liegt nach Angaben der Fänger, die 1989 diese Fische erstmals nachweisen konnten, nordöstlich der Hafenstadt Kribi, im Süden von Kamerun. Otto Gartner schreibt dazu: „Am letzten Tag des Kribi-Aufenthaltes rollten wir 40 km entlang der Küste nach Norden und zweigten beim Ort Fifinda rechts ab. Von dort führt eine wenig befahrene Lateritpiste in Richtung Song Mbong. Das Gebiet entlang der Route ist hügelig, größtenteils noch mit Primärwald bewachsen und landschaftlich sehr schön. Nach längerer Zeit erreichten wir eine Straßengabelung. Die rechte Fortsetzung einen Kilometer talwärts fahrend, stießen wir auf den ersten Bach, der in nordsüdliche Richtung über den Mbihé zum Lokoundje fließt.

Am Sammelort ergaben Messungen von Erwin Kuber folgende Werte: Wassertemperatur 24 °C, Leitwert 15 Mikro-Siemens, pH-Wert 5,7."

Pelvicachromis taeniatus ♂, gefangen im Januar 1993 von R. Sawatzki im Einzug des Lokundje Flusses in Kamerun.

Pelvicachromis taeniatus

Farbform „Kienke"

Hierbei handelt es sich um die von Boulenger 1911 als *Pelmatochromis kribensis* beschriebenen Fische, benannt nach dem Ort Kribi und dem Kribi-Fluß, der seit ca. 70 Jahren Kienke-Fluß heißt und mit seinem weitverzweigten Flußsystem durch die Stadt Kribi in Süd-Kamerun in den Atlantischen Ozean fließt. Die Männchen dieser Farbform werden 8 cm, können aber in Ausnahmefällen sogar bis 9 cm lang werden. Sie zeigen überwiegend orangefarbene, verschiedentlich mit kleinen hellen Punktreihen besetzte Flossen und meistens drei runde dunkle Flecke im oberen Teil der Schwanzflosse, die feuerrot begrenzt ist. Die Weibchen werden 5,5 cm lang und zeigen keine dunklen runden Flecke in der Schwanz-

Lebensraum von *P. taeniatus* „Kienke".

Pelvicachromis taeniatus „Kienke" ♂

flosse, dafür aber einen Fleck im hinteren Teil der Rückenflosse. Dieser galt lange als einziges Unterscheidungsmerkmal zu den Weibchen der Farbform „Lobe“, die nachfolgend vorgestellt wird. In der Prachtfärbung bekommen sie einen achatgrauen bis brillantblauen Bauch. Ihre Bauchflossen sind abgerundet bzw. abgeflacht. Das glänzende, chromgelb gefärbte Längsband in der Rückenflosse ist ein gutes Unterscheidungsmerkmal der Geschlechter.

Der

natürliche Lebensraum

dieser Farbform liegt in Süd-Kamerun. Die südlichen und nördlichen kleinen Seitenarme des Kienke-Flusses, im Norden nahe dem Ort Bandevouri, Richtung Lolodorf, und im Süden in den Gebieten von Angalé, Akok und Akom II, Richtung Ebolowa. Hierbei handelt es sich ausschließlich um kleine, bis ca. 5 Meter breite, stellenweise bis 80 cm, meist aber nur 20 bis 30 cm tiefe Wasserläufe, die überwiegend durch schattenspendende Regenwaldgebiete fließen. Der Bodengrund besteht aus feinem, lehmfarbenem bis rotbraunem Kies. Pflanzenzonen von oft 3 bis 4 Meter Durchmesser, bestehend aus *Nymphaea lotus,* dem grünen Tigerlotus, sind in größeren Abständen zu finden. Flache, meist nur 10 cm tiefe Randgebiete und Wasserlaufausbuchtungen bilden außerdem Pflanzenzonen und sind durch ins Wasser gefallene Blätter und Astwerk beliebte Aufenthaltsplätze. Diese Abschnitte bekommen mehr Sonnenlicht, da es sich um kleine baum- und buschfreie Zonen handelt. Die Schattengebiete zeigen selten Wasserpflanzen. Vereinzelt sind kleine Gruppen von

Pelvicachromis taeniatus „Kienke“ ♀

Anubias nana, Anubias lanceolata und *Bolbitis heudelotii* zu sehen. Da die Bäche sehr windungsreich durch die Regenwaldgebiete fließen und umgestürzte Bäume die Strömung blockieren, haben sich an diesen Stellen ausgehöhlte Ufer gebildet. Dabei werden auch oft die Wurzeln der am Rand stehenden Bäume ausgewaschen und bilden ein fast undurchdringliches Labyrinth. Alle diese Stellen sind beliebte Aufenthaltsplätze von *P. taeniatus.* Das Wasser ist hier immer leicht, stellenweise sogar schnell fließend. Es ist stets sehr klar und sauber. Eine unterschiedlich starke bräunliche Färbung ist zu beobachten. Während meiner Untersuchungen konnte ich feststellen, daß im Durchschnitt ein Paar *P. taeniatus* – oft kann man sie paarweise beobachten – in einem Gebiet von ca. 20 Quadratmeter Grundfläche zu finden ist und eine Fläche von vier Quadratmetern als Revier gilt. Nur Jungfische und halbwüchsige, nicht geschlechtsreife Tiere werden von einem dominierenden Paar in diesem Areal geduldet. Anflugfutter, also verschiedene Insekten, hauptsächlich aber Wasserkäfer, Wasserspinnen und Jungfische anderer Arten bilden neben vielen kleinen Garnelen, die in großer Anzahl vorhanden sind, die Nahrung dieser Fische. Fast tägliche Regenfälle, auch in der sogenannten Trockenzeit von November bis April, sorgen ständig für frisches, sauberes Wasser. Die Werte, die in diesen Gebieten gemessen werden, erlauben Vergleiche zu destilliertem Wasser. Dazu zwei Beispiele: Die ersten Angaben betreffen einen Wasserlauf mit sumpfähnlicher Erweiterung, mit emers stehenden Pflanzen bewachsen, im nördlichen Kienke-Gebiet, nahe dem Ort Bandevouri. Sowohl dGH als auch dKH lagen unter 1°, der pH-Wert lag bei 6,0, und die Leitfähigkeit konnte mit 20 Mikro-Siemens bei 27 °C gemessen werden. Die etwas höhere Wassertemperatur ergab sich aus der größeren, der Sonne stärker ausgesetzten Wasseroberfläche des sumpfähnlichen Gebietes. Die Messungen wurden nachmittags gegen 14.30 Uhr durchgeführt.

Das zweite Beispiel ist ein Wasserlauf mit gleichfalls stark rötlichem, laterithaltigem Bodengrund bei Akok. Auch hier konnte ich gleichfalls feststellen, daß die dGH und dKH unter 1° lagen, der pH-Wert bei 5,8 und die Leitfähigkeit etwa 10 Mikro-Siemens bei einer Wassertemperatur von 24,5 °C betrug. Die Messungen wurden am Vormittag um 10.30 Uhr durchgeführt. Der Wasserlauf durchzog die Waldzonen und war selten der Sonne ausgesetzt. Alle Wildfangtiere von *P. taeniatus,* Farbform „Kienke", konnten nur bedingt an mittelharte Wasserwerte im Aquarium gewöhnt werden. Nachzuchten gelangen besser in weichem Wasser. Kreuzungsversuche mit anderen Farbformen, vor allem der Formen „Lobe" und „Nigeria", sind im Aquarium erfolgreich verlaufen. Man sollte deshalb darauf achten, daß nur zur gleichen Farbform gehörende Tiere sich fortpflanzen und dadurch die Reinheit der Formen gewährleistet bleibt.

Große Exemplare der Wasserlilie *Crinum natans* wachsen im fließenden Wasser.

Pelvicachromis taeniatus
„Nange“

In der Aquaristik haben sich leider auch Farbvarianten als sogenannte Farb- oder Lokalformen eingebürgert, deren Status umstritten ist. So sind z.B. die mit dem Zusatz „Nange“ bezeichneten Tiere Kreuzungen der uns bekannten Farbformen „Lobe“ und „Kienke“, die im natürlichen Lebensraum entstanden. Die Bezeichnung „Nange“ bezieht sich auf die lokalen Hauptflußsysteme im natürlichen Verbreitungsgebiet. Diese liegen im Mündungsgebiet sehr dicht zusammen und haben mit rund 6 km Distanz einen sehr geringen Abstand. Nun leben diese kleinen Fischarten meist nicht in den großen Flüssen, sondern fast ausschließlich in deren kleinen Seitenarmen und schmalen Zuflüssen. Dabei sind die südlichen Nebenflüsse des Kienke- und die nördlichen des Lobe-Flusses im Oberlauf verschiedentlich nur wenige Meter voneinander entfernt.

Lebensraum von *P. taeniatus* „Nange“.

Stellenweise fließen sie in dem leicht hügeligen Gelände im Mündungsareal fast parallel. Dies

Pelvicachromis taeniatus „Nange“ ♂

kann man, wenn man die Regenwaldpiste von Kribi in Richtung Osten nach Ebolowa fährt, an zahlreichen Stellen gut beobachten. So gehört zu den südlichen Zuflüssen des Kienke auch ein kleiner Wasserlauf, den man Nange nennt. Da dieses Gebiet insgesamt sehr wasserreich ist, kann es ohne Schwierigkeiten, beispielsweise durch die Beeinflussung der hier lebenden Menschen, zu Verbindungen der Wasserläufe und damit zur Vermischung zweier unterschiedlicher Farbformen einer Art kommen.

Soviel zur geographischen Situation. Wie nun unterscheidet sich dieser Farbschlag von den bisher bekannten „Lobe"- und „Kienke"-Formen. Die seit der Einfuhr durch Ole Seehausen zahlreichen erfolgreichen Nachzuchten zeigen sehr deutlich, daß in unterschiedlicher Anzahl Tiere der „Lobe"-Form, also meist ohne Punktzeichnungen in Rücken- und Schwanzflosse bei beiden Geschlechtern, und auch Exemplare der „Kienke"-Farbform, also mit größeren, gelb und rot umrandeten schwarzen Flecken im oberen Teil der Schwanzflosse der Männchen sowie mit schwarzen Flecken im weichstrahligen Teil der Rückenflosse der Weibchen auftreten. Es gibt aber auch Übergänge zwischen diesen Farbmustern. Verschiedentlich wurde als angeblich markantes Unterscheidungsmerkmal für die Farbform „Nange" eine grüne äußere Begrenzung des unteren Teils der Schwanzflosse erwähnt. Diese Färbung ist bei den meisten Männchen dieses „Nange"-Farbschlages sehr deutlich sichtbar, stellt aber kein Unterscheidungsmerkmal dar, da „Lobe"- und „Kienke"-Farbform-Männchen diese grüne Begrenzung gleichfalls in unterschiedlicher Intensität zeigen.

Zusammenfassend bleibt festzustellen, daß es sich also nicht um eine neue Farbform handelt, daß man aber weiterhin für diese Tiere die Zusatzbezeichnung „Nange" führen sollte. Nur dadurch wird sichergestellt, daß eine Trennung der rein vererbenden Farbformen „Lobe" und „Kienke" und des Mischfarbschlages „Nange" gewährleistet wird, obwohl es sich letztlich um eine Art handelt.

Pelvicachromis-taeniatus-**Biotop im Areal der Kienke-Lobe-Flußsysteme in Süd-Kamerun.**

Pelvicachromis taeniatus

Farbform „Lobe-Rot“

Erstaunlicherweise hat diese häufig und seit vielen Generationen gepflegte Art ihr bisher bekanntes Aussehen verändert. Ist es Kreuzung oder das Resultat von langjähriger Inzucht? Die Frage ist nicht mehr eindeutig zu beantworten. Fest steht nur, daß die goldgelb gefärbte Kehle und Brust der Männchen von *Pelvicachromis taeniatus* „Lobe“ im Laufe der Zeit einem Graugelb gewichen ist und dafür mehr und mehr kräftiges Rot die Kiemendeckel schmückt. Auch Rücken-, Schwanz- und Afterflosse sind meist kräftig rot bis weinrot gefärbt.

Unsere Beobachtungen haben ergeben, daß nicht nur der ursprüngliche, goldgelbe Farbschlag, sondern auch dieser neue („Lobe-Rot“) im gleichen Wurf auftreten und daß beide nicht trennbar sind. Nur eine systematische Auslese würde diesen neuen, sehr attraktiven Farbschlag stabilisieren. Inzucht oder möglicherweise Ergebnis einer Kreuzung mit der Lokalform *P. taeniatus* „Dehane“? Es wäre schade, wenn die bisher fast reinen Lokalfarbformen von *P. taeniatus* durch unüberlegte oder vorsätzliche Kreuzungen vermischt würden. Andererseits ist *P. taeniatus* „Lobe-Rot“ ein attraktiver Farbtupfer.

Lebensraum von *P. taeniatus* „Lobe-Rot“.

Pelvicachromis taeniatus „Lobe-Rot“ ♂

Pelvicachromis taeniatus
Farbform „Lobe"

Diese Farbvariante unterscheidet sich am auffälligsten von allen anderen Formen. Bei ihr findet man bei den Männchen weder in der Rücken- noch in der Schwanzflosse dunkle runde Flecken. Die männlichen Tiere werden bis 8 cm lang und zeigen ein farbintensives Goldgelb auf den Kiemen, der Brust- und den Bauchregionen, das zum Rücken in Honiggelb bis Braunbeige übergeht. Die Schwanzflosse zeigt im oberen Rand einen feuerroten Streifen, der perlweiß begrenzt ist. Die Weibchen werden 5,5 cm lang und zeigen in der Prachtfärbung einen achatgrauen bis brillantblauen Bauch. Ihre Bauchflossen sind abgerundet bzw. abgeflacht. Ein glänzendes, chromgelb gefärbtes Längsband in der Rückenflosse ist ein sicheres Unterscheidungsmerkmal der Geschlechter.

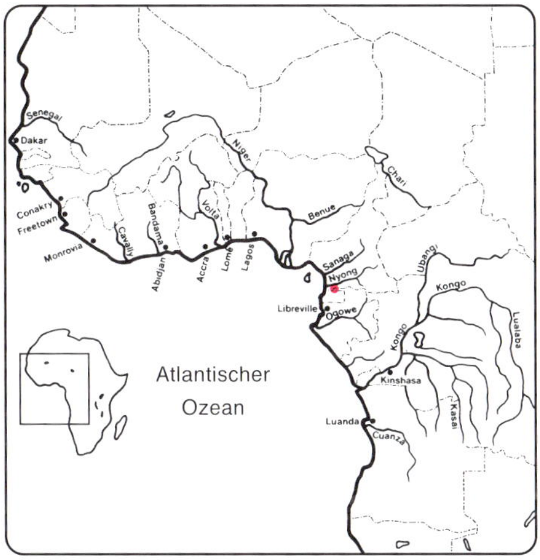

Lebensraum von *P. taeniatus* „Lobe".

Der natürliche Lebensraum

liegt gleichfalls in Süd-Kamerun. Die zahlreichen kleinen, schmalen Seitenflüsse des Lobe, der ca. 7 km südlich der Hafenstadt Kribi in den Atlantischen Ozean fließt, gleichen denen der Farbform „Kienke" und sind, wenn auch sehr selten, teilweise identisch. Da die südlichen Zuflüsse des Kienke und die

Pelvicachromis taeniatus „Lobe" ♂

nördlichen Wasserläufe des Lobe in dem nur rund 7 km auseinanderliegenden Mündungsgebiet oft nur wenige Meter voneinander getrennt sind, kann es bei starken Regenfällen und dadurch auftretenden Überschwemmungen kleiner Gebiete oder durch menschliche Einflüsse zur Verbindung der Wasserläufe – und somit zum Eindringen der Farbformen in das andere Biotop – kommen. In den südlichen Zuflüssen leben diese Tiere bei noch niedrigeren Wasserwerten. So konnten wir bei Eboundja, zwischen Kribi und Campo, eine deutsche Gesamthärte und deutsche Karbonathärte unter 1°, einen pH-Wert von 4,8 und eine Leitfähigkeit von 10 Mikro-Siemens, die in nahegelegenen anderen Wasserläufen noch bis 6 sank, bei 24,5°C Wassertemperatur feststellen. In diesen Biotopen lebt auch die Art *Chromidotilapia finleyi,* Farbform „Campo".

Mit der Farbform „Lobe" kann die Vorstellung der Art *Pelvicachromis taeniatus* abgeschlossen werden. Damit sind aber sicher noch lange nicht alle Lokalformen bekannt. Übergangsformen von Fundorten wie „Kumba-Funge" und „Nange" sollten erst noch intensiver beobachtet werden, bevor sie als Lokalformen bezeichnet werden. „Lokoundje" und „Dehane" haben viele Parallelen und sind im Aussehen sehr ähnlich. Möglicherweise handelt es sich bei beiden um dieselbe Farbvariante. Zur Zeit kennen wir also zehn eindeutig abzugrenzende Lokal- oder Farbformen von *Pelvicachromis taeniatus:*

Farbform „Nigeria-Gelb"
Farbform „Nigeria-Rot"
Farbform „Nigeria-Grün"
Farbform „Moliwe"
Farbform „Muyuka"
Farbform „Wouri"
Farbform „Dehane"
Farbform „Lokoundje"
Farbform „Kienke"
Farbform „Lobe"

Pelvicachromis taeniatus „Lobe" ♀

In der

Gattung Steatocranus

stehen zur Zeit acht Arten, die sich durch ihr Aussehen sowie durch ihre Schwimmform von allen anderen westafrikanischen Buntbarschen unterscheiden. Ihr Lebensraum sind schnell fließende, oftmals sogar als reißende Wasserläufe zu bezeichnende Flußabschnitte. Dazu gehören Stromschnellen und Wildwasserzonen, die ihren Weg durch oder über Felsbarrieren nehmen. Da sie sich im Laufe der Evolution zu echten bodenbewohnenden Fischen entwickelt haben, besitzen sie eine etwas verkümmerte Schwimmblase und sind dadurch nicht mehr in der Lage, wie die anderen Familienangehörigen frei im Wasser zu schwimmen. Sie „sitzen" überwiegend, auf die Bauchflossen gestützt, auf dem Boden. Der Name *Steatocranus* bezieht sich auf das Aussehen dieser Fische. Alle Arten zeigen ein besonders ausgeprägtes Fettpolster auf der Stirn bei einem verhältnismäßig groß wirkenden Kopf und einem großen, oberständigen Maul. Hierdurch bekamen sie die Sammelbezeichnung „Buckelkopfcichliden". Ihr Äußeres läßt sie etwas räuberisch wirken. Sie sind aber gegenüber anderen, selbst kleinen Fischen recht friedlich und wirken oftmals etwas „traurig" und zurückhaltend. Trotzdem können sie zeitweise untereinander sehr temperamentvoll sein. Fünf der acht Arten kommen aus dem Gebiet des unteren Kongo-Flußlaufes. Nur eine Art ist im eigentlichen Westafrika beheimatet und lebt somit über mehrere tausend Kilometer von den anderen Vertretern der Gattung getrennt. Wenige Arten sind bisher nur in den Pflegebehältern der Aquarianer beobachtet worden. Die anderen Arten sind vermutlich nur als konserviertes Material bekannt.

1. *Steatocranus casuarius*
2. *Steatocranus gibbiceps*
3. *Steatocranus glaber*
4. *Steatocranus irvinei*
5. *Steatocranus mpozoensis*
6. *Steatocranus rouxi*
7. *Steatocranus tinanti*
8. *Steatocranus ubanguiensis*

Drei der hier aufgeführten Arten wurden neu als Teilergebnis einer Forschungsexpedition von den amerikanischen Wissenschaftlern Roberts und Stewart im Jahre 1976 beschrieben. Soweit bisher bekannt wurde, gehören alle Arten zu den Versteckbrütern, die als Höhlenbrüter in einer Mutter-Vater-Familie ihre Nachkommen betreuen und aufziehen. Auch bei diesen Arten sind die Weibchen der eindeutig aktivere Teil.

„Fernreisende Aquarianer" – oft Stütze der Wissenschaft.

Die bekannteste Art ist

Steatocranus casuarius
POLL, 1939

Bei diesen Fischen bildet sich besonders bei den Männchen im fortschreitenden Alter eine stärker werdende Wölbung am Vorderkopf. Durch ihr stark betontes Maul, das kräftige Lippen zeigt, bekommen diese Tiere fast ein bedrohliches Aussehen. Sie werden in der Natur bis 10 cm lang, können im Aquarium aber etwas größer werden. Die Weibchen zeigen einen etwas schwächeren „Buckelkopf" und bleiben geringfügig kleiner. Eindeutig ist die Unterscheidung der Geschlechter erst bei großen, fast ausgewachsenen Tieren möglich. Die Männchen bekommen neben dem starken Stirnbuckel eine größere Totallänge und zeigen

Lebensraum von *Steatocranus casuarius*.

Steatocranus casuarius ♂

länger ausgewachsene Rücken- und Afterflossen. Die Weibchen werden voller im Bauchumfang. Für sie wurde verschiedentlich der Name *Steatocranus elegans* benutzt. Diese Bezeichnung ist falsch und wurde wahrscheinlich mit *Steatocranus elongatus* verwechselt, wobei es sich um ein Synonym von *Steatocranus rouxi* handelt.

Der

natürliche Lebensraum

befindet sich in dem Gebiet des unteren Kongo-Flußareals mit seinen Zuläufen in Zaïre. Jüngsten Untersuchungsergebnissen zufolge wurden Fische dieser Art im gesamten Unterlauf des Kongo vom Ort Kinsuka, südlich von Kinshasa, bis zum rund 280 km westlich liegenden Ort Inga, rund 50 km vor der Stadt Matadi, die an der Trichterspitze der großen Kongodeltazone liegt, gefunden. Die Fische leben hier in den Stromschnellen- und Wildwassergebieten des Hauptstromes. Hier findet man sie vor allem in den Ruhigwasserzonen zwischen den Geröllflächen. Die Spalten der Felsbrocken mit ihren Höhlen sind beliebte Aufenthaltsplätze. Die Wassertemperaturen schwanken im Hauptstrom im Zeitablauf von Ende Juni bis Anfang September zwischen 25 und 29 °C. Das Wasser ist sehr sauerstoffreich. Es wurden 8,0 mg O^2/l ermittelt, und der pH-Wert schwankt zwischen 7 und 7,5.

Für die

Haltung

ergeben sich daraus folgende Erkenntnisse. Man sollte Fischen dieser Art genügend große Aquarien zur Verfügung stellen. Pflegebehälter ab 130 cm, bei einer Tiefe von 50 cm, sind angemessen. Der Bodengrund sollte aus feinem Kies mit einem Körnungsdurchmesser bis 3 mm bestehen. Mehrere Steine, auf die Bodenfläche aufgebracht, sollten als Versteckplätze dienen. Dabei haben sich Tonröhren mit ca. 50 cm Innendurchmesser zwischen mehreren Steinen dekorativ eingebaut, als sehr nützlich erwiesen, da sie gern als Aufenthalts- und Laichplätze benutzt werden. Diese Tonröhren sollten aber aus Sicherheitsgründen von beiden Seiten offen sein und nicht verbaut werden. Eine dichte, reichhaltige Bepflanzung ist zu empfehlen. Sie gibt den oft sehr scheuen Fischen mehr Sicherheit, die eine bessere Entfaltung und Beobachtung ermöglicht. Das Wasser sollte nicht zu hart und sehr sauerstoffhaltig sein. Eine ständige leichte Wasserbewegung ist empfehlenswert. Das Wasser sollte bei einer Temperatur um 26 °C immer klar und sauber sein. Ein regelmäßiger Wasserwechsel, alle 7 bis 14 Tage ein Viertel bis ein Drittel des Behälterinhaltes, ist empfehlenswert. Es können andere Fische ohne Gefahr mit gepflegt werden. Nur bei bodenbewohnenden Cichliden kann es bei zu kleiner Bodenfläche zu Komplikationen kommen.

Hat man ein harmonierendes Paar, schreitet es auch zur

Fortpflanzung.

Sie wird mit umfangreichen „Buddelarbeiten" der Elterntiere eingeleitet. Dabei wird die als Laichplatz ausgewählte Höhle freigeschaufelt. Man sollte also immer darauf achten, daß die Höhlen, vor allem in einem extra für die Zucht eingerichteten Aquarium, ausreichend Kies zum Transportieren beinhalten. Nach einer prächtigen, temperamentvollen Balz laichen die Tiere an der Höhlendecke ab. Die Eier sind verhältnismäßig groß. Sie werden vom Weibchen betreut. Die Entwicklungszeit der Nachkommen bis zum Freischwimmen ist bisher nicht eindeutig festgestellt worden, da die Jungfische erst einige Tage nach dem Aufschwimmen die Bruthöhle verlassen. Sie werden dann von den Eltern durch das Aquarium geführt. Beide Partner, besonders aber das Männchen, beschützen die Nachkommen noch mehrere Wochen. Als erstes Futter sollten die Nauplien des Salinenkrebschens *Artemia salina* gefüttert werden. Da die Jungfische den Boden und die Blätter der Pflanzen nach Futter abzupfen, sollte man auch in regelmäßigen Abständen Staubfutter reichen. Besonders muß während dieser Zeit auf eine gute Wasserqualität geachtet werden, denn sie ist für das gesunde Heranwachsen der Jungfische wichtig. Der kleine Schwarm kann achtzig bis hundert Jungfische zählen, die bei guter Pflege nach rund vier Wochen rund 2 cm lang sein können.

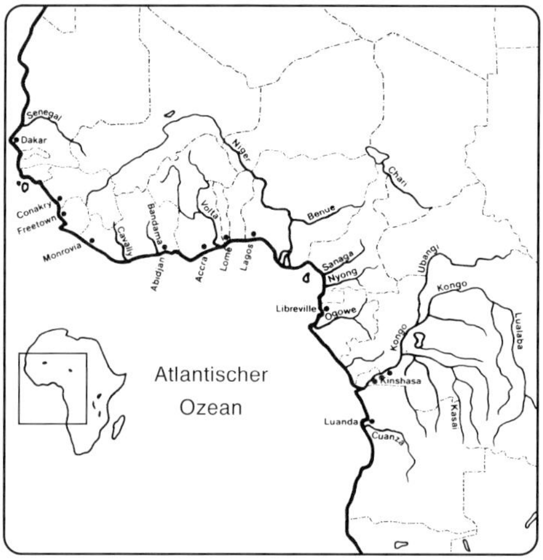

Lebensraum von *Steatocranus gibbiceps.*

Steatocranus gibbiceps

BOULENGER, 1899

Diese Art ist bisher wahrscheinlich noch nicht lebend eingeführt worden. Sie zeigt eine ähnliche Körperform und hat die anscheinend gleiche Körperhöhe wie die Art *S. casuarius.* Die Art zeigt einen etwas schwächeren Stirnbuckel und eine etwas größere, aber schmalere Schnauze, deren Ober- und Unterkiefer mit zwei sehr stark vergrößerten Außenzähnen versehen sind. Die Fische sind olivbraun gefärbt, die Schuppen sind im Gegensatz zur Art *S. casuarius* innen hell und außen dunkel umrandet. Die Kiemenfalten sind einheitlich dunkelbraun oder schwarzbraun. Die Brust ist cremefarben. Die Art wird vermutlich um 10 cm lang.

Der

natürliche Lebensraum

liegt im Gebiet des unteren Kongo-Flusses zwischen den Orten Kinsuka und Inga in Zaïre. Die Wassertemperaturen schwanken hier im Zeitlauf eines Jahres zwischen 25 und 29 °C. Der Sauerstoffgehalt liegt bei 8,0 mg O^2/l, und der pH-Wert schwankt zwischen 7,0 und 7,5. Die Fische bewohnen vermutlich Wassergebiete, die sich als „Stillwasserzonen" zwischen den Felsensteinen bilden oder in den Zuläufen der kleinen Seitenflüsse befinden.

Lebensraum von *Steatocranus glaber.*

Steatocranus glaber

ROBERTS und STEWART, 1976

Diese neu beschriebene Art ist vermutlich bisher nur als konserviertes Material bekannt. Aus diesem Grund liegt auch keine Farbbeschreibung lebender Tiere vor.

Die wenigen konservierten Exemplare erscheinen hell bräunlich und grünlich. Die Schuppen sind hell im Mittelpunkt und haben dunkle Ränder, vergleichbar mit denen der Art *S. gibbiceps,* die aber weniger kontrastreich sind. Die Flossen zeigen im Leben wahrscheinlich ein leichtes Rot, Kiemenfalten und Brust sind hell bräunlich oder dunkelcremefarben.

Die Fische wirken durch ihren längeren Schwanz und den schlanken Schwanzstiel sowie durch ihren kürzeren Körper etwas gedrungener. Die Art hat die gleiche Körperhöhe wie *S. casuarius* und *S. gibbiceps.* Die Länge ausgewachsener Tiere ist bisher nicht bekannt, wird aber vermutlich um 10 cm liegen.

Der

natürliche Lebensraum

liegt nahe dem Ort Inga im unteren Kongo-Fluß und seinen Zuläufen. Der Lebensraum gleicht dem der zuvor vorgestellten Arten.

Steatocranus irvinei
(TREWAVAS, 1943)

Der Körper zeigt ein dunkles Graugrün, besonders auf dem Kopf und den Kiemenfalten; die Rücken- und Afterflosse sowie die Bauchflossen tragen ein dunkles Braun, das auf der Brust und dem Bauch schwärzlich wird. Diese Art hat eine überhängende Schnauze, dabei einen kürzeren unteren Kiefer. Hierbei gibt es Parallelen zur Art *S. mpozoensis*. Dieses Merkmal ist bei keiner anderen *Steatocranus*-Art aus dem Zaïre-Gebiet zu finden. Die Fische werden verhältnismäßig groß und können im natürlichen Lebensraum eine Totallänge um 15 cm erreichen. Die Art zeigt Schuppen auf dem Kiemendeckel, der Kopf ist verhältnismäßig schmal, die Augen sind groß. Weitere Unterschiede sind 11 bis 12 Kiemenreusen auf dem ersten Kiemenbogen, wobei die oberen zwei bis drei weich sind.

Der
natürliche Lebensraum
dieser Art liegt im eigentlichen Westafrika, mehrere tausend Kilometer nordwestlich von den Biotopen aller anderen *Steatocranus*-Arten entfernt. Die Bestimmungsexemplare stammen vom Areal der Senchi-Fähre im Volta-Fluß in Ghana. Außerdem sind noch sechs Exemplare im gleichen Fluß im Gebiet des Dammes von Akosombo gesammelt worden.

Lebensraum von *Steatocranus irvinei.*

Steatocranus irvinei

Steatocranus mpozoensis
ROBERTS und STEWART, 1976

Bei dieser erst vor kurzem beschriebenen Art sind die lebenden Tiere auf dem Körper grünlich und auf den Flossen rötlich gefärbt. Das Zentrum der Schuppen ist hell und zeigt einen dunklen Rand. Die Kiemenfalten zeigen eine gelblich-grüne Färbung. Sie tragen einen im Verhältnis zum Unterkiefer längeren Oberkiefer, wodurch die oberen Zähne unten überstehen und von unten bei geschlossenem Maul noch sichtbar sind. Sie unterscheiden sich außerdem durch im Verhältnis kürzer wachsende Flossen und von den Arten *S. casuarius* und *S. ubanguiensis* in der Färbung sowie von *S. gibbiceps* und *S. glaber* durch eine äußere Reihe von weniger massiven und gespaltenen Zähnen. Im Unterschied zur Art *S. irvinei* haben diese Tiere weniger Kiemenrechen und größere Augen.

Lebensraum von *Steatocranus mpozoensis.*

Der

natürliche Lebensraum

liegt in Zaïre. Die Bestimmungstiere wurden in den Stromschnellen und im schnell fließenden Wasser des Mpozo-Flusses gefunden. Als genauer Fangplatz wird das Gebiet 5 km stromabwärts von der Brücke über den Mpozo, auf der Straße von Matadi nach Kinshasa, angegeben. Der Mpozo fließt nur wenige Kilometer östlich der Stadt Matadi in den Kongo-River.

Steatocranus mpozoensis

Steatocranus rouxi
(PELLEGRIN, 1928)

Da es sich hierbei um eine bisher nicht eingeführte Art handelt, können nur verschiedene Merkmale für die Unterscheidung von anderen Arten herangezogen werden. So unterscheiden sie sich von allen anderen im Unterlauf des Kongo lebenden Arten dieser Gattung durch die Anzahl der Schuppen um den Schwanzstiel. Statt sonst 15 bis 16 zählt man hier nur 12 Schuppen. *S. rouxi* ist sehr schlank und hat darin Ähnlichkeit mit *S. tinanti*, obwohl die Körperhöhe etwas größer ist. Die Schuppen zeigen einen hellen Grund und sind dunkel umrandet. Sie sind darin vergleichbar mit denen der Arten *S. gibbiceps*, *S. glaber* und *S. mpozoensis*. Die Art *S. rouxi* wurde auch als *S. elongatus*, NICHOLS und LA MONTE, 1934, bezeichnet. Dieser Name gilt aber heute als Synonym.

Lebensraum von *Steatocranus rouxi*.

Der

natürliche Lebensraum

wird mit Luluabourg-Kasai in Zaïre angegeben. Hierbei handelt es sich um die Wasserläufe und Zuflüsse des Lulua-Flusses im Areal der Stadt Luluabourg im Kasai-Distrikt, nicht aber um den Kasai-Flußlauf, der als Zufluß des Kongo, nahe dem Ort Kwamouth, seinen langen Weg teilweise als Grenzfluß zwischen den Ländern Angola und Zaïre beendet.

Steatocranus spec. – eine auffallend schlanke Art.

Steatocranus ubanguiensis
ROBERTS und STEWART, 1976

Die Art ist bisher selten lebend eingeführt worden. Es gibt aber eine Reihe von Angaben, die zur Klassifizierung dienen können. Die Tiere zeigen einen extrem steilen Vorderkopf, einen kürzeren Kiefer und weniger Zähne sowie weniger Schuppen auf der vorderen Hälfte des Körpers und dem gesamten Bauch. Sie tragen wie die Art *S. casuarius* dunkle Schuppen mit einem hellen Rand, eine Färbung, die keine andere *Steatocranus*-Art zeigt.

Im äußerlichen Bild hat sie viel Ähnlichkeit mit *S. casuarius*, unterscheidet sich aber durch kürzere Flossen, einen kürzeren Schwanzstiel, einen kürzeren Kopf, kleinere Augen und zeigt die gleiche Anzahl von Schuppen auf der Seitenlinie.

Bei konservierten Tieren ist der Körper dunkelbraun, der Kopf dunkelbraun oder schwärzlich, die Kiemenfalten sind in der Mitte bräunlich mit einem klar umrissenen dünnen, schwarzen Rand. Die Totallängen bei ausgewachsenen Tieren sind unbekannt.

Lebensraum von *Steatocranus ubanguiensis*.

Der natürliche Lebensraum

liegt nahe Gozobangui, im River Mbomon, einem Nebenfluß des Ubangui, dem Grenzfluß zwischen dem Staat Kongo und Zaïre, sowie der Zentralafrikanischen Republik und Zaïre.

Steatocranus ubanguiensis

Steatocranus tinanti
(POLL, 1939)

Hierbei handelt es sich um eine sehr schlanke Art, die schon oftmals, wenn auch nur in geringen Stückzahlen, nach Europa eingeführt wurde. Sie unterscheidet sich merklich von *S. casuarius.* Ihr Kopfbuckel ist nur sehr klein, und das Maul erscheint sehr groß. Die Geschlechter sind bei adulten Tieren problemlos zu unterscheiden. Die Männchen zeigen einen größeren Kopf und langausgewachsene Rücken- und Afterflossen. Sie können bis 13 cm lang werden, die Weibchen bleiben etwas kleiner.

Der

natürliche Lebensraum

wird mit dem Gebiet von Leopoldsville, dem heutigen Kinshasa, der Hauptstadt Zaïres, angegeben. Dabei handelt es sich um den Kongo-Fluß, am Ausgang des Stanley-Pools, heute Pool Malebo.

Lebensraum von *Steatocranus tinanti.*

Steatocranus tinanti ♂

Für die

Haltung

sollte man diesen Fischen Pflegebehälter mit einer großen Bodenfläche zur Verfügung stellen. Aquariengrößen mit Maßen ab 130 cm Länge und 50 cm Tiefe sollten nicht unterschritten werden. Dabei ist die Behälterhöhe zweitrangig, sollte aber mindestens 30 cm betragen. Die Art liebt viele Versteckmöglichkeiten. Deshalb sollten direkt auf der Bodenplatte zahlreiche Steinaufbauten eingebracht werden, die dann, durch feinkörnigen gewaschenen Kies aufgefüllt, eine große Anzahl von Höhlen und Versteckmöglichkeiten ergeben. Eine reichliche Bepflanzung sollte außerdem vorhanden sein, wodurch sich weitere Verstecke ergeben. Das Wasser sollte möglichst weich und im pH-Wert neutral sein. Die Wassertemperatur kann um 26 °C betragen. Da die Tiere in Gebieten mit starker Strömung beheimatet sind, ist eine kräftige Wasserbewegung empfehlenswert. Das Wasser sollte immer klar und sauber sowie vor allem sauerstoffreich sein. Kräftiges Futter, wie Mückenlarven, kleine Regenwürmer und Enchyträen, gehört auf den Speiseplan.

Die

Fortpflanzung

kann problematisch sein. Wichtig ist die Harmonie zwischen den Partnern. Hat sich ein Paar gefunden, begibt sich meist das Weibchen in die Höhle des Männchens. Nach einigen „Umbauten", wobei vor allem Kies geschaufelt wird, was mehrere Tage dauern kann, laichen die Tiere in der Höhle ab. Die verhältnismäßig großen Eier werden vom Weibchen gepflegt. Es sorgt durch Flossenbewegungen für Wasseraustausch in der Nähe des Geleges. Ein älteres Weibchen kann bis zu knapp 100 Eier ablegen. Für die gesunde Entwicklung sind der Sauerstoffgehalt des Wassers sowie Härte, Nitrit- und pH-Wert wichtig. Bei 26 °C Wassertemperatur schlüpfen die Embryonen nach rund fünf Tagen, und nach weiteren sieben Tagen sind die Larven schwimmfähig. Erst knapp eine Woche später verlassen die Jungfische die Höhle und werden von den Eltern geführt und bewacht. Bei Eintritt der Dunkelheit schwimmt die kleine Jungfischschar in die Höhle zurück. Als erstes Futter sollten auch hier die Nauplien des Salinenkrebschens gefüttert werden.

Bei den Arten der

Gattung Teleogramma

handelt es sich um die echten Stromschnellen-Cichliden des Kongo-Flußgebietes. Vier Arten stehen zur Zeit in dieser Gattung, die sich alle nicht merklich unterscheiden und von denen nur eine bisher gepflegt wurde, wobei nicht gesagt werden kann, ob neben der oftmals in kleinsten Mengen importierten Art *T. brichardi* nicht auch unerkannt die eine oder andere Art eingeführt wurde.

Diese für Zaïre endemische Gattung enthält ausnahmslos längliche, recht flache Buntbarsche mit kleinen Rundschuppen. Längster Weichflossenstrahl in den Bauchflossen ist der dritte oder mittlere. Im allgemeinen werden die Tiere bis 12 cm lang. Die Weibchen bleiben gewöhnlich etwas kleiner. Charakteristisch ist der dünne rote Rand auf den Spitzen der Rükkenflosse, der sich über den Weichstrahlenteil bis in den oberen Rand der Schwanzflosse zieht. Bei den Männchen ist die Schwanzflosse meist einheitlich dunkel gefärbt oder hat auf dem oberen Rand ein dünnes helles Band. Diese Unterscheidungsmerkmale sind von anderen Buntbarschen nicht bekannt.

Eine der vier Arten der Gattung *Teleogramma* kommt aus dem Kasai, die anderen drei sind in den Stromschnellen des unteren Kongo-Flusses in Zaïre beheimatet.

Die vier Buntbarsche, die zur Zeit der Gattung *Teleogramma* zugeordnet werden, sind:

1. *Teleogramma brichardi*
2. *Teleogramma depressum*
3. *Teleogramma gracile*
4. *Teleogramma monogramma*

Die bekannteste oder besser, die vermutlich einzige im Aquarium gepflegte Art ist

Teleogramma brichardi
POLL, 1959

Diese schlanken, meist graubraun bis graphitschwarz gefärbten Tiere sind untereinander sehr aggressiv. Sie benötigen eine große Bodenfläche als Revier. Dabei werden andere bodenbewohnende Fische eher geduldet als die Artgenossen. Freigesetzte Aggressivität bedeutet aber nicht, daß es zu ernsthaften Beißereien mit Verletzungen kommen muß. Trotzdem sollte man darauf achten, daß pro Tier mindestens Bodenflächen von 50×50 cm vorhanden sind. Männliche Tiere werden bis 12 cm lang, die Weibchen bleiben etwas kleiner. Die Unterscheidung der Geschlechter ist

Lebensraum von *Teleogramma brichardi*.

Teleogramma brichardi ♂

möglich. Neben dem Größenunterschied zeigen die Weibchen eine breitere obere weiße Randbegrenzung in der Rücken-, vor allem aber in der Schwanzflosse. Ein zusätzlicher roter Rand, wie in der Gattungsbeschreibung geschildert, ist bei dieser Art nicht erkennbar. Die Fische sind schlechte Schwimmer. Sie „sitzen" meist, auf die Bauchflossen gestützt, auf dem Boden. Die Färbung ist je nach Stimmung sehr variabel. Neben dem kräftigen Schwarz zeigen sie auch oft eine mausgraue bis braungraue Färbung mit dunklen Querstreifen. Sie bewohnen Höhlen und kontrollieren ständig ihr Revier. Befinden sich erhöhte Objekte, wie Steine oder Holzteile, in direkter Nähe, die ein „Aufsitzen" der Fische ermöglichen, werden sie als Aussichtsorte genutzt. Kommen andere Fische der gleichen Art in ihr Revier oder ist Futter in Sicht, können die sonst schlechten Schwimmer pfeilschnell durch das Wasser schießen. *T. brichardi* sind Einzelgänger, die nur während der Fortpflanzungszeit in Verbindung mit dem anderen Geschlecht leben.

Der

natürliche Lebensraum

sind die Stromschnellen und Wildwasserzonen im unteren Kongo-Flußareal in Zaïre, insbesondere die Gebiete um den Ort Kinsuka, südöstlich der Stadt Kinshasa, unterhalb des großen Malebo-Sees. Hier wurden Wassertemperaturen von 28 bis 29 °C gemessen. Das Wasser ist dort sehr sauerstoffreich und hat bei geringen Härtegraden einen pH-Wert um 7 bis 7,5.

Teleogramma brichardi ♀

Lebensraum von *Teleogramma depressum.*

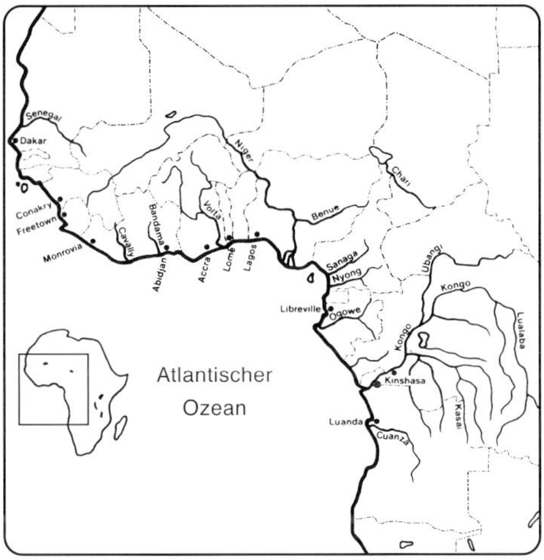

Lebensraum von *Teleogramma gracile.*

Von den anderen drei Arten dieser Gattung ist leider noch sehr wenig bekannt.

Teleogramma depressum

ROBERTS und STEWART, 1976

Diese Fische unterscheiden sich sehr deutlich durch ihre Körperform von den anderen Arten. Sie zeigen einen sehr flachen Kopf. Die Körperbreite ist etwa dreieinhalbmal größer als die Körperhöhe. Die Rückenflossenstacheln und -strahlen sind deutlich kürzer als bei allen anderen *Teleogramma*-Arten. Die Weibchen zeigen einen sehr dünnen schwarzen Strich über einem roten Streifen auf dem oberen Rand der Schwanzflosse. Bei dieser Art zählt man die höchste Anzahl von Schuppen auf der Seitenlinie.

Der

natürliche Lebensraum

dieser Fische ist das Stromschnellengebiet nahe dem Ort Inga im Kongo-Fluß in Zaïre. Da diese Biotope durch Berichte über andere Arten bekannt sind, weiß man, daß es sich bei dem Kongo-Fluß, der auch verschiedentlich als Zaïre-Fluß bezeichnet wird, um Wasser mit 8,0 mg/l Sauerstoffgehalt handelt, dessen pH-Wert zwischen 7,0 und 7,5 schwankt. Die durchschnittliche Wassertemperatur liegt bei 27 °C.

Teleogramma gracile

BOULENGER, 1899

Diese Fische gelten als Typusart für die Gattung. Sie sind sehr schlank. Die Stacheln und Strahlen in der Rückenflosse sind etwas länger als bei anderen Arten. Diese Tiere haben weniger Strahlen in der Afterflosse.

Nur bei dieser Art haben die Weibchen einen breiten schwarzen Rand über dem roten Bereich auf dem oberen Teil der Schwanzflosse. Dieses Merkmal unterscheidet sie auffallend von *T. brichardi* und *T. depressum.* Die Totallängen der ausgewachsenen Tiere sind unbekannt.

Der

natürliche Lebensraum

dieser Fische befindet sich in den schnell fließenden Wasserzonen des unteren Kongo-Flusses, nahe dem Ort Bulu, ca. 180 km südöstlich von Kinshasa in Zaïre. Große, im Wasser liegende Steine brechen die Strömung des Kongo-Flusses, der dadurch mit sehr sauerstoffreichem Wasser dieser Art in den ruhigen Bodenzonen oder zwischen Spalten der Felsbrocken Lebensraum bietet. Diese Fische leben hier mit Arten der Gattungen *Nanochromis* und *Steatocranus* zusammen. Hinweise über Wasserwerte sind bei jenen Arten ausführlich beschrieben.

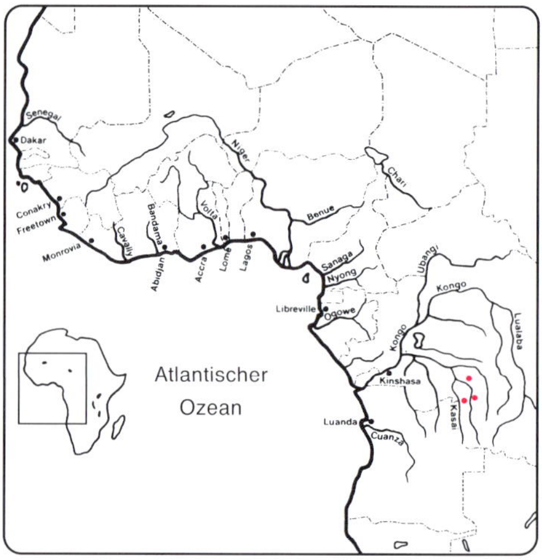

Lebensraum von *Teleogramma monogramma.*

Teleogramma monogramma
(NICHOLS und LA MONTE, 1934)

Diese vierte Art ist relativ unbekannt. Sie unterscheidet sich vor allem durch andere morphologische Merkmale. Kennzeichnend sind neben einer unterschiedlichen Zeichnung der Schuppen die morphometrischen Daten. Die Färbung der oberen Schwanzflosse beim Weibchen ist nicht bekannt. Die Art ist bisher noch nicht lebend eingeführt.

Der natürliche Lebensraum

sind die Gebiete um den Lulua-Fluß, nahe der Stadt Luluabourg, im Kasai-Bezirk in Zaïre.

Zu den etwas größer werdenden Buntbarschen gehören die Arten der

Gattung Thysochromis,

die mit ihren vier bis fünf dunklen Flecken auf den Körperseiten verschiedentlich auch als Fünffleckbuntbarsche bezeichnet werden. Leider benutzt man diese deutsche Bezeichnung auch gern für andere Fische, und so kommt es oft zu Verwechslungen mit *Hemichromis fasciatus* und *Hemichromis elongatus* sowie *Tilapia mariae.* Alle drei genannten Arten unterscheiden sich aber in der Körperform und vor allem in der größeren Totallänge.

Die Gattung *Thysochromis* wurde 1988 von Daget für die bereits vergebene Gattung *Thysia* aufgestellt und erhielt ihren Namen zu Ehren des belgischen Ichthyologen und Direktors des königlichen Museums für Mittelafrika in Tervuren, Dirk Thys van den Audenaerde.

Sie umfaßt die früher der Gattung *Pelmatochromis* zugeordneten Arten

T. annectens
T. ansorgii
T. arnoldi
T. maculifer

In der in Mutanda Ichthyologica publizierten Arbeit: „*Thysochromis* nom. nov. en remplacement de *Thysia*“ wurde die neue Gattung von Daget 1988 beschrieben.

Pistia stratiotes, die Muschelblume, ist in Afrika weit verbreitet.

Thysochromis ansorgii
(BOULENGER, 1901)

Thysochromis annectens
(BOULENGER, 1913)

Die erwähnten Unterscheidungsmerkmale zwischen diesen beiden Arten wurden von einzelnen Autoren als nicht bedeutend angesehen. *T. ansorgii* hat gegenüber *T. annectens* eine weniger spitze Kopfform, fünf oder mehr statt nur vier Flecke auf den Körperseiten und zeigt keine blaugrüne Grundfärbung. Zu *T. ansorgii* gehören die alten, als Synonyme zu betrachtenden Bezeichnungen von *Pelmatochromis arnoldi* und *Pelmatochromis ansorgii.* Zu *Thysochromis annectens* gehört *Pelmatochromis annectens* und *Pelmatochromis maculifer.* Vermutlich handelt es sich bei dem letztgenannten Synonym um eine Doppelbeschreibung, die 1929 von DR. ERNST AHL vom Zoologischen Museum Berlin auf Grund nur eines in Alkohol vorliegenden Exemplars erfolgte.

Lebensraum von ***Thysochromis ansorgii*** ***und T. annectens***

Die Unterscheidung der Geschlechter ist im sexualaktiven Alter nicht schwierig. Die Männchen werden rund 12 cm lang, die

Thysochromis ansorgii ♂

Weibchen bleiben etwas kleiner und sind mit rund 10 cm Totallänge ausgewachsen. Sie bekommen einen unterschiedlich kräftig rotgefärbten Bauch, der in der Afterzone durch einige silbern glänzende Schuppen betont wird. Ein Merkmal, das auch bei den Weibchen der Art *Nanochromis dimidiatus* zu beobachten ist. Bisher war man verschiedentlich der Meinung, daß die silbern glänzenden Schuppen ein sicheres Merkmal zur Unterscheidung der Geschlechter darstellen. Leider sind diese Kennzeichen auch bei den männlichen Tieren zu bemerken, allerdings bedeutend schwächer in der Leuchtkraft. Die Männchen zeigen im Weichstrahlenteil der Rückenflosse sowie in der Schwanz- und Afterflosse ein helles, punktartiges Muster, das den Weibchen fehlt. Außerdem ist gegenüber dem Männchen der hintere Teil der Rücken- und Afterflosse nicht spitz ausgewachsen, sondern leicht abgerundet.

Der

natürliche Lebensraum

dieser beiden Arten der Gattung *Thysochromis* liegt laut Erstbeschreibung in den küstennahen Gebieten westlich des Niger-Deltas in Süd-Nigeria. Meist werden der Niger-Fluß direkt oder kleine westliche Nebenflüsse als Fundort angegeben. Ahl schreibt auch von Mitteilungen, daß die von ihm beschriebene Art vermutlich aus Lagos stammen soll. Fang- und Untersuchungsberichte aus anderen westafrikanischen Ländern belegen, daß diese Arten auch im Gebiet der Côte d'Ivoire, der Elfenbeinküste, bis in die östlichen Waldgebiete von Ghana zu finden sind. Die daran angrenzenden Länder Togo und Republik Benin sind gleichfalls als Lebensraum bekannt und verbinden somit das Vorkommen an der gesamten westafrikanischen Küste. Welche der beiden Arten wo lebt, ist leider noch nicht

Thysochromis ansorgii ♀

genau festgestellt worden. Leider werden sie meist als „eine“ behandelt.

In der Haltung

ergeben sich für beide Arten keine Unterschiede. Aquarien von 130 cm Länge und einer Tiefe von 40 cm sind angemessen. Feiner Kies bis höchstens 3 mm Körnungsdurchmesser sollte als Bodengrund genutzt werden. Stellenweise müssen große Steine, die möglichst senkrechte oder schräge Flächen ergeben, ins Aquarium gebracht werden. Moorkienholz ist als zusätzliches Dekorationsmaterial gleichfalls geeignet. Stellenweise sollten größere Pflanzengruppen vorhanden sein. Die Beobachtung, daß die *Thysochromis*-Arten Pflanzen beschädigen oder fressen, kann ich nicht bestätigen. Zwar kommt es vor, daß bei der Gestaltung des Laichreviers störende Pflanzen ausgegraben oder auch in anderer Form beschädigt werden, trotzdem kann von pflanzenschädigenden Fischen nicht gesprochen werden. Gern werden Steine und Pflanzen nach Freßbarem abgezupft. Vegetarisches Futter sollte deshalb mit auf dem Speiseplan stehen. Die beiden *Thysochromis*-Arten sind als ruhige Buntbarsche bekannt. Beide erreichen die Geschlechtsreife bei einer Länge um 6 cm. Dann kann man bei mehreren heranwachsenden Jungfischen eine beginnende Paarbildung feststellen. Dies ist auch der Zeitpunkt, wo ein festes Revier bezogen wird. Hierbei kann es zu handfesten Auseinandersetzungen kommen. Nur wenn das Aquarium groß genug ist, daß mehrere Paare ein Revier beziehen können, braucht man überzählige Tiere nicht zu entfernen. Gesellschaftsfische sind unbedingt für die Haltung zu empfehlen. Vertreter anderer Familien, aber auch Cichliden der Gattungen *Pelvicachromis, Nanochromis* und *Chromidotilapia* können mit eingesetzt werden, damit die *Thysochromis*-Arten nicht scheu sind. Ein regelmäßiger Wasserwechsel, alle 8 bis 14 Tage ein Viertel bis ein Drittel des Behälterinhaltes, wirkt sich auch bei diesen Fischen sehr positiv aus. Kräftiges Futter, aber auch Pflanzennahrung, sollte auf dem Speiseplan stehen.

Die Fortpflanzung

der *Thysochromis*-Arten ist interessant, unterscheidet sich aber kaum vom überwiegenden Teil der anderen westafrikanischen Buntbarsche. Der Zuchtbehälter darf nicht zu klein sein. Aquarien ab 70 cm Länge und 40 cm Tiefe sollten verwendet werden. Ein laichwilliges Paar ist bald durch Revierbildung und Laichvorbereitungen zu erkennen. Schräg oder senkrecht stehende Steinflächen, überhängende Stein- oder Holzstücke, auch als Dachgebilde in Form einer Höhle, werden gern als Laichplatz ausgewählt. Dabei werden im Notfall auch die Scheiben des Zuchtaquariums benutzt. Alles wird vom „Hochzeitspaar“ mit dem Maul gut gereinigt. Während das Weibchen vor allem dem Laichplatz große Aufmerksamkeit widmet, kontrolliert das Männchen das Laichrevier. Um den Pflege- und Verteidigungsinstinkt dieser Tiere anzuregen und einen möglichen Aggressionsstau, hervorgerufen durch das Fehlen brutfeindlicher Fische, zu verhindern, sollten auch einige wenige „Mitbewohner“ im Zuchtaquarium gehalten werden. Das Laichen dieser Arten erfolgt in den schönsten Farben. Die grundsätzlich als Offenbrüter zu bezeichnenden Fische tendieren jedoch stark zu den Höhlenbrütern. Sie nehmen gern Unterstände als Laichplätze an, wo sie, wie die meisten westafrikanischen Buntbarsche, ihre Eier unterhalb der Decke ankleben. Bei adulten Tieren können es bis 500 Eier sein. Oftmals wird dabei die Geduld des Züchters auf eine harte Probe gestellt, denn nicht selten werden die Gelege nach kurzer Zeit aufgefressen. Diesen Vorgang kann man bei jüngeren Tieren, die erstmalig ablaichen, als normal bezeichnen. Wiederholt es sich jedoch öfter, so ist eine Wasserkontrolle bezüglich der Wasserwerte zu empfehlen. Auch die Möglichkeit der Überbesetzung des Zuchtaquariums kann dafür ein Grund sein, das heißt, daß dadurch die Eltern keine Ruhe haben, ihre Brut zu betreuen. Versuche haben ergeben, daß weiche und leicht saure Wasserwerte die Schlupfzahl der Nachkommen erhöhen. Als Wassertemperatur sind 25 °C zu empfehlen. Während das Weibchen mit viel Sorgfalt das Gelege bewacht und immer wieder mit den Flossen für Wasserbewegung sorgt, wodurch die an kleinen Stielen hängenden Eier bewegt werden, hebt das Männchen kleine Bodengruben aus. Meist ist es aber nur mit der Revierverteidigung beschäftigt. Zu diesem Zeitpunkt ist es aber noch eindeutig der passivere Partner. Nach rund drei Tagen brechen die Embryonen aus den

Eihüllen. Das Weibchen nimmt die jungen Larven ins Maul und bringt sie in eine Bodengrube. Hierbei kann es sich auch um kleine Bodenvertiefungen vor Steinen oder an bzw. zwischen Pflanzen handeln. Die Brut wird im Laufe der folgenden Tage mehrmals umgebettet. Rund sieben Tage nach der Laichabgabe beginnen die Jungfische zu schwimmen. Jetzt wird auch das Männchen aktiv. Als „stolzer Vater" führt es mit dem Weibchen die erst zaghaft am Boden schwimmende, später als Schwarm aufsteigende Jungfischgruppe. Ausreißer werden von den Elterntieren sofort ins Maul genommen und zu ihren Geschwistern zurückgebracht. Bei Einbruch der Dunkelheit kommt der Nachwuchs in eine Bodengrube und verbringt dort die Nacht, sorgsam von den Eltern bewacht. Als erstes Futter sind Infusorien und feines Staubfutter empfohlen, da die Jungfische sehr klein sind. Eine feinperlende Durchlüftung sollte für eine schwache Wasserbewegung sorgen, damit das Futter in Bewegung bleibt. Ein für eine gute Wasserbewegung sorgender Motorfilter sollte in der ersten Phase des Wachstums der Jungbrut ausgeschaltet oder so geschützt werden, daß er für die kleinen, ca. 4 mm langen Fische keine Gefahr bedeutet. Frischgeschlüpfte Nauplien des Salinenkrebschens *Artemia salina* können nach drei bis vier Tagen gereicht werden. Erst zu diesem Zeitpunkt bemerkt man den großen Appetit der Kleinen. Nach ca. vier Wochen können sie rund 2,5 cm lang sein. Gute Wasserqualität ist für ein gesundes Wachstum erforderlich und ein mehrmaliger Teilwasserwechsel unbedingt ratsam. Wenn die Elterntiere neue Laichvorbereitungen treffen, sollte man die Jungfische entfernen. Leider gehören die *Thysochromis*-Arten nicht zu den farblich gefragten Fischen, die eine weite Verbreitung haben. Trotzdem bieten sie jedem forschenden Aquarianer ein interessantes Betätigungsfeld.

Wenn man die große

Gattung Tilapia

hier in ihrer Gesamtheit vorstellen wollte, würde man den Rahmen dieses Buches sprengen. Die Arten dieser im Jahre 1840 aufgestellten Gattung werden meist für die Haltung in Aquarien zu groß. Oft erreichen sie Totallängen von über 20 cm oder sind durch ihr Verhalten nur Pfleglinge für Spezialisten. Sie haben bisher bei den Aquarianern nur wenig Verbreitung gefunden. Ihr Verhalten ist zum Teil sehr interessant. Leider zeigen sie aber oftmals für Pfleger, die auf ein schönes, mit Wasserpflanzen dekoriertes Aquarium Wert legen, nicht die erforderlichen „Umgangsformen". *Tilapia*-Arten sind Substratbrüter. Sie legen ihre Eier auf einer festen Unterlage, teilweise aber auch direkt in einer großen Grube, auf dem feinkörnigen Bodengrund ab und betreuen ihre Nachkommen in Form einer Elternfamilie. Einen großen Stellenwert als Speisefisch haben verschiedene Arten bei der Bevölkerung in weiten Teilen Afrikas. Auch in vielen Teilen Asiens wurden diese Fische ausgesetzt, um als Eiweißlieferanten die Ernährungslage zu verbessern. Daß diese „Nutzfische" die Fischfauna vieler Gebiete aus dem natürlichen Gleichgewicht bringen und dabei nachhaltig verändern, ist für die Ichthyologie eine unerfreuliche Begleiterscheinung. Um wenigstens einen bescheidenen Eindruck von dieser Gattung zu vermitteln, sollen hier drei Arten erwähnt werden. Dabei handelt es sich um verhältnismäßig unbekannte, für die Pflege in kleinen Behältern aber geeignete Arten, die durch Verhalten und Aussehen bei den Aquarianern viele Freunde gewinnen können.

Begehrte Großschuppensalmler für den Kochtopf.

Dazu gehört

Tilapia busumana
(GÜNTHER, 1902)

Diese Art kann vom Aussehen her als durchschnittliche „*Tilapia*“ betrachtet werden. Sie zeigt den für diese Art charakteristischen dunklen Fleck im hinteren Teil der Rückenflosse. Ihr Äußeres entspricht dem für diese Gattung typischen Bild. Sie ist als Flußpopulation der kleinen Regenwaldwasserläufe rund 10 cm groß. Die Totallänge der Population der Voltastauseen und anderer seeähnlicher Wasseransammlungen sowie der großen Flüsse, erreicht 20 cm. Die Geschlechter unterscheiden sich adult in Körpergestalt und Färbung. Erwachsene Männchen zeigen eine stärker betonte Stirn und verlieren den typischen *Tilapia*-Fleck in der Rückenflosse. Sie bleiben im Gegensatz zu den Weibchen etwas heller in der Körpergrundfärbung. Die Weibchen zeigen in der Balzfärbung eine schwache, dunkle, breite

Lebensraum von *Tilapia busumana*.

Längs- und Querstreifenzeichnung auf dem Körper sowie eine kräftig blaugrüne Grundfärbung. Die Art ist im allgemeinen friedlich

Tilapia busumana

gegenüber Mitbewohnern. Sie gilt als pflanzenfreundlich. Trotzdem kann es zu minimalen Schäden, besonders an jungen Pflanzentrieben, kommen, da diese Fische auch vegetarische Kost brauchen. Hier sollte man auf zusätzliche Fütterung mit Pflanzenflockenfutter, wie TetraPhyll, achten.

Der

natürliche Lebensraum

befindet sich in den Regenwald- und Plantagenwasserläufen im großen Kumasi-Areal in Süd-Ghana. Hierbei handelt es sich meist um kleine, bis 3 m breite und stellenweise bis 1 m tiefe Wasserläufe. Die hier lebenden Tiere werden nur bis 10 cm lang. Die größer werdenden Tiere der gleichen Art leben in den großen Flüssen Bia, Tano, Ofin, Birim und Pra sowie in den Voltaseen und größeren seeartigen Wasseransammlungen sowie im abgeschlossenen Bosumtwe-See. Manche Autoren werfen die Frage auf, inwieweit es sich bei dem im Reisebericht von J. Paulo aus dem Jahre 1976 beschriebenen und von P. Loiselle an anderer Stelle mit einem Bild dokumentierten Fisch aus dem Bosumtwe-See um die gleiche Art handelt. Das hier in diesem Buch abgebildete Tier stammt aus dem Birim-River und wurde von Prof. Dr. Thys van den Audenaerde eindeutig als *T. busumana* bestimmt. Es handelt sich hierbei klar um einen Substratbrüter. Adulte, ca. 10 cm lange Fische der Flußpopulation legen pro Vermehrungsakt rund 400 Eier. Die aus dem Bosumtwe-See stammenden Fische dagegen sind stärker blau gefärbt, zeigen aber die gleiche Körperform.

Brutentwicklungsphasen bei Tilapia busumana.

Die Aufnahmen zeigen, daß es sich hierbei um einen Substratbrüter handelt.

Die Geschlechtsprodukte kurz nach der Ablage. Das Gelege umfaßt circa 400 Eier.

Rund 24 Stunden später zeigen sich bei einer Entwicklungstemperatur von 26 °C erste dunkle Punkte.

Schon 5 Stunden später, also 29 Stunden nach der Laichabgabe, brechen die ersten Larven aus der Eihülle.

Rund 4 Tage später, dann circa 125 Stunden alt, ist die Entwicklung der Brut abgeschlossen, und die Jungfische schwimmen frei.

Tilapia buttikoferi

(HUBRECHT, 1881)

Hierbei handelt es sich um eine größer werdende Art, die Totallängen von 25 cm erreichen kann. Sie ist durch die kräftigen, dunkelbraunen bis schwarzen breiten Querstreifen auf dem Körper sehr auffallend und ansprechend gefärbt. Die hellen Zwischenräume bei jüngeren Tieren sind gelblich, später bei adulten Exemplaren silbriggrau. Die Art ist nicht immer verträglich. Besonders größer werdende Tiere können für kleine Fische gefährlich werden. Sie benutzen gern Unterstände aus Steinen und Holz als Ruheplätze. Für die Bepflanzung sollte man nur harte Pflanzen, wie *Anubias*- und *Bolbitis*-Arten verwenden, da diese Fische gern pflanzliche Kost zu sich nehmen und beim „Revierbau“ zur Balz- und Laichzeit störende Pflanzen ausgraben und weiche, zarte Gewächse abbeißen. Die Tiere laichen in *Tilapia*-Manier ab und betreuen in einer Elternfamilie ihre Nachkommen. Kräftiges Futter sollte für diese Fische selbstverständlich sein: Regenwürmer, Mückenlarven, Fischrogen, Enchyträen und in kürzeren Abständen auch pflanzliche Kost, wie beispielsweise TetraPhyll.

Im Jahre 1968 wurde von PROF. THYS eine ähnliche Art mit dem Namen *Tilapia cessiana* beschrieben, die stellenweise dieselbe Verbreitung hat, aber etwas kleiner bleibt.

Lebensraum von *Tilapia buttikoferi.*

Der

natürliche Lebensraum

von *T. buttikoferi* sind Flußläufe von Guinea Bissau bis West-Liberia.

Tilapia buttikoferi

Tilapia joka

THYS, 1969

Mit dieser Art hat auch der Freund der westafrikanischen Buntbarsche seinen „Moorii“. In der Erstbeschreibung wird dieser Buntbarsch als *Tilapia* mit „rundem Kopf und kleinem Maul“ geschildert. Leider sind diese Fische bisher selten nach Europa gekommen. Die Art eignet sich zur Pflege in gut dekorierten Pflanzenaquarien und kann ohne Schwierigkeiten mit anderen westafrikanischen Buntbarschen zusammen gepflegt werden. Bisher konnte ich leider keine Geschlechtsunterscheidungsmerkmale bei meinen Tieren feststellen. Sie sind anscheinend mit 10 cm Totallänge ausgewachsen. Ihr abgerundeter Kopf läßt sie sehr sympathisch erscheinen. Ihr Verhalten ist friedlich. Ihre kräftige Streifenzeichnung wechselt im fortschreitenden Alter zeitweise zu einem Blaugrau mit auffallendem Schuppenmuster. Obwohl man sie als pflanzenfreundliche Fische bezeichnen kann, sollte vegetarische Kost mit auf dem Speiseplan stehen. Außerdem sollte zum Wohlbefinden dieser Art auf sauberes, sauerstoffreiches Wasser geachtet werden. Zusätzlich ist für die erfolgreiche Fortpflanzung wahrscheinlich die Verwendung von weichem, saurem Wasser erforderlich.

Lebensraum von *Tilapia joka.*

Der

natürliche Lebensraum

von *Tilapia joka* befindet sich in Sierra Leone. Die Fische sind in den Wasserläufen im Gebiet um die Orte Pujehun, Gobaru und Bayama im Süden des Landes beheimatet.

Tilapia joka

Fotonachweis:

Fotos: Horst Linke

mit Ausnahme:

Otto Gartner:	Seite 138, 164, 167
Jürgen Knüppel:	Seite 45, 63
Roland Numrich:	Seite 58
Hans-Joachim Richter:	Seite 84, 85
Erwin Schraml:	Seite 188
Wolfgang Staeck:	Seite 10, 11, 182, 184

Zeichnungen Seite: 81, 118, 119
Koniglik Museum v. Mittel-Afrika, Prof. Dr. Dirk Thys v. d. Audenaerde.

Literaturnachweis in Band II

Die Autoren

Horst Linke, Jahrgang 1938, beschäftigt sich seit früher Jugend mit dem Aquarium. Bereits relativ früh wurde ihm der Wunschtraum eines jeden passionierten Aquarianers erfüllt, die tropischen Heimatländer unserer Zierfische zu besuchen. Im Jahre 1963 führte ihn eine Reise quer durch Schwarzafrika, und zwei Jahre später hatte er die Gelegenheit, die Länder Panama, Venezuela, Peru und Bolivien zu besuchen. Aus den ersten Kontakten mit den natürlichen Lebensräumen in den Herkunftsländern von Aquarienfischen ergaben sich für ihn immer neue Fragestellungen und Aufgaben, so daß er manche dieser Länder nicht nur einmal, sondern mehrfach besuchte. Seit 1973 führte er in rascher Folge aquaristische Sammel- und Forschungsreisen nach Kamerun, Nigeria, Ghana, Togo, Sierra Leone, Tansania, Kenia, Thailand, Sumatra, Borneo, Malaysia, Kolumbien, Peru und Bolivien durch. Sein ganz besonderes Anliegen während der zahlreichen Auslandsaufenthalte war es stets, möglichst umfassende Informationen über die Lebensbedingungen in den natürlichen Biotopen zu sammeln, um dann später im Aquarium die Pflegebedingungen schaffen zu können, die den Lebensansprüchen der Fische in optimaler Weise entsprechen. Im Laufe der Zeit wurden diese Forschungsreisen mit immer genaueren Zielvorstellungen und Untersuchungsschwerpunkten geplant und vorbereitet, sei es, daß es galt, fragwürdige Verbreitungsangaben zu überprüfen oder Material für die Klärung taxonomischer Probleme zu sammeln.

Durch Vorträge, vor allem aber durch seine Veröffentlichungen in in- und ausländischen Zeitschriften hat er auch andere Aquarianer von den Ergebnissen seiner Untersuchungen und von seinen Erfahrungen profitieren lassen.

Wolfgang Staeck, Jahrgang 1939, studierte Biologie und Anglistik an der Freien Universität Berlin. Nach dem Staatsexamen folgte eine mehrjährige Tätigkeit als wissenschaftlicher Mitarbeiter an der Technischen Universität Berlin. Im Jahre 1972 promovierte er mit den Nebenfächern Zoologie und Botanik.

Einem größeren Publikum ist Dr. Staeck bekannt durch zahlreiche Fachvorträge sowie die Publikation von Büchern und Zeitschriftenartikeln. Seit 1966 veröffentlichte er eine Vielzahl von Aufsätzen über Cichliden in deutschen und ausländischen Zeitschriften. Da sein Hauptinteresse der Verhaltensforschung an Buntbarschen gilt, ist er auch heute noch Aquarianer und aus langjähriger Erfahrung mit der Praxis der Aquaristik vertraut.

Auf zahlreichen Forschungsreisen, die dem Studium von Cichliden in ihren natürlichen Lebensräumen gewidmet waren und zur Entdeckung vieler neuer Arten, Unterarten und Farbrassen führten, bereiste er insbesondere Ostafrika, aber auch Westafrika und Madagaskar. In jüngster Zeit unternahm er Reisen nach Mittel- und Südamerika, um in Mexiko, Brasilien, Ekuador, Venezuela, Peru und Bolivien Buntbarsche zu studieren und zu sammeln.

Besondere Forschungsschwerpunkte bildeten die Buntbarsche des Malawi- und des Tanganjikasees. Nicht nur in diesen beiden Gewässern, sondern auch in mittel- und südamerikanischen Flüssen hat er die Fischwelt wiederholt als Taucher beobachtet und fotografiert. Dabei gelang es ihm, die natürliche Lebensweise und die Biotope vieler Cichliden erstmals in Unterwasseraufnahmen zu dokumentieren. Als Ergebnis seiner Forschungsreisen veröffentlichte er die wissenschaftliche Erstbeschreibung mehrerer Cichlidenarten.